초심자를 위한 불교 교과서
「계초심학인문」 읽기

더 나은 오늘을 위한 불교 강의

[큰글자책] 더 나은 오늘을 위한 불교 강의

초심자를 위한 불교 교과서「계초심학인문」읽기

발행일 큰글자책 초판5쇄 2025년 9월 25일 | **지은이** 성태용
펴낸곳 북튜브 | **펴낸이** 박순기 | **주소** 경기도 고양시 덕양구 소원로 181번길 15, 504-901 |
전화 070-8691-2392 | **팩스** 031-8026-2584 | **이메일** booktube0901@gmail.com

ISBN 979-11-92628-07-3 03220

튜브 책으로 만나는 인문학강의 세상

초심자를 위한 불교 교과서
「계초심학인문」 읽기

더 나은
오늘을 위한
불교 강의

성태용 지음

머리말

어떤 이가 물어 필자가 답한 것을 머리말의 머리로 삼는다.

물음 출가자의 길과 재가자의 길은 얼마나 다른가?

답 하늘과 땅 차이가 날 정도로 다르다. 부처님의 설법은 대기설(對機說)이다. '기'(機)라는 것은 조건과 상황을 말한다. 출가자의 조건과 재가자의 조건은 얼마나 다른가? 하늘과 땅 차이로 다르다. 그러니 거기에 주어진 방편 또한 하늘과 땅 차이로 다르다. 출가자의 길을 재가자가 흉내 내려고 한다면 그것은 정말로 망하는 지름길이다. 그 반대도 마찬가지이다. 고유한 조건과 상황이 있기에 절대로 호환될 수가 없다.

물음 그런데 「계초심학인문」(誡初心學人文)은 갓 출가한 이에게 주는 가르침이 아닌가. 그 가르침을 재가자가 해설한다는 것은 어떤 의미가 있는가?

답 방편이 다르다고 하여 깨달음을 지향하는 근본 정신까지 다른 것은 아니다. 재가자가 가장 경계해야 할 것은 삶에 매몰되어 깨달음을 지향하는 마음을 잃는 것이다. 자칫하면 패배주의에 빠져 '역시 재가자로서 깨달음을 지향하는 수행을 한다는 것은 무리야. 이번 생에는 복이나 짓고, 다음 생에 출가 수행하여 성불의 길로 가자'는 식으로 마음을 먹는 것이다. 이것은 자칫하면 영원히 부처 씨앗을 끊는 일이 될 것이다. 자신을 재가자라고 못박은 업, 그리고 내생으로 미뤘던 업이 계속되면, 계속 깨달음을 지향하는 삶과는 인연이 끊어지게 될 것이다. 오히려 재가자이기에 출가자의 마음을 바탕에 깔아야 한다. 삶의 근본 문제를 눈앞에 세워 두고, 그 치열한 의식 속에서 이 현실을 굴려 가는 삶을 살아가야 한다. 그러하기에 출가의 정신이 무엇이며, 출가자들이 어떤 마음으로 수행하고, 그 마음이 어떤 방편으로 드러나는가를 살피는 것은 재가자의 삶에 무엇보다도 중요하다.

물음 그렇다면 이 강의는 완전히 재가자를 위한 것이고, 출가자와는 상관없는 것인가? 출가자를 위한 책이 출가자에게 필요 없는 책이 된다는 것은 본말이 전도되는 것 같은데….

답 출가자들이 자신들의 기(機)를 잊으면 출가자의 상에 빠져 바른 수행을 등지게 된다. 출가자와 재가자의 나눔이 수평적인 분업구조인 것을 잊고, '사람 위에 스님 있다'는 계급의식에 빠지게 되면, 그러한 출가자는 자신의 수행을 망칠 뿐 아니라 불국토를 건설하는 데 전혀 도움이 되지 않는다. 출가자는 재가자에게서 자신의 생명을 유지할 수 있는 모든 것을 지원받는다. 그렇기 때문에 한 톨의 힘도 아껴서 그것을 수행에 쏟아부어야 한다. 그리하여 얻은 지혜방편을 다시 재가자에게 회향하여야 할 의무가 있다. 오늘의 현실에 맞는, 오늘의 재가자들이 삶 속에서 닦아 나갈 수 있는 지혜방편을 개발하여 빨리 전달해 주어야 한다. 그런데 '사람 위에 스님 있다'는 계급의식에 빠져 있다면 이 일이 전혀 이루어질 수가 없다. 출가자의 삶이 수승(殊勝)한 것이라 생각하기에, 재가자들에게 자신을 모방하라 한다. 그것은 앞에서 말했듯이 재가자들을 망하게 하는 지름길이다.

재가자의 입장과 출가자의 입장을 비교하면서 출가자의 방편이 어떤 의미와 위상을 지니고 있는가를 분명히 알아야 자신의 수행이 올바른 방향성을 가질 수 있고, 수행의 결과로 얻는 지혜를 현실에 맞는 방편으로 새롭게 창출하여 재가자들에게 전달할 수가 있을 것이다. 이런 분업구조가 되어야 사부대중이 아름답게 조화를 이루면서 불국토를 건설하는 동지로 나갈 수 있게 될 것이다.

＊ ＊ ＊

이 책은 서울 보림선원에서 필자가 강의한 것을 녹취하여 편집한 것이다. 보림선원은 백봉 김기추 선생의 가르침에 따라 수행하는 모임인데, 필자는 젊은 시절 백봉 선생님의 해타지은(咳唾之恩)을 입었고, 그것이 지금까지 필자의 불교적 삶에 바탕이 되고 있다. 그런 인연으로 부끄럽고 외람스러운 일이지만 한 달에 한 번씩 보림선원의 법회에 강의를 진행하고 있다. 여러 가지 강의를 진행하는 가운데 보조 스님의 「계초심학인문」이 선택되었다. 보림선원은 재가자의 수행단체이지만, 그렇다고 하더라도 출가자의 기본 자세와 이념을 살펴보는 것이 재가자의 수행 자세를 가다듬는 데 도움이 되리라는 생각에서였다. 한 달에 한 번 강의를 진행하였고, 또 필자가 주변 이야기를 많이 하면서 강의를 진행하는 편이라 꽤 오랜 시간이 걸려 강의를 마쳤다. 그 녹음

파일을 보림선원에서 지속적으로 유튜브에 올렸는데, 마침 북튜브 출판사에서 그것을 책으로 내는 것이 의미 있는 것이라고 판단하여 필자에게 요청을 해왔다.

필자는 천성이 좀 게으른 편이라 어떤 기획 아래서 책을 쓰는 것이 너무도 어렵다. 얼마 전에 나온『어른의 서유기』(정신세계사, 2019)도『현대불교신문』에 연재를 하는 바람에 꼼짝없이 계속 쓸 수밖에 없었고, 그것을 모아서 책으로 내게 된 것이다. 그 반면 입으로 떠드는 데는 나름대로 재주가 있다고 생각하고 있다. 그런데 입으로 떠들어 놓은 것을 정리하여 책으로 내겠다고 하니, 나로서는 감사하기 짝이 없는 일이다. 혹 그렇게 책으로 내기에 좀 부끄럽지 않을까 하여 정리된 것을 한번 훑어 보았는데, 부끄럽기는 역시 부끄럽지만, 그 가운데 나름대로 의미가 있는 이야기도 꽤 있는 것 같아 출판을 수락하였다.

사부대중이 불교의 든든한 네 기둥으로 서서, 함께 불국토를 건설하는 길을 지향해야 한다는 것은 참으로 불자라면 모두 바라마지 않는 이상일 것이다. 그런데 현실에서는 출가자는 출가자대로, 재가자는 재가자대로 각각의 상에 빠지고, 상대방에게 책임을 전가하면서 바른 길을 벗어나고 있다는 것이 필자의 생각이다. 그러한 불교의 현실에서 출가의 정신과 자세를 다시 한번 점검하는 것이야말로 불교를 바로 세우는 첫걸음일 것이다. 그리고 그것은 앞의 문답에서 말했듯이 출가자와 재가자에게 모두 절실하게 필요한 일이다. 재가자로서 출가의 길을 말한다는 외람스러움은 필자 스스로도 잘 알고 있지만, 그런 외람스러움을 무릅쓰는 것 또한 필자의 불교에 대한 애정이라고 널리 이해해 주시기를 바란다.

「계초심학인문」은 나름의 장절 구분이 있겠으나, 강의는 그 장절 구분을 뛰어넘어 필자의 호흡에 맞춰 진행하였었다. 그 현장감을 살리는 것이 좋을 것 같아 장절 구분에 맞춰 편집하지 않고 강의한 그대로 출판한다. 독자들의 해량을 바란다.

부족한 강의를 경청해 주신 일심생 원장님을 비롯한 보림선원 도반들의 사랑이 이 책을 내는 밑거름이었다. 그분들의 백만 자성등을 밝히자는 서원이 원만하게 성취되기를 기원한다. 그리고 어설픈 강의를 정성껏 녹취하고 편집해 주신 북튜브 박순기 실장님께도 다시 한번 감사드린다.

차
례

2부 세상에서 수행하기

| 일러두기 |

1 이 책은 한국 불교 출가자의 기본 교재로 널리 쓰이는 『초발심자경문』(初發心自警文) 중 첫번째 글인 보조(普照) 지눌(知訥) 스님의 「계초심학인문」(誡初心學人文)을 지은이가 강독한 내용을 담고 있습니다. 이 책에 실린 「계초심학인문」의 한글 번역은 모두 지은이의 것이며, 책의 앞부분에는 한글 번역문 전문을, 권말에는 낭송에 활용할 수 있도록 한문 원문을 수록했습니다.

2 단행본·정기간행물의 제목에는 겹낫표(『 』)를, 단편·시 등의 제목에는 낫표(「 」)를 사용했습니다.

3 인명·지명 등 외국어 고유명사는 2002년 국립국어원에서 펴낸 외래어표기법을 따라 표기했습니다.

들어가며 _ 「계초심학인문」은 어떤 글인가?

보조 지눌, 그리고 정혜결사

이번 강의에서는 『초발심자경문』(初發心自警文) 중에서 「계초심학인문」(誡初心學人文)을 읽어 보려고 합니다. 『초발심자경문』은 한국 불교에서 입문하는 스님들이 읽는 기본교재라 할 수 있는데요. 『초발심자경문』은 세 개의 글이 합쳐진 겁니다. 목우자 보조(普照) 지눌(知訥) 스님의 「계초심학인문」, 원효(元曉) 스님의 「발심수행장」(發心修行章), 고려 말 승려인 야운(野雲) 스님이 지은 「자경문」(自警文)이라는 세 개의 글을 합쳐서 『초발심자경문』이라고 이름 붙인 거죠. 원래 하나의 글이 아니에요. 조선 태조 6년(1397년)에 상총선사라는 분이 『초발심자경문』 배우는 것을 모든 사찰의 청규(淸規)로 정하였답니다. 그 뒤로 오늘날까지 무려 600년 넘게 승려 교육의 교재가 되고 있는 것이 바로 이 『초발심자경문』입니다.

이 강의에서 읽을 글은 이 중에 첫번째 글인 「계초심학인문」입니다. 「계초심학인문」 맨 처음을 보면 '해동사문 목우자 술'(海東沙門 牧牛子 述), 이렇게 씌어 있습니다. '목우자'는 보조 스님이 스스로 붙인 호입니다. 보조 지눌 스님은 잘 알려진 스님인데요. 우리나라에서 위대한 스님 세 분을 꼽으라 하면 원효 스님, 그다음에 아마 보조 스님이나 의천 스님이 들어갈 테고, 조선시대의 서산 스님을 넣는 분도 계십니다. 어쨌든 우리나라 불교사에서 제일 뛰어난 스님을 꼽으라면 꼭 언급되는 분이 보조 스님입니다. 보조 지눌 스님은 한국적인 불교를 세웠다고 말할 수 있는 분입니다. 고려 후기에 지금도 순천에 있는 유명한 절인 송광사에서 '정혜결사'란 걸 일으켰어요. 송광사는 옛 이름이 수선사였는데, 지금 조계산 송광사가 아마 예전에는 송광산 수선사였을 겁니다. 아무튼, 이 송광사에서 보조 스님이 '정혜결사'(定慧結社), 즉 정(定)과 혜(慧)를 닦자는 결사를 일으켰어요.

고려는 불교국가였는데, 후반기가 되면 고려의 스님들과 불교가 굉장히 타락한 모습들을 많이 보입니다. 이후 조선왕조에서 불교가 배격된 것이 괜히 그런 게 아니에요. 불교가 배격당할 만할 짓을 했다고 생각합니다. 절들이 대지주 노릇을 하고 스님들은 수행을 안 하고…. 그러면 배격당할 수밖에 없죠. 민생에 이바지 못하는 종교였습니다. 그런데 중국에서 불교를 대체할 만한 이념으로 성리학이 들어오니까 밀려난 거죠.

그런데 그 불교를 다시 일으켜 세우고 새로운 불교의 모습을 떨치려는 운동이 고려 말에 일어납니다. 두 개의 결사운동이 있는데 하나는 보조 스님이 일으킨 정혜결사, 또 하나는 천태종의 요세(了世) 스님이 개창한 백련결사(白蓮結社)라는 게 있었습니다. '결사'는 뜻이 맞는 사람들이 마음을 모아서 정말로 힘 있게 무언가를 추진해 보자고 결성하는 것인데요. 계 비슷한 거라고 할 수 있습니다. 돈 모으는 계가 아니라 뜻을 함께하는 사람들이 모여서 어떤 움직임을 일으킬 때 그것을 '결사'라고 합니다. 정혜결사는 한국 불교사에서 굉장히 중요한 전기가 된 결사입니다. 그러니까 나중에 기회가 나면 보조 스님이 쓴 「정혜결사문」(定慧結社文)을 한 번 읽어 보는 것도 괜찮을 거 같아요. 「정혜결사문」 참 좋습니다. 그 정혜결사를 일으키면서 아마도 그 당시에 새롭게 청규(淸規) 비슷하게 마련한 것이 「계초심학인문」이 아닌가 생각해 봅니다.

「계초심학인문」은 일종의 새로운 계율이라고 할 수 있습니다. 불교에는 원래 수도자들이 지켜야 할 규칙인 청규라고 하는 것이 있는데, 「계초심학인문」도 일종의 청규라고 할 수 있습니다. 청규라고 하면 우리 머릿속에 가장 먼저 떠오르는 게 당나라의 백장회해(百丈懷海) 스님이 만든 백장청규(百丈淸規)입니다. 그래서 어떤 분들은 이 「계초심학인문」을 '한국의 백장청규'라고 부르는 분도 있습니다.

선종과 교종의 융합

보조 스님이 정혜결사를 통해 어떤 운동을 일으킨 것인지를 살펴볼 텐데요. 보조 스님은 이 결사를 통해 당대 불교의 타락한 모습을 물리치고 정혜(定慧)를 올바로 닦자고 주장했습니다. 선종을 중심으로 교종까지도 그것에 끌어들이려고 했던 것이 보조 스님의 정혜결사운동입니다. 예전부터 선(禪)과 교(敎)가 나뉘어서 상당히 갈등을 빚어 왔는데요. 저는 특별히 갈등을 빚을 일은 아니라고 생각하는데, 기풍이 워낙 다릅니다. 선종이 교종에서 나오면서 이렇게 주장했죠. 부처님의 말을 전하는 게 교종이고 부처님의 마음을 전하는 것은 선종이라고요. 그래서 선종이 표방하는 것이 첫째는

'불립문자'(不立文字), 곧 문자를 세우지 않는다. 또 '교외별전'(敎外別傳), '직지인심'(直指人心), '견성성불'(見性成佛)이죠. 바로 문자를 통하지 않고 바로 사람의 마음을 가리켜서 부처를 이루게 한다는 것이 선종의 종지입니다. 그러다 보니 문자로 기록된 걸 중시하는 교종과 상당한 갈등을 빚습니다. 그런데 보조 스님은 그 '교'를 무시할 것이 아니라고 이야기를 하신 거죠. 교를 통해서 안내를 받지 않고 선만 무식하게 추구하는 것도 좋지 않다는 식으로, 교를 선에 받아들이는 태도를 취한 분이 보조 스님입니다.

그 이전에 대각국사(大覺國師) 의천(義天)이란 분은 교를 중심으로 해서 선을 받아들이려고 했지요. 그래서 의천 스님은 '교관겸수'(敎觀兼修) 즉 '교'와 '관'을 함께 닦게 해야 한다고 주장하신 거죠. 여기서 '교'는 교종의 교리이고 '관'은 일종의 명상을 얘기합니다. 그래서 의천 스님은 "교는 지목(智目)이요 관은 행족(行足)이다"라고 했습니다. 교는 '아는 눈'에 해당하고, 관은 '행하는 발'이라는 것이지요. 그래서 눈으로 보고 발로 걸어가듯이, 교를 통해서 바로 보고 관을 통해서 걸어가야 한다. 이래서 '교관겸수' 이론을 세웠습니다. 이런 식으로 의천 스님이 교를 중심으로 해서 선을 통합하려고 했다면, 보조 스님은 정혜쌍수론을 통해서 선을 중심으로 해서 교를 받아들이려 하신 겁니다.

정혜쌍수, 차분한 마음으로 바른 견해를 닦다

지금 정혜쌍수를 이야기하고 있는데요. 꼭 보조 스님이 정혜쌍수를 이야기하지 않더라도 불교 전체가 정혜쌍수입니다. 정혜쌍수밖에 없습니다. 그리고 이 정혜쌍수는 계정혜(戒定慧) 삼학(三學)이라고 할 수 있습니다. 불교에서 배우는 것은 계와 정과 혜입니다. 나중에 육바라밀(六波羅蜜) 같은 수행방법도 나왔지만 부처님 이래로 계정혜를 벗어난 적이 없습니다. 하나씩 살펴보죠.

첫째, '계'(戒). 괴로움을 벗어나려면 올바른 삶의 원칙을 지켜야 한다는 겁니다. 올바른 삶의 방식과 태도, 원칙 이것이 '계'이지요. 우리가 올바른 삶의 원칙이나 태도를 지키지 않고도 행복해질 수 있다? 이건 정말 망상입니다. 선을 수행하는 분들 중에 가끔 이런 망상에 빠진 분들이 있습니다. '술독에 거꾸로 빠져도 정신만 차리면 된다', 이런 소리를 하는데 술독에 거꾸로 빠져서 정신 차리는 사람을 본 적도 없거니와 술독에 한 번 거꾸로 빠지면 삶 자체가 무너져서 절대 행복해질 수 없습니다. 그러니까 계는 기본이라고 할 수 있습니다. 우리가 행복해지는 데 올바른 삶의 원칙과 태도를 지켜 나가는 것은 기본인 거죠. 이렇게 '계'가 삶의 문제를 이야기하는 것이라면, 수행으로 들어가면 '정'(定)과 '혜'(慧), 곧 정혜쌍수인 거죠.

먼저 '정'이라는 것이 무엇일까요? 마음을 차분하게 하고 집중하는 것입니다. 마음의 눈을 덜 뜬 사람이 헷갈리는 상태로 사는데 행복해질 수 없습니다. 집중되고 차분한 마음을 갖는다는 것이 '정'이고요. 그다음 '혜'는 바른 견해를 갖는다는 겁니다. 세상에 대해 올바른 견해를 통해서 늘 깨어 있는 마음상태를 유지해야 한다. 이것은 필수입니다. 깨어 있지 않으면 안 되는 거지요. 올바른 불교 수행의 길을 말하라면 이것, 정혜쌍수 외에는 없습니다.

정혜쌍수가 말이 너무 어렵다고 하는 분들이 있는데, 제 식으로 이야기하자면 '정신 차리자!'입니다. 여러분 '정신 차리자!'라는 말을 생각해 보세요. 우리가 어떤 상태를 정신 차렸다고 하죠? 멍하게 있으면 정신 차린 거 아니죠. 깨어 있어야 정신 차린 거죠. 그런데 마음이 너무 깨어 있는 데 치중해서 막 날뛰면 정신 차린 거 아니죠? 차분해야 합니다. 차분한 가운데 깨어 있어야 되는 겁니다. 너무 차분하기만 해서 멍해도 안 되는 거고요. 차분하되 그 안에 날선 깨어 있음이 있는 것, 그것이 정신 차린 거지요. 불교 수행이란 게 어려운 게 아니에요. "우리 정신 차리고 살자!"인 겁니다.

　다시 정리하자면, 정은 집중되고 안정된 마음상태를 유지하는 것이고, 혜는 깨어 있는 상태를 유지하는 것이죠. 그러니까 언제는 정을 닦고, 언제는 혜를 따로 닦는 것이 아니라, 기본적으로는 이 두 개가 함께 있는 것이 불교라는 겁니다. 다른 말로 하면은 '성적등지'(惺寂等持)라고 하죠. '깨어 있음[惺]과 고요함[寂]을 함께 유지한다'는 뜻입니다.

지범개차(持犯開遮), 계율을 우리 삶에 적용하기

다시 돌아와서, 보조 스님은 당시에 선풍이 무너졌을 때 이 정혜쌍수를 통해서 새롭게 우리나라의 불교를 세우려 하는 운동을 일으켰는데, 그것이 바로 정혜결사이고 이 정혜결사의 청규로서 제시한 것이 아마도 「계초심학인문」이 아닌가 싶습니다. 청규는 일종의 계율에 해당하는 것인데요. 불교의 계율에서 정말 중요한 것이 '지계'(持戒)와 '범계'(犯戒), '개계'(開戒)와 '차계'(遮戒), 즉 '지범개차'(持犯開遮)를 잘하는 것입니다.

　지범과 개차, 이것이 늘 계율 면에서는 문제가 됩니다.

불교는 굉장히 열려 있는 종교고 너그러운 종교입니다. 한 군데 매여 있는 종교가 아니지요. 또 불교는 굉장히 쉽습니다. 불교는 터무니없이 납득이 안 되는 것을 억지로 믿으라 한 적이 없습니다. 부처님을 믿으라고 한 적도 없고 터무니없는 요구도 한 적이 없습니다. 불교는 굉장히 상식적입니다. 건전한 지성에 반하는 얘기를 한 적이 없습니다. 제가 특히 부처님 말씀 중에 좋아하는 대목 하나가 있습니다. 부처님이 종교를 창시한 분인데도, '이것이 진리다'라고 말하지 말라고 하셨습니다. '이것이 진리다'라고 말하는 것은 진리를 올바르게 옹호하고 지지하는 태도가 아니라는 겁니다. 그럼 어떻게 말하라고 하셨냐 하면, '난 이것을 진리라고 믿는다'라고 말하라고 했습니다. '이것이 진리다'라고 문자로 표현될 수 있는 '진리'는 없습니다. 우리는 언제나 '진리라고 믿는' 겁니다. 만약 어떤 사람이 '이게 진리다'라고 내세우는데, 다른 사람이 다른 생각을 진리라고 하면 문제가 생기죠. 그 사람은 '나쁜 놈'이 돼요. 그래서 우리는 '이것이 진리라고 믿는다'라고 말해야 하는 거예요. 내 믿음을 가지고 나와 다른 믿음을 가진 사람을 인정해서 계속 서로 교류하다 보면 좀 더 나은 믿음으로 나아가는 거고요.

다른 한편으로 우리가 믿는 것이 없으면 아무것도 못해

요. 그래서 우리에게는 믿음이 있어야 합니다. '이것이 진리'라고 하는 믿음. 그리고 이 믿음을 통해서 행동을 하고 행동을 통해서 세상을 바꾸고, 나를 바꿉니다. 그러면서도 또 다른 믿음을 가진 사람들을 인정할 수 있는 것이죠. 이 믿음은 굉장히 중요합니다. 하지만 그 믿음이 '진리다'라고 말하지 말라는 겁니다. 하물며 언어로 표현된 것이 진리일 수가 없어요. 계율도 마찬가지예요. 부처님이 얘기한 수많은 계율이 있어요. 그러면 그것은 절대불변으로 한 글자 한 구절도 바꾸면 안 된다고 하면, 계가 사람을 해치게 돼요.

부처님이 그 당시에 말씀하신 것도 있고, 그 뒤로 승단이 유지되면서 굉장히 오랜 세월에 걸쳐 계율이란 것이 성립되었습니다. 비구는 보통 250여 개의 계가 있고, 비구니는 348개가 있습니다. 이 계율을 모두 절대적으로 지켜야 한다고 하면 이건 불교가 망할 소리입니다. 불교는 어떤 때는 계를 지켜야 하고[持戒], 어떤 때는 계를 범해야[犯戒] 하는 겁니다. 어떤 때는 계를 닫아걸고 절대 지켜야 되는데, 이게 차계(遮戒)고, 개계(開戒)는 범계와 마찬가지로 계율을 열어야 한다는 거죠. 이 지범개차가 굉장히 중요합니다. 그런데 부처님이 말씀하신 것을 막 뜯어 고친다는 건 불경스럽잖아요. 그래서 불교에서는 방편으로 시대에 맞는 계율을 새롭게 제

창할 때, 그것에 '청규'라는 이름을 붙인 겁니다. 이런 식으로 시대상황에 맞는 지범개차의 가능성을 연 것이지요.

이 청규 중에 가장 유명한 게 좀 전에 말씀드렸던 백장청규입니다. 백장청규에서 가장 유명하고 일반에도 잘 알려져 있는 것이 '일일부작 일일불식'(一日不作 一日不食)이라는 말이죠. '하루 노동하지 않으면 하루 먹지 마라'라는 뜻인데요. 그런데 원래 승려는 노동하면 안 된다는 것이 계율이에요. 승려가 노동을 하면 계에 어그러져요. 그런데 '하루 노동하지 않으면 하루 먹지 마라'라고 노동을 의무화한 게 백장청규예요. 그러니까 계율에 정면으로 부딪치는 청규를 정한 거죠. 이게 계율을 고칠 수 있다는 정신을 보여 준 것이고, 시대상황에 맞는 지범개차를 한 아주 대표적인 위대한 모범이라고 생각합니다.

이런 예는 우리 역사에서도 볼 수 있죠. 서산대사와 사명대사도 보세요. 불살생계가 얼마나 중요한 계율입니까? 그런데 의병을 일으켜서 전쟁에 나갔잖아요. 이것도 지범개차예요. 불교의 승려가 어떻게 사람 목숨 뺏는 일에 칼 들고 나설 수 있습니까. 지범개차를 한 것인데, 불교에서는 그런 일들이 얼마든지 가능하고 얼마든지 열려 있죠. 이것이 바로 불교 계율의 살아 있는 정신입니다. 이 살아 있는 정신이 청규라고 표현되는 것이고, 고려시대라는 상황에 보조 스님을 통해서 새로운 청규의 모습으로 나온 것이 아마도 「계초심학인문」이라고 보시면 될 것 같습니다.

이렇게 지범개차가 중요하지만, 그럼에도 불구하고 강조하고 싶은 것은 계율을 중시하는 것이 필요하다는 겁니다. 다시 말하지만 올바른 삶의 원칙 없이 행복해질 수 없습니다. 그런 원칙을 제시하는 게 불교의 계율인데, 지금 불교계에서는 계율이 다 무시되고 있습니다. 계를 안 지킵니다. 수계법회(受戒法會)도 활성화가 안 되고 있어요. 수계법회가 활성화되어야 합니다. 계속 수계법회가 일어나서 우리 삶을 이끌어 주는 올바른 삶을 원칙을 제시해 주어야 합니다. 그런데 불교계에서 계가 망가졌다는 거죠. 이건 근본이 어그러진 거예요.

그런데 왜 계가 망가졌나 생각해 보면, 계율을 새롭게 해석하는 정신이 없었기 때문이었다고 생각합니다. 그러니까 다시 지범개차로 돌아오는 거죠. 지범개차가 제대로 안 돼서 계율이 오히려 망가져 버렸어요. 그중에 첫번째로 지범개차의 대상이 되어야 할 것이 저는 불음주계(不飮酒戒)라고 생각합니다. 지금 술 마시지 말라는 계를 주면서 진짜 지키라고 요구를 안 해요. 주는 스님도 받는 사람도 정말로 지켜지리라고 생각을 안 해요. 또 지금 불음주계를 강력하게 요구를 하면, 사회생활에 엄청난 지장이 옵니다. 불교 믿으니 사회생활 다 무시하고 불음주계 지키라고 요구할 수가 없는 거지요. 그럼 개차를 통해서 바꿔야죠. '마약하지 말라' 정도로 바꿔 놓고 지키라고 해야 합니다.

불살생계에 대해서도 현대 사회에서는 새롭게 규정을 해야 한다고 봅니다. 예를 들어 저는 넓은 의미에서 과소비도 살생이라고 이야기할 수 있다고 생각합니다. 과소비를 하면 내가 다른 중생이 누릴 몫을 도둑질하는 겁니다. 넓게 이야기하면 과소비는 도둑질입니다. 이 자연계에는 다른 생명이 누릴 몫이 있어요. 그런데 내 몫이 아닌 것을 막 끌어다 쓰니까, 도둑질인 거예요. 다른 생명의 몫을 도둑질해 오면 도둑질 당한 그 생명들은 생존경쟁 속에서 죽습니다. 그러면 살생이 됩니다. 넓게 얘기하면 불살생계가 그렇게까지 확대가 됩니다. 물론 그렇게까지 계를 정하고 요구하면 안 되겠지요. 불살생계의 정신을 펼쳐서 환경운동을 적극적으로 실천하는 것은 좋지만, 과소비도 살생이니까 불살생계로 정해서 금하자, 이렇게 할 수는 없겠죠. 그래도 불살생계가 이렇게까지 확대될 수 있다는 것은 염두에 두시는 것이 좋겠지요.

그래서 좀 좁게 이야기해서 적어도 살아 있는 목숨을 자기에게 필요한 일이 없는데도 직접 죽이는 일은 하지 말자, 이런 식으로 정해 줘야 합니다. 제가 불살생계를 저한테 적용한 규칙이 몇 가지 있습니다. 사냥이나 낚시를 안 하는 건데요. 낚시질을 왜 안 하느냐. 어부가 아닌 이상 낚시질의 주된 목적이 먹는 게 아니죠? 취미로 남의 생명을 끊지 않겠다는 것을 불살생계의 원칙으로 정하고 지키려고 합니다. 저는 불살생계를 지킨다고 파리도 안 죽이고 그러진 않아요. 그건 지범개차를 해야 하는 거예요. 그러나 낚시질은 내가 먹을 게 아닌데, 설사 먹더라도 꼭 그렇게 해서 먹을 것이 아닌데, 다른 생명을 끊는 것은 적어도 불자로서 하지 말아야 할 일이라고 생각하는 것이지요. 이런 원칙들을 지범개차를 잘 하면서 정하고 지켜 나가야 한다는 겁니다.

초발심(初發心)이 곧 올바른 깨달음

「계초심학인문」은 본문에 들어가서 읽어 보면 아시겠지만 재가불자들을 위한 것은 아닙니다. 대개 출가 승려를 중심으로 이야기된 것인데 출가 승려들을 향해서 말한 것을 감안하면서 우리가 그 정신을 받아들이면 얼마든지 삶의 올바른 원칙들을 정하는 데 도움이 되리라고 생각합니다.

불자들에게 초심은 참 중요합니다. 불교의 병폐 중에 걸 멋 들기가 쉽다는 것이 있습니다. 불교가 멋있거든요. 그래 서 잘못해서 걸멋이 들다 보면 공중을 나는 불자들이 생겨 납니다. 발이 땅에서 떨어져서 공중에서 붕붕 날아다니죠. 관념의 세계 속에서 날아다니는 것인데, 그러면 진짜 위험 해집니다. 실제적인 삶, 곧 생활이라는 바탕에서 떠나서 관 념의 유희 속에서 허우적거려요. 수없이 깨달은 사람처럼 이야기하는데 실생활에서 전혀 실천을 못하는 사람들이 많 거든요. 저는 이「계초심학인문」이 그런 것들을 경계하고 초 심을 확인하는 데 큰 도움이 되리라 생각을 합니다. 건강하 게 우리 일상적인 삶에 발을 디디는 자세를 더듬어 보는 것 이 상당히 의미가 있을 것 같고요. 다시 강조하지만 초심이 제일 중요합니다. 초심을 잃지 않으면 잘못될 가능성이 적 습니다. 대개 우리가 초심을 잃어서 엉뚱한 데로 가는 거라 고 생각하시면 됩니다.

그래서 초심이 바로 깨달음이라는 말이 의상대사「법성 게」에 나오지요. '초발심시변정각'(初發心是便正覺)이라고. 초 발심했던 그 마음이 바로 '정각'(正覺), '올바른 깨달음'이라는 뜻이지요. 초발심과 올바른 깨달음은 둘이 아닙니다. 그래서 우리는 늘 초심으로 돌아가서 삶을 돌아보아야 하는데, 그런 의미에서 「계초심학인문」을 읽었으면 좋겠습니다.

초심이라고 하니까 갑자기 다른 초심이 생각나네요. 아이의 부모가 된 사람들이 아이를 낳을 때도 초심을 잃지 않으면 애를 참 잘 키울 거 같아요. 아기를 낳을 때가 되면 무슨 생각하는지 아세요. 손가락 발가락만 제대로 달려서 나와라, 대개 이렇게 바라죠. 다른 욕심을 안 부립니다. 그렇죠? 건강하게만 세상에 나오기를 바라죠. 애 낳으면서 천재가 나오기를 바라지 않습니다. 그 이전에야 태교도 하고 그러지만, 딱 출산의 순간을 앞두고서는 건강하게만 나와다오, 하는 거죠. 그게 초심이에요. 그런데 낳아 놓고 나서는 애한테 욕심이 생기죠. 그래서 애한테 이것저것 요구하다 보면 애도 비뚤어지고 그러면서 교육이 망가집니다. 정말 처음 그 마음을 가지고 아이를 사랑해 주면 잘 자랄 거 같아요. 저는 이것도 초심이라 생각합니다. 이렇게 초심을 되돌아본다는 생각으로 이제부터 본격적으로 「계초심학인문」을 읽어 보겠습니다.

갓 출가한 이를 경계함[誡初心學人文]

해동사문 목우자 쓰다

부처님의 가르침에 처음 마음을 낸 이는 나쁜 친구를 멀리하고 어질고 착한 이를 가까이해야 한다. 오계와 십계 등을 받아서, 그 계율을 지키고[持] 범하는[犯] 경우와 열고[開] 닫는[遮] 경우에 대하여 잘 알아야 한다. 오직 부처님의 말씀에 의지하고 용렬한 무리의 헛된 이야기를 따라서는 안 된다.

출가를 하여 청정한 대중에 참여하여 자리하였으면 항상 부드럽고 온화하고 잘 따를 것을 생각하고, 교만하여 자기를 높이 여겨서는 안 된다. 나이 많은 이를 형으로 삼고 적은 사람 아우가 되며, 다툼이 있다면 양쪽의 주장을 잘 화합시키고, 오로지 자비로운 마음으로써 서로를 대해야지 모진 말로써 마음을 다치게 해서는 안 된다. 만약 도반(道伴)을 속이고 업신여기며 옳다 그르다 따져 말한다면 이런 출가는 전혀 이익이 없다.

재물(財物)과 성(性)적 추구의 재앙은 독사의 재앙보다 심하니, 자기를 반성하여 그릇됨을 알고, 항상 이 그릇됨을 멀리 떠나야 한다.

볼일이 없으면 다른 이의 방이나 처소에 들어가서는 안 되며, 숨기려고 하는 것을 억지로 알려고 해서는 안 된다. 여섯째 날이 아니면 속옷을 빨지 말 것이며, 씻고 양치할 때 큰 소리로 코 풀고 침을 뱉지 말 것이며,

이익 되는 일을 하는 자리에서는 당돌하게 순서를 넘어서지 말 것이며, 걸어 다닐 때에 옷섶을 열어젖히거나 팔을 흔들지 말며, 말을 할 때에 큰 소리로 희롱하며 웃어서는 안 된다. 요긴한 일이 아니면 문밖을 나가서는 안 된다.

병든 사람을 보면 자비로운 마음으로 간호해야 한다. 손님을 보면 반드시 기쁘게 맞아들여야 하며, 어른을 만나면 엄숙하고 공손하게 길을 비켜 드려야 한다. 수도(修道)에 필요한 기물들을 갖춤에는 검약하여 만족할 줄 알아야 한다. 밥 먹을 때 씹고 마시는 소리를 내지 말고 음식을 집거나 놓을 때 반드시 차분하고 조심스럽게 해야 하며, 얼굴을 들어 두리번거리며 살피지 말며, 음식의 부드럽고 거친 것에 기뻐하거나 싫어하지 말며, 말을 하지 말아야 하며, 쓸데없는 생각을 막아야 한다. 음식을 받는 것은 단지 몸이 마르는 것을 막아 도업(道業)을 이루기 위한 것인 줄 알아야 한다.

『반야심경』을 마음에 새기고 삼륜(三輪)의 청정함을 살펴서 도업을 닦음에 어긋나지 말아야 할 것이다. 부처님께 향을 올리고 수행함에 아침저녁으로 부지런히 해야 하고 스스로 게으름을 꾸짖어야 한다. 대중의식을 할 때는 절차가 뒤섞이거나 어수선하게 하면 안 된다. 찬불하고 축원할 때는 글을 외우고 그 뜻을 살펴야 하지, 소리만 따라서는 안 되고, 소리의 곡조가 고르지 않아도 안 된다. 부처님의 거룩한 얼굴을 우러러 뵙되 다른 경계에 끄달리면 안 된다.

자신의 죄·업장이 저 산과 바다와 같음을 알아야 하며, 마음으로 참회하고[理懺] 행동으로 참회해야[事懺] 그 업장을 소멸시킬 수 있음을 알아야 한다. 예를 올리는 자신과 예배 받는 부처가 본래 둘이 아니어서 모두 진여성품으로부터 인연 따라 일어났음을 깊이 관하며, 중생과 부처의 감응이 헛되지 않아 마치 물건에 그림자가 따르고 소리에 메아리가 따르는 것과 같음을 깊이 믿어야 한다.

대중처소에 거처할 적에는 서로 양보하여 다투지 말아야 하며, 서로 도와주고 보호해야 한다. 논쟁하여 승부 가리기를 삼가고, 무리지어 모여서 한가롭게 이야기하는 것을 삼가며, 다른 이의 신발을 잘못 신는 일이 없도록 하며, 앉고 누울 때 차례를 넘는 일을 삼가야 한다.

손님을 맞아 이야기할 때는 집안의 좋지 못한 일을 드러내서는 안 되며, 다만 가람의 불사를 찬탄해야 한다. 고방에 드나들며 이런저런 것을 듣고 보아 스스로 의혹을 일으켜서는 안 된다.

요긴한 일도 아닌데 이 고을 저 고을로 나가 노닐며 속인들과 사귀어 서로 왕래함으로써 다른 이로 하여금 미워하고 시기하게 하여 도 닦는 뜻을 스스로 저버려서는 안 된다.

혹시 요긴한 일이 있어 나들이를 하게 되면 주지나 대중을 관장하는 이에게 알려 가는 곳을 알게 한다. 만약 속가에 들어가게 되면 반드시 바른 생각을 굳게 지켜서 보고 듣는 경계에 끄달려 방탕하고 삿된 마음이 요동치게 해서는 안 된다. 하물며 옷섶을 풀어 헤치고 웃고 떠들며, 잡스러운 일을 함부로 지껄이고, 때가 아닌데도 밥 먹고 술 마시며 망령되이 무애행을 하노라 하며 부처님이 정해 주신 깊은 계율을 크게 어길 것인가? 또 그렇게 하여 어질고 착한 사람들이 싫어하고 의심하게 한다면 어찌 지혜 있는 사람이라 하겠는가?

공부하는 처소에 머물 때는 사미(沙彌)와 함께 어울리는 일을 삼가며, 인사치례로 (쓸데없이) 오가는 일을 삼가며, 다른 이의 좋고 나쁨을 드러내지 말며, 글을 읽어 지식을 얻는 것을 탐내서 구하는 것을 삼가며, 잠을 자는 것이 지나치지 않도록 하며, 마음이 흐트러져 인연 경계에 끄달리는 것을 삼가야 한다.

만약 종사(宗師)가 법상에 올라 설법을 하는 때를 만나면, 설법에 대해 아득하게 어렵다는 생각으로 '포기하고자 하는 마음'[退屈心]을 낸다거나, 혹은 늘 듣던 것이라는 생각으로 '쉽게 여기는 마음'[容易心]을 내어서도 아니 된다.

법문을 들을 때는 마음을 텅 비워 들으면 반드시 깨달을 기연을 만날 것이니, 말만 배우는 자들을 따라서 단지 입으로 분별하는 것을 취하지는 말아야 한다.

"뱀이 물을 마시면 독이 되고 소가 물을 마시면 젖이 된다" 하는데, 슬기로운 배움은 깨달음을 이루고 어리석은 배움은 생사에 빠지는 것이 바로 이것이다.

또한 법사에 대해 업신여기는 생각을 내지 말라. 그런 생각으로 말미암아 도에 장애가 생겨 닦아 나아가지 못하게 될 것이니 정말 삼가야 한다.

『논』에 이르기를 "만일 밤길을 가는데 죄인이 횃불을 들고 길에 있다 하자. 그 사람이 악하다 하여 (횃불의) 빛을 거부한다면 구렁텅이에 빠지고 말 것이다"라 하였다.

설법을 들을 때는 마치 살얼음을 밟듯이 간절히 눈과 귀를 기울여 깊은 진리의 소리를 듣고, 마음의 번뇌를 단속하고 그윽한 뜻을 맛봐야 한다. 법당에서 내려오면 묵묵히 앉아서 (설법 들은 것을) 관(觀)하여 의심 나는 것이 있으면 먼저 깨달은 이들에게 널리 묻는다. 아침저녁으로 조심하고 가르침을 구하여 의심나는 것을 털끝만큼도 남기지 말아야 한다. 이와 같아야 바른 믿음으로 도를 구하는 마음을 지닌 자가 될 수 있다.

아득한 예부터 익혀 온 애욕과 성냄과 어리석음이 마음에 얽히고설켜 있어, 잠시 숨었다가도 다시 일어나는 것이 마치 하루걸러 앓는 학질과 같다. 어느 때라도 곧바로 수행을 돕는 방편과 지혜의 힘으로써 통절하게 막고 지켜야 한다. 어찌 한가롭고 게으르게 근본 없는 잡담을 즐겨 세월을 헛되이 보내면서 마음 깨치는 가르침으로 삼계를 벗어나는 것을 바랄 수 있겠는가?

다만 발심한 뜻과 절개를 굳게 하고 자신을 꾸짖어 게으르지 않게 하며, 잘못을 알면 옳은 방향으로 나아가고, 고치고 뉘우쳐 조화롭게 이끌어야 한다. 부지런히 닦으면 관(觀)하는 힘이 더욱 깊어지고 연마하면 수행이 더욱 청정해질 것이다.

만나기 어려운 불법을 만나게 되었다는 생각을 꾸준히 가지고 도업(道業)을 항상 새롭게 하며, 이런 불법 만난 것이 참으로 기쁘고 다행이라는 마음을 품어 끝까지 물러서지 말아야 한다.

이와 같이 오래오래 닦아 나아가면 저절로 선정과 지혜가 원만하게 밝아져 스스로 마음 성품을 보게 될 것이며, 집착 없는 자비와 지혜로 중생을 돌이켜 제도하고, 모든 중생들의 복밭이 될 것이니, 부디 힘쓰고 힘쓸지어다.

1부

나를 어떻게 다듬을 것인가

1장

처음 마음을 일으킨 사람들에게

①

夫初心之人, 須遠離惡友, 親近賢善.
부 초 심 지 인   수 원 리 악 우   친 근 현 선

受五戒十戒等, 善知持犯開遮.
수 오 계 십 계 등   선 지 지 범 개 차

但依金口聖言, 莫順庸流妄說.
단 의 금 구 성 언   막 순 용 류 망 설

부처님의 가르침에 처음 마음을 낸 이는 나쁜 친구를 멀리하고 어질고 착한 이를 가까이해야 한다. 오계와 십계 등을 받아서, 그 계율을 지키고[持] 범하는[犯] 경우와 열고[開] 닫는[遮] 경우에 대하여 잘 알아야 한다. 오직 부처님의 말씀에 의지하고 용렬한 무리의 헛된 이야기를 따라서는 안 된다.

초발심은 어떤 마음인가

'부초심지인'(夫初心之人)부터 시작해 보죠. 첫번째 글자인 '부'(夫)는 지시사로 '저' 아니면 '이' 정도로 가볍게 가리키는 말입니다. '대개', '대저'라고 굳이 해석하지 않아도 됩니다. 그다음 '초심지인'이 나오죠. '처음 마음을 낸 사람'입니다. 어떤 마음을 냈죠? 초심이에요. 초심을 어렵게 생각할 필요가 없습니다. 초심은 향상심, 곧 내가 보다 나은 존재가 되겠다는 마음을 내는 것이라고 생각하면 됩니다. 초심은 내가 부처님이 되겠다는 건데요. 부처님은 다른 뜻이 아니라 '더 나은 존재'의 궁극에 있는 분인 것이지요. 오늘보다 더 훌륭한 사람, 오늘보다 더 나은 사람, 오늘보다 더 멋있는 사람, 오늘보다 더 행복한 사람이 되겠다는 마음 내는 게 바로 마음을 내는 것입니다. 그것이 바로 부처님이 되겠다는 마음인 겁니다. 그래서 초심, 초발심을 너무 어렵게 생각할 필요가 없습니다. 오히려 너무 어렵게 생각하면 뜬금없는 것이되어 버릴 수도 있고요.

제가 자주 이야기하는 놀라운 체험이 있습니다. 어느 큰절 법회에서 강의를 하다가 "부처님 되고 싶은 분 손 들어보세요"라고 물었던 적이 있어요. 그랬더니 손을 드는 불자들이 의외로 적더라고요. 법회 끝날 때 다들 "성불합시다"라고 하는데, 남한테는 성불하라고 하고 자기는 안 할 생각일까요. 여하튼 부처 되자는 종교인 불교 믿는 사람들이 부처님 되고 싶은 사람 손 들라고 하는데 안 드는 거죠. 왜 그럴까요? 부처님을 너무 아득하게 멀게 느껴서 그렇겠죠. 그러면 안 됩니다. 더 나은 존재가 되는 길을 꾸준히 걷다 보면 그 궁극에 부처님이 있는 거예요. 그러니까 내가 나의 존재를 향상시키겠다는 그 마음이 바로 초발심인 겁니다. 그걸 잊으시면 안 됩니다. 거룩하고 어마어마하게 생각할 필요 없어요.

좋은 벗을 사귀고 악한 벗을 멀리하라

이 초발심자는 우선 어떻게 해야 한다는 거죠? '수원리악우, 친근현선'(須遠離惡友, 親近賢善)이라고 되어 있지요. 초발심자에게 첫번째로 주는 말이 '악우', 곧 '나쁜 벗'을 멀리하고 현명하고 착한 사람을 가까이해야 한다는 겁니다. 간단해 보이지만 정말 무서운 이야기예요. 어떤 경전에 나오죠. 누가 부처님한테 "좋은 벗, 좋은 도반을 두는 것은 도를 반은 이룬 것이라 생각합니다"라고 그러니까 부처님이 뭐라고 했죠? "아니다. 좋은 벗을 두는 것은 도를 다 이룬 것이다"라고 하셨죠. 좋은 벗은 '선지식'(善知識)이라고 할 수 있습니다. 우리가 흔히 착각하는 게 선지식은 나보다 학식이 대단히 높은 사람일 거라고 생각하는데, 선지식은 사실 '선우'(善友), 곧 '착하고 어진 벗'을 말합니다. '선우'와 '선지식'은 똑같은 말입니다. 지식과 벗은 같은 뜻이거든요. 우리가 보통 '지식이 많다'고 말할 때의 '지식'이 아닌 거죠. 지식과 벗은 칼야나미트라(kalyanamitra)라고 범어로 같은 말인데, 그 범어가 한문으로 번역이 될 때 '벗 우'(友) 자로 번역되기도 하고 '지식'(知識)으로도 번역이 되기도 했습니다. 그래서 우리가 통상 생각하듯이 '선지식'은 나보다 등급이 높고 많이 아는 사람이고 '선우'는 그냥 동급의 벗이라고 차이를 두어서 생각하는 것과는 다르지요. 그런 선우, 선지식, 좋은 도반, 이런 벗들을 가까이 두는 것이 도를 거의 다 이룬 것이라는 말이고요.

제가 다른 곳에서도 많이 강조하지만, 내가 누군지는 어디 다른 먼 곳에서 찾을 필요가 없습니다. 내가 어떤 사람인지 알고 싶으면 내 주변에 어떤 사람이 있는지를 보면 되는 거죠. 내 주변에 좋은 벗이 있으면 내가 좋은 사람이고, 훌륭한 사람이 있으면 내가 훌륭한 사람인 거죠. 간단합니다. 내속을 열심히 들여다보면서 나를 찾고자 할 필요 없습니다. 불교의 연기설이 그렇습니다. 물론 나의 내면을 반성하는 것도 중요하지만, 알고 보면 내외가 하나이기 때문에 내 주변이 바로 나라고 할 수 있는 거죠. 내 주변에 선지식이 많이 있으면 바로 그 선지식과 함께 공부하는 나는 자연 그 선지식 수준의 사람이 되어 가는 겁니다.

이런 선지식에 몇 가지 표준이 있겠죠. 유교의 공자의 말에 따르면 벗에는 세 종류가 있다고 합니다. '도움이 되는 벗이 세 종류고, 손해 보는 벗이 세 종류가 있다'[益者三友, 損者三友]라고 했습니다. 도움이 되는 벗은 '우직, 우량, 우다문'(友直, 友諒, 友多聞)이라고 해서 곧고 정직하고[直], 성실하고[諒], 들은 것이 많으면, 다시 말해 학식이 많으면[多聞], 그런 벗은 '이익이 된다'고 했습니다. 자기한테 도움이 된다는 거죠. 반대로 '우편벽, 우선유, 우편녕'(友便辟, 友善柔, 友便佞)은 해로운 벗이라고 했는데요. 치우쳐서 객관성을 잃은 벗[友便辟], 아첨하는 벗[友善柔], 그다음에 말재주 부리는 벗[友便佞]. 이런 벗들은 손해가 난다고 했습니다.

불교에서도 마찬가지로 선우를 내 주변에 늘 둬야 한다는 거죠. 그런데 또 한편으로는 내가 그들의 선우가 되어야 합니다. 그들이 나의 울타리이고 내가 또 그들의 울타리입니다. 그런데 공자는 『논어』에서 또 이렇게 이야기했죠. '무우불여기자'(毋友不如己者)라고, '나만 못한 사람을 벗으로 두지 마라'라는 뜻인데요. 그런데 이건 말이 안 됩니다. 그러면 나보다 뛰어난 사람이 나를 벗으로 삼겠어요? 그럼 어떻게 해야 하죠? 사람이 한 줄로 평가되는 게 아니라는 것을 알아야 합니다. 우리가 '선우'를 사귄다고 할 때, 사람을 한 줄로만 평가하면 절대 벗을 못 사귑니다. 사람에게는 다양한 측면이 있기 때문에 어떤 사람도 모든 면에서 나보다 못한 사람이 없습니다. 그러니까 우리는 중요한 눈을 떠야 합니다. 벗의 훌륭한 점을 발견해 낼 수 있는 눈을 가져야 하는 거죠. 여러 종류의 벗이 있는데 그 벗들의 훌륭한 점과 나쁜 점을 볼 수 있어야 합니다. 물론 좋은 점보다 나쁜 점이 많으면 사귀면 안 되겠지만, 한 줄로 세워서 판단하면 안 되는 겁니다. 불교에서 중요한 것이 찬탄하는 마음입니다. '수희공덕'(隨喜功德)이라고 다른 사람의 잘한 일이나 공덕을 찬탄하는 마음을 먹는 것, 이게 벗을 사귀는 데 가장 근본되는 마음입니다. 이런 마음을 가지고 있어야 좋은 벗을 많이 사귈 수 있습니다.

벗을 찬탄하는 마음

『논어』를 이야기했으니 한 가지 더 이야기해 볼까요? 공자
는 '도움이 되는 좋아함'이 세 가지가 있다고 합니다[益者三
樂]. '예와 악을 절도 있게 하는 것을 좋아하고, 다른 사람의
장점을 말하는 것을 좋아하고, 현명한 벗이 많은 것을 좋아
한다'[樂節禮樂, 樂道人之善, 樂多賢友]고 했는데, 이 중에서 현
명한 벗이 많은 것을 좋아하는 것과, 남의 장점을 말하는 것
을 좋아하는 것은 지금 우리가 이야기하고 있는 것과 통하
는 이야기이지요. 이런 찬탄심이 중요하다는 거예요. 그런
데 대개 사람들은 남의 장점을 시기하고 질투하는 마음부터
일으키기가 쉽습니다. 우리 인간의 생리가 그렇습니다. 하
지만 그걸 극복하고 남의 장점을 찬탄하고 좋아하는 마음을
일으키면 여러 사람에게서 장점이 보이고, 그걸 통해서 나
는 그 사람과 사귈 수 있다는 거지요.

　그런데 한편으로 나쁜 벗도 분명히 있습니다. 여러 줄로
평가하라고 했지만, 나쁜 벗이 없는 게 아닙니다. 우선 공자
가 얘기한, 옆에서 아첨하기를 잘하는 사람은 경계해야 하
겠지요. 공자는 앞에서 '선유'(善柔)라고 그랬지요. 또 편벽된
벗이라든지, 향상심을 북돋우기보다 자꾸 낮은 곳으로 잡아

당기는 벗이 있을 수 있거든요. 그런 벗들이랑 어울려 다니다간 망치는 거죠. 그건 분명하게 악우라고 할 수 있습니다. 그러니까 선우와 악우를 가려서 주변에 선우를 두고 악우를 멀리한다. 이것이 「계초심학인문」의 첫번째 계입니다.

요즘 제가 대학교수를 그만두고 오히려 대학시절에 못 했던 강의들을 더 많이 하고 다닙니다. 한시 강의라든가 『서유기』 강의 같은 걸 하고 다니는데, 중문과 교수도 아닌 제가 대학에서는 그런 강의를 할 수가 없었는데, 오히려 대학 바깥에서 더 재미있게 강의를 하고 있습니다. 공부도 많이 하게 되고요. 예전부터 한시를 많이 외우고 있었지만, 강의용으로 외운 게 아니라서 강의를 하려니까 다시 공부를 하게 되더라구요.

이렇게 이런저런 강의를 하고 다니는데 그 강의를 하다 보면 반성이 될 때가 있습니다. '나도 못 하는 걸 이렇게 떠들고 다녀도 되나?' 하는 반성이 되는데, 그래도 이렇게 강의 들으러 오시는 분들하고 사귀면서 스스로 격려를 합니다. 이런 불교나 인문학 강의가 학점 따서 이익 보기 위해서 듣는 것이 아니고, 일종의 향상심을 가지고 오시는 거니까요. 나이 드신 분들도 많은데, 안주하지 않고 더 나은 삶을 지향하는 분들을 만나는 것도 제 복이라고 생각하고 있습니다. 이렇게 주변에 향상심을 가진 분들이 모인다는 거 자체가 저에게는 굉장한 행복이라고 생각합니다. 이게 일종의 울타리거든요. 이런 울타리 속에 있으면 대개 그 정도 수준은 가는 거라고 스스로 격려를 할 수 있는 거죠. 그러니까 주변에 좋은 벗들이 많은 것, 이게 공부를 할 때 첫번째로 중요한 조건입니다. 자꾸 놀러가자 하고 술 마시자고 하는 쪽으로만 이끄는 벗들이 가득하다면 되려야 될 수가 없겠죠. 이 좋은 날 공부를 하는 모임에 나오셔서, 같은 길을 가고 있는 분들과 함께 있는 그 자체가 바로 큰 행복이지요. 여러분 모두가 서로에게 울타리가 되고 등불이 되는 선우라는 생각, 그 행복을 느껴 보는 것도 좋겠습니다. 그다음을 볼까요?

지범개차, 계율 또한 달을 가리키는 손가락

두번째는 '수오계십계등, 선지지범개차'(受五戒十戒等, 善知持犯開遮)라고 했지요. 「계초심학인문」에는 계율과 관계된 이야기가 많습니다. 행동규범 같은 걸 많이 이야기하는데 그 서두에 '지범개차'를 잘하라는 이야기가 나오는 거죠. 앞으로 계율과 관계된 이야기를 꽤 할 건데, 그 계율들에 문자 그대로 얽매이지 말라고 미리 이야기하신 거 같아요. 그러니까 앞서도 이야기했던 것처럼 올바른 삶의 원칙을 가지되 그것을 융통성 있게 삶의 현장에서 적재적소에 잘 적용해야 된다는 이야기를 강조하고 있는 겁니다.

그렇다고 원칙이 없는 것만큼 위험한 것도 없다는 것을 짚고 넘어가야겠습니다. 우선은 원칙을 가져야 합니다. 원칙 없이 늘 양시양비론을 이야기하는 사람들은 좀 좋지 않습니다. 이건 이래서 싫고, 저건 저래서 싫고, 이렇게 이야기하는 사람들이 있지요. 이건 자기원칙이 없는 거라고도 할 수 있는데, 사람이 그렇게 살아서는 안 됩니다. 내가 세운 믿음이 언제나 제일이라고 생각해서도 안 되지만, 적어도 '이것이 옳다'고 생각하는 것은 세워야 하는 거예요. 그것이 절대적인 거라고 하면 안 될 뿐인 거죠. 그런데 아예 그런 믿음을 세우지 않고 늘 적당주의로 넘어가는 사람이 있어요. 박쥐 같은 부류라고 할 수 있겠죠. '절대적인 것은 아니지만, 이것이 지금은 옳다고 생각한다'라는 것을 가지고, 세상과 나를 움직여 보는 거죠. 그러다 보면 잘못된 것이 드러나기도 하는 거거든요. 그럴 때 지범개차가 필요한 겁니다.

또 중요한 것이 큰 목적이 있어야 한다는 거예요. 불살생계를 예로 들자면, 불살생계의 큰 목적이 무언가를 생각해야 하는 거죠. 만약 지범개차를 안 하고 문자 그대로 지키다 보면 더 많은 생명이 죽는 경우가 있을 수 있지요? 그렇다면 불살생계의 근본 목적을 생각하고 지범개차를 해야 한다는 거죠. 간단합니다. 모든 가르침은 달을 가리키는 손가락이란 말이에요. 불교의 가르침뿐만 아니라 모든 게 그렇습니다. 그런데 손가락에 매달리면 안 되겠죠. 계율도 마찬가지입니다. 달을 가리키는 손가락인데 손가락에 매달리면 달을 잊어버립니다. 불살생계는 생명을 존중하고 살리는 게 목적인데 손가락에 매달리다 보니 오히려 생명을 죽이는 일이 될 수도 있는 거죠. 그래서 지범개차가 근본 정신이에요.

세상을 바꾸는 삶의 원칙

그런데 사실 오늘날의 불교가 계율과 삶의 원칙을 가지지 않는 것이 문제이긴 합니다. 불교인들이 너무 원칙을 안 가져요. 불교인들이 좀 세세한 삶의 원칙을 정했으면 좋겠어요. 아까 얘기한 대로 과소비가 살생이라고 생각하면 과소비를 줄이는 삶의 원칙을 조금 세워 봐야 됩니다. 직접적인 필요가 없는데 목숨 끊는 거 하지 않는다. 이런 걸 조금씩 조금씩 늘려서 삶의 원칙에 반영을 해야 해요. 가령 싱크대에다가 음식 찌꺼기 확 버린다. 이게 살생이거든요. 기름이나 우유를 싱크대에 그냥 붓는 것이 엄청나게 오염을 시킵니다. 기름이나 우유를 부으면 물고기가 살 수 있는 물로 만들기 위해서 엄청난 양의 물이 필요하다고 합니다. 그런 것들이 그냥 물로 들어가면 물고기가 죽는다는 거예요. 끔찍한 이야기죠. 이런 것들을 조심스럽게 우리 삶에 적용을 하고 원칙들을 세세하게 다듬어야 해요. 기름 있는 거 함부로 붓지 말고 가능하면 종이로 우선 닦고 씻는다거나 하는 원칙을 세워 나가야 하는 거죠. 그런데 이런 구체적인 삶의 원칙들을 불교도들이 너무 안 가지고 있어요. 그러다 보니까 불교가 우리 세상을 바꾸지 못하는 거죠.

불교를 믿는 사람들이 많아질수록 좋은 원칙이 지켜지고 세상이 좋아진다. 이렇게 되어야 하는데 불교 믿는 사람이 아무리 많아져도 세상 좋아지는 게 안 보이면 불교가 세상에 환영받는 종교가 되겠어요? 안 됩니다. 불교가 이렇게 포교가 안 되는 중요한 이유가 이겁니다. 불교인들이 지범개차 이전에 계를 안 지켜요. 계를 구체화시키지 않습니다. 계를 그냥 생각 속에만 두고, 이 계가 우리 삶에 구체적으로 어떻게 적용될까를 생각을 안 하는 거예요. 세상 안 바꾸는 종교는 소용이 없어요. 자기도 안 바꾸고 세상도 안 바꾸는 불교는 공중에 뜬 불교란 말이죠. 그럼 아무 소용이 없습니다. 그래서 삶의 원칙을 조금씩이라도 세워 보자고 말씀드리고 싶습니다.

오계와 십계

원문에서 지범개차 전에 '수오계십계등'을 말하고 있는데 우리가 건너뛰었지요? 그 이야기로 돌아가 보지요. '오계십계'는 오계와 십계를 말하는 거죠. 우선 오계는 '살생하지 말라'[不殺生], '도둑질하지 말라'[不偸盜], '음행을 하지 말라'[不邪淫], '거짓말을 하지 말라'[不妄語], '술을 마시지 말라'[不飮酒]. 이렇게 다섯 가지입니다. 불음주계에 대해서는 제가 바꿔야 한다고 말씀을 드렸었지요.

그리고 십계는 두 가지로 이야기합니다. 보통의 십계는 앞의 오계에 다섯 가지를 더 붙인 겁니다. 양설(兩舌: 이간질), 악구(惡口: 남을 괴롭히는 말), 기어(綺語: 교묘한 말), 망어(妄語: 거짓말), 탐애진에(貪愛瞋恚: 탐내고 노여워함)를 금하는 것입니다. 또 다른 것으로 사미가 지키는 계율을 십계라 하기도 합니다. 사미십계에는 앞의 다섯 개에 '높은 침상이나 고대광상에 눕지 않는다'는 것도 있고, 목걸이 같은 장신구를 하지 않고 향이나 화장품 같은 것을 바르지 않는 것도 들어갑니다. 그다음에 노래하고 춤추지 않고, 노래하고 춤추는 것을 구경도 안 하겠다는 거죠. 이 계율도 개차가 필요하다고 생각해요. 지금 노래하는 스님도 많고 그렇죠. 또 금은보배 같은 걸 몸에 지니고 소유하지 않겠다는 계율, 그리고 때가 아닐 때 먹지 않고 가축을 키우지 않겠다는 계율. 이렇게 다섯 계율이 더 들어가서 십계로 잡는 경우도 있고요.

실제로 보조 스님이 '오계십계'라 했을 때 십계를 무엇으로 정했는지는 알기가 어렵죠. 하지만 그 계율이 어떤 것이었는지를 따지는 것보다, 백장청규나 보조 스님이 이「계초심학인문」을 지었던 그 정신을 살려서 우리 시대에 우리가 행복해지기 위한 기본적인 삶의 원칙이 무엇일까를 스스로 고민을 해봐야 한다고 생각해요.

고전과 경전, 성스러운 말들에 의지하라

다음으로 '단의금구성언, 막순용류망설'(但依金口聖言, 莫順庸流妄說)을 보겠습니다. '금구성언'이라고 할 때 '금구'는 '금과 같은 입'에서 나온 말이라는 뜻으로 부처님의 말씀을 그렇게 말합니다. '금구직설'이라는 표현도 있지요. '부처님 입에서 곧바로 나온 말'이란 의미입니다. 그런데 저는 부처님 말씀이라고 이야기되는 것들을 쉽게 '금구직설'로 믿지 말라고 이야기를 합니다. 계속 강조하고 있지만 계율 같은 것을 모두 '금구직설'이라고 믿으면 안 된다는 거죠. 부처님이 500개, 혹은 250개 계율을 처음부터 다 얘기했다는 건 망상입니다. 불교의 계율은 수도 없는 세월 동안 추가되면서 만들어진 거예요. 긴 세월 동안 계율과 관련해서 얼마나 말이 많았는데요. 초창기에는 완전한 무소유를 이야기했기 때문에 소금을 저장해 놓고 먹어도 되냐 안 되냐를 가지고 스님들이 다투기도 했을 정도입니다. 자, 어떻게 할까요? 누가 소금을 많이 줬는데, 무소유의 원칙에 충실해서 남으면 버려야 할까요? 아니면 좀 저장해 놓고 먹어도 될까요? 여러분은 어디에 표를 던지실래요? 그리고 조금 있다가 화폐경제가 발달했어요. 그래서 스님한테 화폐로 보시를 했어요. 그러니까 또 화폐를 받아도 되느냐 마느냐로 한동안 다퉜어요. 이런 논쟁들이 다 계율을 정하는 가운데 나온 이야기들입니다. 아주 현실적이지요. 계율은 그렇게 오랜 세월 동안 더하고 고치면서 전해져 온 거란 말씀을 드리고 싶습니다.

이런 점을 염두에 두고 원문을 보죠. '금구에서 나온 성스러운 말에 의지할지언정 용류망설은 따르지 말라'라는 이야기입니다. '막순'에서 '막'(莫)은 '하지 말라'라는 금지의 말입니다. '순'(順)은 '따른다'는 뜻이고요. '용'(庸)이라는 자는 '용렬하다'고 할 때의 '용'이고, '중용'이라고 할 때도 사용하는 자입니다. 이 '용' 자에는 또 '상'(常)의 뜻이 있습니다. 그리고 이 '항상 상(常)'에도 두 가지 뜻이 있죠. 하나는 '평상', 다른 하나는 '항상'의 뜻이 있습니다. 지금 읽은 구절에서 '용' 자는 '평상'의 뜻을 취해서, 일상적이고 범상하다는 뜻입니다. 범상한 사람들의 속된, '망령된 말'을 '용류망설'이라고 한 거지요. 이런 말을 따르지 말라는 겁니다.

정리하면, 우리가 늘 의지해야 할 것은 '금구성언'이요, 따르지 말아야 하는 것은 '용류망설'이라는 것입니다. 그런데 요즘 세상은 '금구성언'을 잘 안 배우려고 하죠. 가장 표본이 될 수 있는 경전이라든지 고전을 잘 안 읽습니다. 원액 함량 높은 것은 마시기가 어려운 모양입니다. 요즘의 화두는 재미인 듯해요. 재미가 없으면 아무도 안 쳐다봐요. 그래서 사람들이 안 읽는다고 한탄만 하지 말고 요즘의 화두에 맞춰야 합니다. 금구성언을 많은 사람들이 접할 수 있도록, 요즘 화두인 재미에 맞춰서 풀어 놓는 것도 중요하다고 생각을 합니다. 그래서 『서유기』를 가지고 우스개를 섞어서 풀어 본 책(『어른의 서유기』)도 내 보고 했는데, '용류망설'이 되지 않을까 걱정이 되긴 합니다. 그래도 이런 생각으로 현실에 맞게 무언가를 하는 것이 불교에서는 매우 필요하다고 생각합니다. 왜냐면 오랫동안 불교가 삶과 유리된 모습을 보여 왔기 때문입니다. 뭔가 시대에 뒤떨어진 듯한 모습을 많이 보여 왔기 때문에 불교는 오히려 적극적으로 이 시대 분위기에 맞는 가공작업을 더 많이 해야 할 거 같다, 이런 생각이 듭니다.

그래서 지금 이 「계초심학인문」을 읽는 것도 다른 이야기를 해가면서 읽을 수밖에 없어요. 보조 스님이 말씀하신 대로 딱딱하게 읽으면 어려움이 있는데, 그렇다고 하더라도 언제나 잊지 말아야 할 것은 금구성언에 의존해야 한다는 겁니다. 이걸 떠나서는 안 돼요. 가끔 성인의 말씀을 가볍게 여기는 사람들이 있어요. 이렇게 성인을 우습게 보고 성인의 말씀을 쉽게 취급하는 사람들은 문제가 있다고 봅니다. 훌륭한 사람도 100년 동안 이름이 남기가 어렵습니다. 사람 많이 죽이고, 역사적인 큰일을 해서 이름을 낼 순 있겠죠. 나폴레옹이라든지, 알렉산더라든지. 그러나 그런 게 아니라 진리를 이야기하고, 삶의 이상을 이야기한 것으로 천 년, 이천 년, 몇 천 년을 인류의 스승으로 자리잡고 있다는 것은 정말 대단한 것이거든요. 성인이라고 일컬어지는 분들…. 부처님뿐만 아니라 공자, 예수, 소크라테스 이런 분들은 정말 위대한 분들이라고 생각합니다. 사람 죽인 것도 아니고 전쟁 일으킨 것도 아니고, 단지 정말 진리를 얘기하고 올바른 이상을 이야기한 것으로 몇 천 년 이름을 남긴 이런 분들의 말씀을 금구성언으로 여겨야 한다 생각합니다. 그런데 그런 분들의 말을 아주 가볍게 여기는 사람들은 정말 위험합니다. 우리가 우리 삶에 맞게 응용을 해야겠지만, 언제나 우리가 의지할 곳은 금구성언이라는 것을 잊지 말아야 합니다.

그래서 불자들은 다른 많은 지식을 섭렵하면서도 언제나 불경을 읽으셔야 합니다. 불경을 가까이한다는 기본적인 태도를 잊으시면 안 됩니다. 그래서 적어도 1년에 몇 권이라도 불경을 기본으로 읽고, 그다음에 그것에서 연역된 여러 이야기를 읽는다는 원칙을 세우는 게 바람직하지 않을까 생각이 듭니다. 연역된 것만 읽다 보면 자칫 중요한 것을 잊어버릴 수가 있다는 점을 잘 새겨 두셨으면 합니다.

토를 붙이지 않고 한문을 읽자!

여기서 잠깐 한문 읽는 법에 대해 이야기하고 다음으로 넘어가겠습니다. 저는 한문을 읽을 때 토를 안 붙여 읽습니다. 왜냐하면 한문은 외국어이기 때문인데요. 우리가 오랫동

안 한문을 배우면서 중간단계에 토를 붙여서 읽었어요. 현토(懸吐)라고 하지요. 그런데 토를 붙이는 건 외국어에다 갑자기 한글을 섞는 셈이잖아요. 예를 들어서 영어 배우면서 "I는 am a boy다". 이러는 거랑 비슷한 거예요. 그럴 이유가 없다고 생각합니다. 또 이 토가 사람에 따라서 정말 달라요. 전통적으로는 퇴계식으로 읽는 토가 다르고, 율곡식으로 읽을 때 또 토가 다르고 그랬죠. 누구 해설에 따르는가에 따라 그때마다 토를 바꿔야 되니 이거 정말 할 일이 아니죠. 그래서 저는 토 붙이는 방식은 안 하는 게 좋다고 생각합니다.

그런데 이것도 굉장히 저항이 많아요. 제가 예전에 서당을 다닐 때 선생님께서 토 붙이는 걸 싫어했어요. 말씀드린 것처럼 왜 외국어에다 토를 붙이냐는 거였죠. 그런데 토를 안 붙이면 큰일 나는 줄 아는 한학자분이 계셨어요. 그 어른도 대단한 어른인데 둘이 맨날 그거 가지고 싸우셨죠. 그러다가 어느 날 술자리에서 그 어른이 우리 선생님에게 또 막 시비를 거니까 우리 선생님이 귀찮고 그러셔서, 『논어』 가운데 제일 심한 욕을 해버리셨어요. 『논어』에 보면 '늙어서 죽지도 않는다'라는 욕이 있거든요. '노이불사'(老而不死)라고. 그 선생님한테 그래 버리니까, 그 양반이 화가 나서 "이놈" 그러면서 따귀를 때려 버렸어요, 우리 선생님을. 그래서 두

분이 한동안 말도 안 했어요. 그러다 나중에 그 어른이 술 먹고 찾아와서 사과를 하고 화해를 했다 하더군요. 그만큼 갈등이 있는 문제인데, 저는 원칙적으로 토를 붙이는 건, 지금 외국어도 많이 배우는 시대인데 그럴 필요가 없다고 생각합니다.

2장

—

벗을 대하는 마음

②

旣已出家, 參陪淸衆,
기 이 출 가 참 배 청 중

常念柔和善順, 不得我慢貢高.
상 념 유 화 선 순 부 득 아 만 공 고

大者爲兄, 小者爲弟. 儻有諍者, 兩說和合,
대 자 위 형 소 자 위 제 당 유 쟁 자 양 설 화 합

但以慈心相向, 不得惡語傷人.
단 이 자 심 상 향 부 득 악 어 상 인

若也欺凌同伴, 論說是非, 如此出家,
약 야 기 릉 동 반 논 설 시 비 여 차 출 가

全無利益.
전 무 이 익

출가를 하여 청정한 대중에 참여하여 자리하였으면 항상 부드럽고 온화하고 잘 따를
것을 생각하고, 교만하여 자기를 높이 여겨서는 안 된다. 나이 많은 이를 형으로 삼고
적은 사람은 아우가 되며, 다툼이 있다면 양쪽의 주장을 잘 화합시키고, 오로지 자비
로운 마음으로써 서로를 대해야지 모진 말로써 마음을 다치게 해서는 안 된다. 만약
도반(道伴)을 속이고 업신여기며 옳다 그르다 따져 말한다면 이런 출가는 전혀 이익
이 없다.

석가모니 부처님 이전의 출가

그럼 다시 원문으로 들어가 보겠습니다. '기이출가'(旣已出家)라는 것은 이미 출가를 했다는 말이고요. '참배청중'(參陪淸衆)에서 '청중'이라는 것은 '맑은 대중'이라는 뜻입니다. 원래 '승가'(僧伽), 원문으로는 '상가'(sangha)라는 단어에 '화합 대중'이라는 뜻이 있어요. 중(衆)이라는 것은 화합이 근본이에요. 그래서 지금 원문에서 말하는 '청중', 곧 '맑은 대중'이란 승가를 이야기합니다. '출가'라는 것은 집을 나간다는 말인데, '사문(沙門)이 되는 것'이라는 뜻입니다. 출가를 한 사람을 범어로는 '슈라마나'(Sramana)라고 하는데 이 말이 '사문'이라고 번역이 된 거죠.

그런데 출가는 부처님이 처음 한 것이 아니죠. 이미 부처님 당시에 많은 사문들이 있었어요. 당시 인도에서는 독특하게도 부유한 사람들의 미덕 가운데 중요한 것이 사문들을 잘 대접하는 것이었습니다. 사문이나 위대한 스승들, 그러니까 노동을 안 하고 철학이라든지 수행을 전문적으로 행하는 전문가들을 존중하고 대접하는 풍토가 당시 인도에 일반적으로 있었습니다. 그래서 이미 부처님 이전에 많은 사문이 있었고 부처님도 그 사문의 예에 따라서 출가를 한 거예요. 그래서 '사문유관'(四門遊觀) 이야기에도 사문(沙門)이 나오죠. 부처님이 생로병사의 괴로움을 사대문에서 보셨는데 마지막에 출가사문을 보고 거기서 평화를 느끼시죠. 그래서 부처님도 그 예에 따라서 출가를 했다고 이야기가 나옵니다. 이렇게 출가라는 것은 부처님이 처음 시도한 것이 아니고 고대 인도라는 그 시대와 지역의 특이한 문화풍습입니다.

역사적인 일들에 '~면'하고 '~뻔'을 붙이면 안 되지만, 만약 부처님이 중국에 태어나셨으면 출가를 하셨을까를 생각해 보면, 저는 아니라고 생각합니다. 중국이라는 환경은 인도와 엄청나게 달라요. 인도가 아열대성이고, 그래서 아마 먹는 일이나 그런 것에 조금 느슨할 수 있었던 것 같아요. 하지만 중국은 철저한 씨족사회입니다. 거기서 집안을 버리고, 혈연을 버리고 출가를 한다. 그건 용납이 안 될 거 같아요. 중국은 출가사문이라는 제도 자체가 성립하기가 힘든 환경입니다.

인도라는 환경

이렇게 환경적 특성뿐만 아니라 인도에서 출가사문이 나올 수 있었던 배경에는 묘한 흐름이 있어요. 원래 인도의 전통적인 사상으로 브라마니즘(Brahmanism)이 있습니다. 지금도 인도에서는 베다를 신의 계시로 인정하느냐 안 하느냐에 따라 정통과 비정통을 나누는데요. 지금은 베다를 신의 계시로 인정하는 힌두교가 사상의 주류가 되어서 인도를 지배하고 있죠. 베다에는 네 개의 베다가 있고요(리그베다, 사마베다, 야주르베다, 아타르바베다). 그런데 이 베다를 신의 계시라고 인정하지 않는 흐름이 있습니다. 크게 두 가지로 자이나교와 불교입니다. 이걸 비정통이라 합니다. 그런데 자이나교나 불교가 출현하기 이전부터 사문이라는 흐름이 나왔다는 것은 브라만교의 점진적이고 세속적인 종교형태에 대해 반발하는 흐름이 나왔다는 거라고 볼 수 있습니다.

먼저 브라만교의 특징을 좀 살펴보죠. 베다를 따르는 사상들의 특이한 점이 두 가지 있어요. 첫번째가 계급을 인정하는 것입니다. 인간을 계급으로 나누는 건데요. 지금도 이게 아주 큰 문제입니다. 브라만, 크샤트리아, 바이샤, 수드라의 네 계급이 있고, 그 계급을 세분해서 또 굉장히 많은 분화된 직업의 계급이 정해져 있습니다. 이게 인도사회의 큰 문제일 텐데요. 간디가 인도의 해방을 위해 노력할 때에도 이 문제가 불거져 나왔습니다. 간디는 힌두교를 바탕으로 독립

운동을 했는데요. 그런데 불가촉천민 출신으로 불교를 바탕을 해서 독립운동을 하던 분이 있어요. 암베드카르(Bhimrao Ramji Ambedkar)라는 분이지요. 이 분은 힌두교를 바탕으로 하면 인도의 진정한 독립은 불가능하다고 생각한 겁니다. 그 신분제도를 인정하고 나면 인도가 한 나라가 되기 힘들다고 생각을 한 거죠.

어쨌든, 이 브라만교에서 사람들이 어떻게 생각했냐 하면, 그 신분제도를 인정하면서, 어릴 때 배우고, 그다음에 세속적인 생활을 하면서 성적인 쾌락도 추구하고, 부도 축적을 하고 조상의 제사 받들고, 이런 식으로 누릴 거 다 누리고 나중에 후손들에게 물려주고 나서 숲에 올라가서 청정한 생활을 하고…, 이런 식으로 수행한다는 생각을 가지고 있어요. 점진적인 해탈이라 할 수 있겠죠.

그런데 이에 반발해서 급격한 해탈을 추구하는 흐름이 생깁니다. 그렇게 해서 되겠냐면서, 우리 인생의 문제에 대해서 정면승부를 걸지 않으면 안 된다고 말하는 종교들이 나오는 거죠. 한 번에 몰두해서 해야 한다. 그런 흐름을 일으킨 두 종교가 불교와 자이나교입니다. 자이나교가 불교보다 조금 앞서 나왔지요. 자이나교는 불교보다 출가 승려들의 규율이 훨씬 엄한데요. 그 자이나교의 창시자가 석가모니 부처님보다 조금 앞이에요. 연세가 높습니다. 그래서 부처님 당시에도 이미 자이나교도가 있었고, 그 자이나교의 제자가 석가모니를 논쟁으로 설복시키겠다고 찾아왔다가 되려 석가모니 부처님한테 설복이 돼서 불교교단에 귀의한 예도 있습니다. 그러니까 요는 부처님 이전에도 출가가 있었다는 거예요.

그런데 이 출가라는 게 참 재미있는 것은 그 집착이나 욕망의 사슬을 한 번에 자르지 않으면 안 된다고 생각한 데서 나왔다는 겁니다. 이게 굉장히 의미가 있습니다. 우리가 우리의 삶의 문제를 근본적으로 마주해서 정면도전을 하지 않으면 안 된다는 의식을 고취시킨 건 굉장히 큰 공입니다. '적당주의로 그냥 슬슬해서는 안 된다, 정면으로 마주해서 해결하는 근본적인 의식을 가져야 한다'라고 이야기한 겁니다. 그렇게 수행전문가 집단이 만들어지면서, 종교사에 큰 흐름을 일으킨 거죠.

전문가를 존중하는 사회

이렇게 수행전문가 집단이 생긴 것은 굉장한 장점이라고 생각합니다. 그런데 수행전문가 집단이 있다는 것이 중국과 한국에서는 좀 생각해 볼 문제가 있습니다. 중국과 한국에서 그 제도를 그대로 유지하는 것이 상당히 심각한 문제를 일으키는데요. 중국에서 불교를 탄압한 주된 이유가 출가라는 것 때문입니다. 출가를 해서 노동을 안 하고, 씨족적인 유대가 다 깨지고, 이런 문제가 중국과 한국의 사회에서 심각한 문제가 되는 거죠. 그래서 보통 저항에 부딪치는 게 아닙니다. 폐불, 훼불 같은 불교 박해 사건들이 일어나는 중요한 이유 중의 하나가 바로 출가제도입니다. 그래서 불교에서도 이 출가제도를 어떻게 유지하느냐가 정말 문제가 되지요.

또 하나 문제가 불교에서 출가는 수행전문가가 되는 건데, 수행전문가를 어떻게 봐야 하는지의 문제가 있습니다. 사실 전문가는 존중을 해야 합니다. 전문가를 푸대접하면 그 사회가 망합니다. 역사적인 실례가 있죠. 중국의 문화혁명이란 거 아시죠. 문화혁명, 참으로 무서웠습니다. 그때 전문가들이 된서리를 맞았습니다. 선생님들도 고생을 했고, 전문 무술가 같은 사람들은 부랑배 취급을 받아 투옥되고 죽기도 하고 했죠. 하방이라고 해서 전문 지식인들이 수난을 당했습니다. 사실 마오쩌둥이 그런 짓을 벌인 데에 이유는 있습니다. 공산주의 혁명을 했는데 전문가란 것들이 새로운 계급을 형성하고 있고, 그것이 혁명의 완성을 가로막고 있다고 생각한 것 같습니다. 그래서 그런 계급의식 깨부수고 공산주의의 근본으로 돌아간단 생각 때문에 그 짓을 했을 거예요. 그런데 정신은 어땠는지 몰라도, 15년 전이나 20년 전에 중국 가서 중국 사람들하고 대화한 사람들 이야기로는 중국의 발전이 뒤처진 이유로 많은 중국 사람들이 문혁 탓을 한다는 거예요. 전문가를 푸대접하다 보니, 지식인 계급이나 전문가 계급이 하던 일을 누가 하려고 합니까. 그러다 보니 사회발전의 원동력이 사라져 버렸다고도 할 수 있겠죠.

그래서 두 가지 사이에 갈등이 있는 겁니다. 하나는 전문가를 존중해야 한다는 거지요. 존중하지 않으면 그 사회의 발전이 없습니다. 그런데 다른 한편으로 전문가들이 자기들이 타고나면서부터 존귀한 계급인 줄 착각을 하면 또 망하는 사회, 또 다른 계급사회가 되겠지요. 비슷한 측면에서 불교의 출가제도도 바라볼 필요가 있습니다. 스님도 일종의 전문가입니다. 저는 그렇게 봅니다.

제가 철학교수로 오래 지내다 보니 조금 대접 받습니다. 아직도 철학교수의 희소성이 있습니다. 참고로 철학교수는 생업, 경제적인 거 신경 안 쓰고 공부에만 몰두해야 하고, 또 교수가 금방 되는 것도 아니고, 여러 가지 사정이 있다 보니까, 그런 이유에서 전문가라고 존중을 좀 해주는 거겠죠. 그런데, 전문가가 아주 귀중한 삶의 모델이라고 생각하고는 모든 사람들이 철학교수처럼 살려고 하면 어떻게 되겠습니까? 망합니다. 그러니까 전문가라고 좀 대접해 주고, 우리가 너희 대접 좀 해줄 테니까, 삶하고 관계없는 것 좀 고생스럽지만 파내려 가고, 다른 바쁜 사람한테 얘기 좀 해달라고 하는 거거든요. 그러니까 저 같은 사람은 의무를 지고 있는 거예요. 대접을 받는 대신에. 이 정도 했을 때 전문가가 쓸모가 있는 거라고 생각합니다.

저는 스님도 그렇다고 생각합니다. 스님은 일종의 전문가입니다. 모든 사람이 스님처럼 살면 세상이 망해요. 절대 안 됩니다. 그래서 저는 아예 평소에 대놓고 스님 흉내 내면 망한다고 이야기를 합니다. 게다가 스님은 종교인이라는 것 때문에 다른 전문가보다 더 존중을 받죠. 그런데 그러다 보면 착각이 생겨요. '사람 위에 스님 있다'고 하는 거죠. 이렇게 생각하는 사람이 많습니다. 절대 아니에요. 스님들은 우리한테 큰 빚을 지고 사는 사람들입니다. 우리한테 전부 의존하고 살잖아요. 우리 아니면 스님들이 어떻게 먹고 살겠어요. 수행 문제라든지 마음 통찰이라든지 그런 문제에 관해서 당신들은 모든 거 팽개치고 그거만 하라는 거죠. 그리고 우리한테 빨리 알려줘야 할 의무를 지고 있는 거예요. 이렇게 나누는 것이 상당히 효용성 있는 분업이라고 저는 생각해요.

그러니까 수행전문가가 우리보다 더 좋거나 나은 계급이 아닌 겁니다. 불교의 특징은 살아가면서도 수행할 수 있는 길을 연다는 겁니다. 그래서 만일 보통 사람들이 불교를 공부한다고 적당히 스님 흉내 내고, 우리가 스님만큼은 안 되지만 스님 흉내 반만큼만 내보자고 해서는 안 됩니다. 그렇게 하면 늘 열등감에 허덕일 수밖에 없어요. 전문으로 수행만 하는 스님들만큼 우리가 할 수는 없으니까요.

살아가면서도 행복할 수 있는 길

불교의 본령이 어디에 있느냐를 생각해 봐야 합니다. 살아가면서도 행복하고, 살아가면서도 수행할 수 있는 길을 연 첫번째 종교가 불교예요. 부처님이 출가하고 처음 찾아갔던 두 스승이 있었죠. 알라라칼라마와 웃다카라마풋타라고. 이 두 스승은 뒤에 불교에서도 말하는 선정의 최고봉을 이미 성취한 분들이었죠. 그런데 부처님이 그걸 뿌리치고 나온 겁니다. 왜 그랬을까요? 살아가면서도 행복할 수 있는 길, 살아가면서도 수행할 수 있는 길을 확립하기 위해 나온 거라고 생각합니다. 선정삼매로 따지면요, 그 이후의 불교에서도 그 두 스승 이상 가는 삼매가 별로 없습니다. 하지만 그 삼매 속에서는 행복하겠지만, 맨날 그러고 살 수는 없거든요. 그건 삶을 팽개쳐야 되는 거잖아요. 살아가면서도 행복할 수 있고, 수행할 수 있는 길과는 다르다는 거예요. 그래서 부처님이 열어 놓은 이 대단한 물꼬를 자각해야 해요. 일상적인 삶을 살아가는 사람들이 삶 속에서도 행복하고 수행할 수도 있는 길을 연 것이 불교의 가장 중요한 본령이라는 점을 알아야 한다는 거죠.

그렇다면 출가자가 왜 필요하냐고 물을 수 있겠죠. 필요한 이유가 있습니다. 전문가가 필요하거든요. 출가자들이 마음의 본질을 탐구하고, 수행의 방법을 탐구하는 데 온 힘을 쏟습니다. 그걸 많은 방편들로 개발해서 재가자들을 지도하는 분업구조를 이룰 때 몇 배의 효과가 있을 수 있단 말이죠. 이렇게 생각해야지 '사람 위에 스님 있다'고 생각해서는 안 된다는 겁니다. 스님들이 살아가는 방식이 가장 뛰어난 삶의 방식이니 우리가 본받아야 한다고 생각해서는 안 된다는 거고요. 노동 안 하는 삶이 고귀한 삶인가요? 아니죠. 성생활 전혀 안 하는 삶이 고귀한 삶인가요? 스님들의 삶이 최상의 삶이라면 성생활은 아주 천박한 것이 돼요. 그런데 그걸 천박하다고 볼 이유가 없어요. 그렇게 생각하여 모든 사람들이 성생활을 떠난다면 인류가 멸종하겠죠. 스님들에게 성생활을 금하는 이유가 따로 있는 겁니다.

'사람 위에 스님 있다'는 생각에 바탕을 하면 '재가자의 삶은 천박한 하류의 삶이야. 재가 생활하면서는 부처님 깨달음을 추구할 길이 없으니까 내생에나 출가해서 수행하자' 이런 식이 되는 거예요. 그런데 '내생에 출가해서 수행한다'는 말은 거짓말입니다. 그 내생에서도 또 '내생, 내생' 합니다. 영원히 내생에 하겠다고 하다가 끝난단 말이에요. 그러니까 우리 인생 문제, 삶의 문제에 대해서 미뤄 놓지 않고 지금 여기서 정면대결하자는 그 자세가 출가의 자세라는 겁니다. 출가를 하지 않더라도 이런 출가의 마음 자세를 갖춰야 해요. 이렇게 할 때 바로 여기에서 우리 삶이 욕망, 즉 부처님이 이야기하시는 '갈애'로 추동되는 삶이 아닌, 다른 에너지로 살아가는 삶이 될 수 있습니다.

서원을 세우자

이때 중요한 것이 바로 서원이에요. 서원을 망각한 대승불교는 진짜 몹쓸 종교가 될 수도 있습니다. 대승불교를 잘못 공부하면 정말 큰일이 납니다. 대승불교에 얼마나 현학적인 얘기가 많은데요. 대승불교 경전 보면 뜬구름 잡는 얘기 엄청납니다. 선종에 들어가면 더 심해요. 그런 공부만 하고 서원이 없으면, 우리 삶을 이끌어가는 목표가 없고 에너지가 없어서 정말 잘못된 길로 빠질 수 있습니다. 불교를 공부하다가 진짜 망하는 거죠. 대표적으로 제가 그럴 뻔했는데, 그래도 전 덜 망했다고 생각하고 있는데요. 제가 한 10여 년 이상을 불교를 떠나 살았었던 걸 여러 곳에서 이야기합니다. 내가 이상한 인간이 되었다는 느낌 때문이었는데요. 머릿속에 든 건 많았죠. 구름 잡는 이야기는 다 알겠는데, 실천도 안 되고 해서 꽤 오랫동안 불교를 떠났습니다. 지금 생각해도 그렇게 현학적인 것에만 빠져 있는 것은 아주 위험하다고 생각하는데, 그런 위험을 서원이 잡아 주는 거예요. 서원이란 마음 자세를 기본적으로 출가자의 마음처럼 먹는 것입니다. 삶의 문제를 미루지 않고 바로 이 자리에서 출가의 마음으로 해결하겠다는 자세를 갖춰야 한다는 겁니다. '기이출가, 참배청중'은 짧은 문장인데, 출가에 관한 이야기를 하다 보니 좀 길어졌습니다.

그다음 '상념유화선순, 부득아만공고'(常念柔和善順, 不得

我慢貢高)라는 문장이 나오죠. '상념유화선순'은 늘 부드럽고 화합하고 잘 순응하는 것을 생각해야 한다는 거고요. '부득'은 해서는 안 된다는 뜻이죠. 그러니까 '부득아만공고'는 '아만공고'해서는 안 된다는 것인데요. '아만공고'는 특별한 불교용어예요. 교만하고 자기를 뽐내는 걸 아만공고라고 합니다. 아상이 커져서 막 뽐내고 교만해서는 안 된다는 거죠. '아만공고'라는 말은 중국어사전에도 보면 불교용어라고 나와요. 『백유경』 같은 경전에도 나오죠. 중국어로 표현하면 '교오자대'(驕傲自大)가 되지요. 교만하고 오만하고 자기를 아주 높이는 것, 이것이 아만공고입니다. 그래서는 안 된다는 것이지요.

사람을 다치게 하는 말[語]

그다음에 '대자위형'(大者爲兄)이라는 말이 나오지요. '대자위형'은 '대자'를 형으로 삼는다는 뜻인데, 여기서 '대자'는 나이 많은 사람이나 먼저 출가한 사람들도 대자에 들어갑니다. 또 덕이 높은 사람도 대자라고 할 수 있겠지요. 그런데 대개 선가에서는 법랍(출가한 때부터 따진 나이)을 중시합니다. 출가를 먼저 한 것을 중요하게 칩니다. 어쨌든 대자를 형으로 하고, '소자위제'(小者爲弟), 즉 나이가 적거나 법랍이 낮은 사람이 아우가 되어야 한다는 거고요. '당유쟁자'(儻有諍者) 여기서 '당'(儻) 자는 '만일'이라는 가정의 용법으로 쓰입니다. 그래서 만약 '유쟁자', 즉 다투는 사람이 있으면 두 이야기[兩說]를 화합시켜야 한다는 거죠. 이때, '자심상향'(慈心相向)으로 화합을 시켜야 한다고 나오지요. '자심'은 '자애로운 마음'이죠. 그럼 '상향'은 뭘까요. 반대말로 '상배'(相背)가 있죠. 상배는 둘 사이를 찢는 겁니다. 등지게 하고 흩어지게 하는 게 '상배'고, 반대로 '상향'은 서로 마주하는 거니까 화합해서 나아가는 것을 '상향'이라 하는 거죠. 그래서 '자심'으로 서로 화합하게 할지언정 '부득악어상인'(不得惡語傷人)이라고 합니다. '부득'은 좀전에 말씀드린 것처럼 해서는 안 된다는 뜻이고요. '악어'는 '나쁜 말'이죠. 나쁜 말로 남을 다치게 해선 안 된다는 겁니다.

'악어'라는 것이 굉장히 무섭습니다. 특히 불교에서는 '신구의삼업'(身口意三業 : 몸과 입과 마음으로 짓는 업)이라고 할 때, 입은 몸의 한 부분인데도 따로 독립을 시키잖아요. 입으로 짓는 구업(口業)이 그만큼 중하다는 거죠. 보통 스님들이 지키는 십계, 즉 열 가지 계율을 이야기할 때 그 십계에 구업이 네 개가 들어갑니다. 망어(妄語: 거짓말), 양설(兩活: 이간

하는 말), 악구(惡口: 남의 흠을 들추는 말), 기어(綺語: 교묘하게 꾸미는 말) 이렇게 열 개의 계율 중 네 개를 차지할 만큼 구업이 무서운 업입니다.

보통 사람을 판별할 때도 '언'과 '행'이라고 하죠. 중국이나 동아시아 가치관에서 말과 행위를 둘로 나누죠. 말도 하나의 행위인데 말이라는 행위는 '행'과 독립되어 따로 다뤄질 정도로 중요하다는 겁니다. 언제나 행동은 못 미치기가 쉽고 말은 넘치기가 쉽기 때문입니다. 그래서 우선 말은 넘치지 않게 조심해야 되고 줄여야 되고 행해야 하는 거죠. 공자도 계속 강조하는 게 '눌어언이민어행'(訥於言而敏於行), '말은 못 미치는 듯이 하고 행은 지나치게 해야 된다'는 거였고요. 입으로 짓는 죄에 대해서도 예로부터 이야기가 많았죠. '병종구입화종구출'(病從口入禍從口出)이라는 말이 그렇죠. '병은 입으로 들어오고 재앙은 입에서 나간다'는 뜻입니다. 입으로 남을 다치게 하거나 이간질하거나 해서 재앙을 초래하는 일이 엄청나게 많다는 거지요. 그래서 입을 단속하기 시작하면 행동은 저절로 단속이 됩니다. 왜냐하면 사람이 행위를 염두에 두기 때문에 입을 단속하는 것이거든요. 내가 말을 할 때 행동이 따를 수 있는가를 반성하는 사람은 말을 함부로 안 합니다. 또 어떤 말을 할 때, 그것이 남에게 어떤 상처를 줄까 걱정하는 사람도 절대 말을 함부로 안 하죠. 그러니까 입단속하는 것이야말로 모든 재앙을 막고 자기의 덕을 닦는 첫번째입니다.

지혜롭게 싸우는 법

제가 직업이 직업이다 보니까 가끔 결혼식에서 주례도 서는 데요. 주례를 서기 전에 신랑 신부를 미리 만날 일이 있으면 저는 꼭 물어봅니다. 주례의 자리에서 내가 해주기를 바라는 말이 있는지를 묻는데, 어떤 젊은이들이 참 예쁜 말을 했어요. 보통은 "선생님이 알아서 해주세요" 하는데, 이 젊은이들이 "지혜롭게 싸우는 법을 가르쳐 주세요"라고 하더라고요. 이 사람들이 참 지혜로운 사람들이라고 생각을 했습니다. 만약 "안 싸우는 법을 가르쳐 주세요" 했으면 택도 없는 소리 하지 말라고 그랬을 거예요. 부부생활하면서 어떻게 안 싸워요. 그건 말도 안 되죠. 그런데 이렇게 지혜롭게 싸우는 법을 가르쳐 달라고 하니, 제가 굉장히 기분이 좋더라구요.

그래서 그때 해준 말이 부부싸움은 칼로 물베기라고 하고 대개 칼로 물베기 정도만 싸우는데, 때로 바닥을 긁는 수가 있다고, 그러면 안 된다고 말해 줬습니다. 아주 심한 말을 하면 물만 베는 게 아니라 바닥을 긁어 버립니다. 바닥을 긁으면 심각해져요. 사랑과 정이 있을 때는 표가 안 나지만 살다 보면 이게 고갈되는 수가 있거든요. 그러면 긁혔던 바닥 상처가 드러납니다. 그러면 서로 못 사는 거예요. 굉장히 조심해야 해요. 말로 바닥 긁지 않도록. 그래서 정말로 화가 날수록 존댓말 써서 다투라고 그랬습니다.

그리고 무엇보다도 서로 큰 상처를 주지 않는 근본은 다름을 인정하는 거라는 점을 기억해야 합니다. 남자와 여자는 애초에 다른 동물이라고 생각하는 게 마음이 편합니다. 다르다는 게 귀중하다는 걸 인정해야 해요. 다르기 때문에 소중하단 걸 인정하고 들어가면 싸울 일이 좀 덜하죠. 저도 다 지나고 보니 이런 생각이 이제야 드는 거죠. 지금도 잘 안 되는데, 예전에는 성격이 참 못됐습니다. 그러다 보니 제 성질에 제일 피해를 본 게 제 아이들이죠. 대개 잘 넘어가다도 가장 가깝게 느끼는 사람에게 그 성질이 나오거든요. 그러니까 안사람하고 애들한테 그 못된 성질이 마지막까지 나오더라구요. 그래서 안사람하고 아이들이 아주 고통을 많이 겪었다고 저는 생각합니다. 지금은 많이 반성하고 있습니다. 아이들한테서 많이 좋아졌다는 소리도 듣고 그렇습니다. 이야기가 좀 돌아왔는데, '악어상인', 말로 사람 다치게 하는 거 정말 무섭습니다.

출가가 아닌 출가

그다음 문장을 보죠. '약야기릉동반'(若也欺凌同伴)에서 '약'(若)은 '만약'이라는 뜻이지요. '야'(也) 자는 별 의미 없이 들어간 자고요. '기'(欺)는 '속일 기'. '릉'(凌)은 깔본다는 뜻이죠. '능멸한다', 이럴 때 쓰는 한자고. '동반'이라는 건 함께 수행하는 길벗이라는 말입니다. 그러니까, 동반을 속이고 깔본다는 거고요. '논설시비'(論說是非)는 이리저리 따지고 잘난 척하는 거지요. 이렇게 옳고 그름을 따져서 논쟁을 한다면 이와 같은 출가는 '전무이익'(全無利益)이다. 전혀 도움이 되지 않는다, 곧 이건 출가가 아니란 소리죠.

진짜 출가자 중에서도 출가자답지 않은 출가자가 많다는 걸 우리가 인정해야 해요. 이런 논설시비 하고 있는 출가자가 많다는 것을 인정해야 합니다. 우리가 생각하기에 부처님 시대는 하도 대단해서 그런 일도 없을 것 같은데, 부처님 당시에도 이런 일이 있었어요. 승려들이 대판 싸우고 분열이 일어나 난리가 났어요. 그러니까 어떻게 됐느냐. 재가자들이 공양을 딱 끊어 버렸습니다. 부처님도 말리다 말고 살짝 다른 데로 피해 버리니까 재가자들이 공양을 끊어 버린 거예요. 그런데 당시 인도에서는 공양을 끊는다는 건 끔찍한 얘기입니다. 굶어야 되는 거예요. 승려들은 노동도 못하고 아무것도 없는 거거든요. 이렇게 공양이 끊기면 어떻게 합니다. 그래서 재가자가 무서운 거예요. 사람 위에 스님이 있다는 말이 틀렸다는 것을 그때 보여 준 겁니다.

승(僧)은 개인인 스님이 아니라 수행 공동체

그래서 스님들을 받든다고 할 때 굉장히 조심해야 합니다. 지금 우리말 삼귀의(三歸依)는 잘못되었다고 보는데요. 불교의 가장 기초적인 의례인 삼귀의, 즉 '불, 법, 승 삼보에 귀의한다'고 할 때, 우리는 마지막에 "거룩한 스님들께 귀의합니다", 이러잖아요. 저는 아니라고 생각합니다. 이건 수행 공동체에 귀의하는 걸 의미합니다. 출가자들의 수행 공동체가 근본 공동체지만 더 확대하면 재가 불자들까지 합한 불교 공동체에 귀의하는 거예요. 그러니까 개개인의 스님들께 귀의한다가 아니라 공동체에 귀의한다는 겁니다. 그래서 출가수행 공동체를 훼방하는 건 근본적인 큰 죄예요. 그런 죄는 무서운 죄라고 생각합니다. 그런데 '삼귀의'에서 스님들께 귀의한다고 하니까 개개인의 스님들을 다 존중해서 스님들을 비판하면 안 되는 줄 알아요. 그건 아니에요. 스님들 개개인은 오히려 가장 엄격하게 비판을 받아야 해요. 부처님 당시에도 스님들이 스님들답게 하지 않으니까 재가자들이 공양을 끊었다고 했잖아요. 스님들은 비판받고 가장 엄하게 '감시'를 받아야 되는 거예요. 지금 우리나라는 이게 안 되는 것 같아요. 스님들에 대해서 비판하면 승보를 훼방했다고 비난을 받습니다. 그러면 안 됩니다. 부처님 당시에도 올바르게 처신하지 않으면 호되게 비판을 받았거든요.

그러나 또 수행 공동체를 허무는 일은 정말 큰 죄라는 점은 항상 명심하고 있어야죠. 수행 공동체를 허문 가장 중죄인은 데바닷다(Devadatta)였죠. 부처님 육촌인가 그랬죠. 이 사람이 수행 공동체를 깨고 나가 버렸잖아요. 사람들을 꼬셔서 나갔죠. 이게 바로 파승가, 승단을 깨트린 거죠. 그래서 정말 산 채로 지옥 갔다는 말을 들은 이유가 아마 파승가 때문에 그럴 거예요. 그런데 데바닷다의 종단이 부처님 사후에도 존재했다고 그래요. 그 데바닷다가 파승가하고 데려간 사람들을 목건련하고 사리불이 다시 설득해서 데려왔다고도 하고요. 어쨌든 부처님 당시에 부처님 교단에서 가장 상처받았던 건 파승가 데바닷다 때문일 겁니다. 그다음으로 목건련과 사리불 같은 가장 뛰어났던 제자들이 부처님보다 먼저 열반에 든 것도 부처님에게 굉장히 큰 아픔이었을 것 같아요(부처님께 이런 표현 쓰는 건 죄송스럽지만). 어쨌든 가장 큰 사건은 파승가입니다. 이건 개인 스님의 문제가 아니라 승려 공동체를 깨트리는 것이기 때문에 무서운 겁니다. 그러니까 '논설시비, 여차출가, 전무이익'이라고 했듯이 그런 스님들에 대해서는 엄하게 비판을 해야 하는 거예요.

스님과 재가자

사실 우리나라에서 스님들을 받들어 왔던 것은 그럴 필요가 있었던 시대적인 산물이기도 합니다. 우리나라 불교가 굉장히 어려운 역사를 겪어 왔거든요. 지금도 어렵습니다만, 조선왕조 500년 동안 불교가 박해를 받았잖아요. 승려는 최하층 천민이었고요. 일제시대가 되자 일본인들이 불교를 믿으니까, 조선시대의 박해에서는 벗어났는데, 또 대처불교를 심어 놓고 갔잖아요. 그걸 또 회복하기 위해서 대판 싸웠죠. 정화불사(淨化佛事: 1954~62년까지 대처승 배제와 종단 재건을 내세운 불교 자정운동)가 지금까지 한국 불교에 많은 문제를 남기고 있어요. 그때 스님 수가 얼마 안 됐어요. 그러니까 그 비구스님들이 대처스님들이 차치하고 있는 전국의 절을 회복하려면 어떻게 해야 되겠어요? 막 깡패들도 머리를 깎고 스님이 되고 그랬어요. 그러면서 이제 불교에 폭력이 들어오게 되었죠. 그래서 조계종 등의 종단에 종종 폭력사태가 등장하는 기원도 그때부터예요. 한 번만 쓰고 끝내자, 그런 폭력은 없어요. 두 번 세 번 쓰게 됩니다. 그리고 좀 심한 얘기일 수도 있지만 그렇게 해서 승려 되신 분 가운데, 별 의식도 없이 머리를 깎았는데 그 양반이 오래 있다 보니 고승이 된 경우도 많이 있단 말이에요. 이런 것들이 문제를 일으킬 소지가 많이 있어요.

그런데 이거는 우리가 역사적인 산물로 받아들여야 한다고 생각을 합니다. 그래서 한동안 그런 어려움 속에서 불교를 다시 회복시키기 위해 스님들을 받들 필요가 있었죠. 출가 스님들의 위상을 높일 필요가 있었던 거예요. 그래서 한동안 성철 스님 같은 분들이 삼천배 안 하면 만나 주지도 않고 그런 일들이 있었죠. 그 자체는 저는 납득을 못하지만, 그 당시 성철 스님의 방편은 필요성이 있었다고 봅니다. 스님들의 위상을 높이고 재가자들이 스님들을 받들게 할 이유가 있었던 거죠. 그런데 한국 불교에서 이게 계속 내려오면 문제가 생겨요. 이제는 스님들이 그렇게 하면 안 되는 시대가 되었다고 하잖아요. 이제 시대가 지났단 말이죠.

그런데 제가 이런 이야기를 하면 스님들에게 막 대해도 된다고 들으시는 분들도 있는데, 그거 아닙니다. 스님들에 대해서 예를 갖추고 공경해야 한다는 건 재가자의 근본이에요. 조금 배웠다고 스님들을 우습게 보거나 하면 정말 큰일이에요. 저는 길에서도 승복 입은 분을 보면 일단 서서 정중하게 인사를 합니다. 승단을 유지해 오는데 그 승복 입은 스님들의 힘이 커요. 이걸 인정해야 합니다. 우리가 『유마경』을 보면 유마 거사가 법의 문제에 대해서는 스님들에 대해 한 치 양보가 없었어요. 부처님 10대 제자도 다 유마 거사한테 혼나고 그러잖아요. 그런데 실제로 『유마경』을 읽어 보면 부처님 10대 제자들을 만날 때 유마 거사가 계수아족(稽首我足) 했다고 나옵니다. 스님 발에 머리를 대고 절을 했다는 거예요(현장 삼장의 번역 『설무구칭경』 참조. 구마라집 삼장의 『유마힐소설경』에는 '발에 절한다'는 표현이 없음).

저는 이게 근본적인 태도라고 생각합니다. 스님들을 받들어 모시는 이유가 있단 말이죠. 그럴 때 오히려 그 존경이 존경으로 살아나고 사부대중의 공동체가 아름답게 살아납니다. 앞에서 말했듯이 전문가를 제대로 대접하지 않으면 그 사회는 망하는 거나 마찬가지예요. 스님들은 특별한 전문가입니다. 일반적인 전문가보다 훨씬 엄한 제재를 받고 있고 많은 것을 포기한 전문가입니다. 거기에는 존경을 바치는 것이 사부대중의 근본 도리라는 것이지요.

3장

수행자의 몸가짐(1)

③

財色之禍, 甚於毒蛇, 省己知非, 常須遠離.
재 색 지 화   심 어 독 사   성 기 지 비   상 수 원 리

無緣事則, 不得入他房院.
무 연 사 즉   부 득 입 타 방 원

當屛處, 不得强知他事.
당 병 처   부 득 강 지 타 사

非六日, 不得洗浣內衣.
비 육 일   부 득 세 완 내 외

臨盥漱, 不得高聲涕唾.
임 관 수   부 득 고 성 체 타

行益次, 不得搪揆越序.
행 익 차   부 득 당 돌 월 서

經行次, 不得開襟掉臂.
경 행 차   부 득 개 금 도 비

言談次, 不得高聲戲笑.
언 담 차   부 득 고 성 희 소

非要事, 不得出於門外.
비 요 사   부 득 출 어 문 외

재물(財物)과 성(性)적 추구의 재앙은 독사의 재앙보다 심하니, 자기를 반성하여 그릇
됨을 알고, 항상 이 그릇됨을 멀리 떠나야 한다.
볼일이 없으면 다른 이의 방이나 처소에 들어가서는 안 되며, 숨기려고 하는 것을 억
지로 알려고 해서는 안 된다. 여섯째 날이 아니면 속옷을 빨지 말 것이며, 씻고 양치할
때 큰 소리로 코 풀고 침을 뱉지 말 것이며, 이익 되는 일을 하는 자리에서는 당돌하게
순서를 넘어서지 말 것이며, 걸어 다닐 때에 옷섶을 열어젖히거나 팔을 흔들지 말며,
말을 할 때에 큰 소리로 희롱하며 웃어서는 안 된다. 요긴한 일이 아니면 문밖을 나가
서는 안 된다.

그릇된 것에서 떠나기

'재색지화, 심어독사'(財色之禍, 甚於毒蛇)는 '재색의 재앙은 독
사보다도 심하다'라는 뜻입니다. '성기지비 상수원리'(省己
知非, 常須遠離)는 자기를 반성해서 그릇된 점을 알게 되면 항
상 그것을 멀리 떠나야 된다는 것이죠. '성기'는 '자기를 반
성한다', '지비'는 '그릇된 것을 안다'라는 뜻입니다. 『논어』
에서는 비슷한 말로 '오일삼성오신'(吾日三省吾身)이라는 말
이 있죠. 나는 세 가지로 내 몸을 돌아본다고 했습니다. 그
래서 그때는 '삼성오신'이라는 표현을 썼어요. 이렇게 '몸 신
(身)' 자나 '몸 기(己)' 자나 같습니다. '상'(常)은 항상이라는 뜻,
'수'(須)는 '해야 한다'라는 의미지요. 그러니까 '자기를 반성
하고 잘못된 점을 알면, 항상 그것에서 멀리 떠나야 한다'라
는 뜻이 됩니다.

　여기서 재물과 '색'(色)을 말하고 있는데요. 지금은 빛깔
이라는 뜻으로 쓰이는 '색'(色) 자는 고대 한문에서 빛깔이라
는 뜻보다는 성적인 것을 뜻합니다. 예전 남성중심사회에서
는 여색을 뜻하는 것이었어요. 그러니까 가장 큰 욕심 중에
두 가지, 경제적인 재물에 대한 욕심과 성적인 욕심을 이야
기하고 있는 거죠. 그런데 재물의 욕심보다도 성적인 욕심

이 더 문제가 큰 거 같아요. 부처님이 그랬다고 하죠. 여색의 난관 같은 것이 하나만 더 있었어도 나 성불 못 했을 거라고요. 그만큼 성의 관문이라는 건 무섭다는 거예요.

재물도 우리가 사는 데 거의 필수적인 면이 있고, 이 성의 관문도 그 자체가 나쁜 건 아니죠. 그 자체가 나쁘다고 보면 안 돼요. 재물에 대한 욕심도 마찬가지고, 언제나 우리가 그걸 제어하기 힘들어서 어려운 거예요. 특히 색의 관문이 제일 제어가 안 돼요. 어지간한 건 나눠 쓰면 다 칭찬을 받아요. 그런데 성적인 대상은 나눠 쓰질 못하죠. 그렇게 하는 것이 칭찬받는 거도 아니고. 이렇게 가장 독점적인 걸 요구하는 게 성이에요. 그리고 성 에너지야말로 다른 에너지와 다르게 충동적이고 파괴적이어서 쉽게 컨트롤이 안 돼요. 가장 컨트롤이 안 되죠. 그러기 때문에 수행하는 사람들에게 가장 어려운 것이 이 성 에너지를 컨트롤하는 것입니다. 오죽하면 부처님도 성의 관문이 하나 더 있었으면 성불 못 했겠다고까지 말씀하셨을까요.

재물에 얽매이지 않도록

재물은 그것보다 훨씬 더 광범위하고 일반적인 욕망입니다.

이게 없으면 안 되죠. 그래서 재물이 나쁜 건 아니에요. 재물에 매이는 것이 나쁘고, 탐욕을 일으키는 게 나쁜 겁니다. 재물 자체는 나쁠 것이 없죠. 재물을 가지고서 우리가 보시하고 좋은 일 많이 하고 하면서 얼마든지 긍정적으로 쓸 수가 있습니다. 그래서 『논어』에도 비슷한 이야기가 있어요. 제자가 물어요. "빈이무첨, 부이무교"(貧而無諂, 富而無驕), "가난하되 아첨하지 않고 부유하되 교만하지 않으면 어떻습니까"라고 묻지요. 이렇게 제자가 물으니까 공자가 전혀 다른 방향으로 대답을 합니다. "그것도 괜찮지만 빈이락(貧而樂)하고 부이호례(富而好禮)한 것이 더 낫다"고 대답합니다. 가난하다고 왜 부정적으로 생각하냐는 거지요. '가난하되 아첨하지 않고 부유하되 교만하지 않다', 이렇게 생각하지 말고 '가난하되 도를 즐기고 부유하면 부를 바탕으로 해서 예를 좋아하는 것'이 더 낫다는 거죠.

그래서 부 자체가 나쁜 게 아닌데, 스님들이 출가하는 데는 집착과 탐욕이 근본적인 장애가 되기 때문에 재물을 여의고 탐욕을 여의는 것을 출가수행의 근본으로 삼아요. 그렇기 때문에 출가수행자는 재물을 온전히 떠나야 하는 거지요. 그럼 이것이 재가자의 규범으로 오면 어떻게 되느냐. 재에 얽매이지 않고 그것을 굴리는 존재가 되어야 한다고 재가자들에게 말해야 옳습니다. 수행의 전문가들은 재를 가진다는 거 자체가 장애가 될 수가 있어요. 그런데 불교가 동북아로 오면서는 이게 참 어려워집니다. 동남아까지는 기후가 따뜻하고 하니, 그냥 건물만 있고 먹고살고 하면 되는데 동북아로 오면 이게 안 됩니다. 그래서 중국과 동아시아로 오면서 교단에 소유가 생겨요. 출가 승단의 소유가 생기고, 출가 승단 내에서도 재물 문제가 보통 문제가 아닌 게 되죠. 그래서 더 엄해야 돼요. 출가승들이 재물을 가질 수밖에 없는 환경에서 그들이 재물에 연루되고 그것이 장애가 되지 않도록 재가자와 출가자가 절묘하게 협동을 해야 될 거 같아요. 그래서 사찰재정 투명화 운동이라든지, 그런 운동들이 일어났어요. 그래도 정착이 안 된 거 같아요. 사찰재정 투명화 운동을 할 수 없는 절도 많고요. 이런 상황에서 어떤 식으로 해서 스님들이 직접 재물의 소유에서부터 벗어나느냐, 재물에 연루되는 것을 벗어나게 할 것인가에 대해 출가자와 재가자가 머리를 맞대고 지혜를 짜내야 될 겁니다.

이런 식으로 한국 불교에는 해결해야 할 몇 가지 과제가 있어요. 그 중에 하나가 스님들이 노후가 돼도 안락하고 품위 있게 생활을 할 수 있도록 보장해 줘야 한다는 겁니다. 이게 안 되면 수행 안 됩니다. 출가자로 수행을 하는데 늙으면 어떤 초라한 처지가 될지 모른다고 하면, 사람으로서 두려움이 없을 수 없습니다. 그리고 나이 먹어서 제자도 제대로 안 키워 놨더니, 아픈데 오갈 곳도 없는 걸 다른 스님들이 본다고 생각해 보세요. 그럼 스님들이 자기 재물을 챙기기 시작합니다. 이러면 구조 자체가 망가집니다. 그러니까 스님들의 노후를 어떻게 편안하게 해드릴 것인가가 가장 서둘러야 할 문제 중 하나입니다.

스님들이 어차피 재물을 소유할 수밖에 없을 때, 거기서 때를 타지 않도록 우리가 어떻게 도와드리느냐 하는 문제가 있는 거죠. 스님들이 수행 열심히 하면 정말 품위 있게 늙어 가시고 모든 질병에서 벗어날 수 있도록 보장해 주는 문제, 이걸 가장 힘을 써서 보장을 하지 않고서는 스님들이 청정승가를 유지하기 힘들어집니다. 스님들 스스로가 개인 사찰을 가지게 되는 이유도 그런 거죠. 그런데 이건 스님들의 책임이 아니라 재가자의 책임이라고 생각합니다. 재가자가 세상을 꾸려 가는 사람인데 스님들의 복지를 위해서 나서야 되지요. 이것도 재가자의 의무를 제대로 하지 않아 생긴 일이 아닌가 생각하고 있습니다.

건강한 성 담론의 필요성

그다음으로 성의 문제는 제일 어려워요. 출가자에게는 성의 에너지야말로 가장 금기사항입니다. 출가자는 앞서도 얘기했듯이 모든 에너지를 수행에 쏟으라는 요구를 받는 거예요. 노동도 안 해도 되고 모든 것을 재가자에 빚지고 사는데, 이 성 에너지를 통제 안 하면 수행 안됩니다. 쉽게 얘기하면 스님들이 전문가로서 전문가 역할을 하기 힘들어져요. 하다 못해 우리 속인들도 어린 나이에 성에 빠지면 공부 못 한다고 하잖아요. '자갈로 밥짓기'라고 표현했던가요? 그런 시대도 지났는지 모르겠는지만, 아무튼 성 에너지의 문제는 출가자에게 가장 중요하고도 어려운 문제라는 것은 틀림없지요. 그래서 율장의 첫머리가 색계입니다. 율장의 색계는 아주 적나라합니다. 비구승은 여성의 성기를 독사 아가리처럼 생각하라고 나옵니다. 전문가로서 수행한다는 것은 정말 송곳으로 뚫어 나가듯 한 곳을 깊이 뚫어 나가는 겁니다. 시추하듯이 마음 구석까지 뚫고 들어가야 하는데, 그럴 때 성 에너지가 통제되지 않으면 수행을 위한 에너지를 집중해서 모을 수가 없는 거죠.

그럼, 성 에너지는 나쁜 거라고 보아야 하는가? 그건 아닙니다. 출가자에게 그걸 금기로 했을 뿐이지, 성 자체가 나쁘다는 것은 아닙니다. 부처님이 성을 무조건 나쁜 것으로 보았다고 생각해서는 안 되는 거지요. 재가자들에게 성 에너지는 자연스럽게 누리는 것이고 잘 건사하고 가꿔 나가야 하는 거예요. 성 에너지가 나쁘다고 생각하기 시작하면 재가자는 끊임없이 콤플렉스에 시달립니다. 우리는 그 '나쁜 것'을 할 수 없이 하는 사람들이 되는 거죠. 그러면 안 됩니다. 이런 콤플렉스 가지고는 살 수가 없죠. 그래서 재가자들이 어떻게 해야 성 에너지를 건전하게 가꿔 나가고 건전한 성 문화를 이루느냐에 대한 담론이 불교계에서 일어나야 합니다. 지금까지 이런 논의가 이루어지지 못한 것은 성 에너지 자체를 죄악시하는 분위기가 있었던 것이고, 승려들의 삶이 곧 불교라고 생각했기 때문에 그런 거였지요. 그런데, 그건 아니거든요.

불교는 대기설(對機說)입니다. 여기서 '기'(機)라는 건, 우리말로 어떤 조건과 상황이란 뜻이에요. 스님이라는 '기', 그 조건과 상황에 맞게 설해진 거예요. 그렇게 설해진 것을 '기'라는 관점을 떠나서 재가자라는 조건과 상황에서도 그대로 이야기하면 그건 옳은 이야기가 아니에요. 그래서 이제 불교에서도 건강한 성 담론이 이뤄져야 한다고 생각합니다.

그런데 스님들이 그런 상담을 하기는 힘들겠죠. 그러니까 우리 재가불자들이 해야 할 거 같아요. 이렇게 「계초심학인 문」을 읽으면서 출가스님에게 한 얘기를 그대로 똑같이 받아들이는 것은 의미가 없어요. 스님들에게 이렇게 이야기가 되었다면, 우리 재가자 입장에서는 이걸 어떻게 받아들여야 할까 하는 관점을 섞지 않으면 이야기하는 의미가 없다고 생각해서 여러 가지 이야기를 하고 있습니다.

공동생활의 윤리 ─ '방해하지 않는다'

이제 살펴볼 것은 스님들의 기본적인 생활규범입니다. 대단히 평범한 것 같으면서도 우리가 생각해 봐야 할 것이 많은 규범이니, 잘 살펴보도록 하지요. 처음에 나오는 '무연사'(無緣事)에서 '연'은 '인연'이라는 뜻인데, 여기서는 특별한 '연고', '이유'라는 뜻입니다. 그러니까 '무연사'는 연고가 있는 일이 없다, 즉 별다른 이유가 없다는 뜻이고요. '부득'(不得)은 '할 수 없다'는 뜻입니다. '얻을 득(得)' 자는 가능을 뜻하기도 합니다. 그래서 '부득'은 '할 수 없다', 더 나아가 '하면 안 된다'라는 뜻으로 쓰였습니다. '입타방원'(入他房院)에서 '방'은 다른 사람의 방사를 뜻합니다. 그리고 '원'이라는 것도 일종의 집을 말하고요. 정리하면, '이유 없이 다른 사람의 집이나 방을 들어가면 안 된다'라는 뜻이 되겠지요. 스님들이 공동생활을 하는데, 쓸데없이 남의 방을 기웃거리면 안 된다는 겁니다.

공동생활에서 중요한 것이 다른 사람에게 방해가 되면 안 된다는 겁니다. 공부하는 데에서는 특히 다른 사람에게 방해되는 게 참 큰 문제입니다. 어떤 공부를 하든 공부하는 이들은 자기 공간이 필요합니다. 저는 서당에 다녔었는데 서당은 특히 독립된 방이 있어야 해요. 서당에서는 소리를 내서 읽습니다. 소리를 내어 읽지 않으면 잘 안 외워집니다. 그래서 사람들 여럿이 모여서 같은 방에서 읽으면, 서로 방해가 되어서 못 합니다. 가령 『논어』를 읽는다고 하면 사람마다 읽는 리듬이 다릅니다. 그렇게 서로 방해가 되니까 제가 서당 다닐 때 반드시 방 하나를 따로 독립해서 줬습니다. 그 안에서 마음대로 큰 소리로 읽어야 하지요. 그리고 그렇게 할 수 없을 경우라면 서로 가까이서 읽으면 안 됩니다. 멀리 떨어져서 공부를 해야 합니다. 그런데 스님들은 그 정도가 아니죠. 그렇게 소리 내서 읽는 것도 아니고 조용히 사색하고 수행을 해야 하는데, 그렇게 남의 방에 기웃거리고 불쑥불쑥 들어가는 건 엄청난 실례입니다. 그러니까 다른 사람의 방원에 함부로 들어가지 말라는 계율이 있는 것이죠.

그다음 '당병처'(當屛處)에서 '병'이라는 건 가리개라는 뜻입니다. 남이 가리개를 쳐둔 곳, 다시 말해 남이 가려 놓은 곳에는 '부득강지타사'(不得強知他事)하라는 겁니다. 여기서도 '부득'은 '할 수 없다'는 뜻이고요. '강'은 '억지로'라는 뜻이겠죠. 다른 사람이 알리고 싶어하지 않는 일을 알려고 해서는 안 된다는 겁니다. 가려 놓은 데는 이유가 있어요. 그런데 사람들은 꼭 가려 놓은 곳을 들춰 보고 싶어하죠. 그러면 안 된다는 겁니다. 예전에는 자기 방사 앞에 병풍을 놓는 경우가 있습니다. 그러면 들어오지 말라는 소립니다. 비슷한 것 중에 중요한 것이 스님들한테 "왜 출가하셨어요" 이런 거 물어보면 안 됩니다. 굉장히 실례가 되는 일입니다. 어떤 피치 못할 사연이 있는 경우가 많아요. 우리가 자연히 알게 되는 경우는 모르겠지만, 남이 얘기하기 전에 남의 아픈 사정이라든지 속사정을 꼬치꼬치 캐묻는 것은 엄청난 실례입니다. 이건 우리 일상생활에서도 지켜야 될 도리입니다. 남이 사연이 있는 거 같다. 그러면 그냥 넘어가 줘야 돼요. 그걸 가지고 "왜 그러셨어요?", "무슨 일 있었어요?", 이런 거 묻는다는 것은 자기는 선의일지 몰라도 남에게 굉장히 괴로운 일일 수 있습니다. 이것도 우리 일상생활에서 지켜야 될 규범일 수 있습니다. 오히려 자기 자신에 대해서 신경쓰는 사람이 수행자입니다. 언제나 자기 자신을 돌아보는 데 바쁜 것이지 남 보는 데 바쁜 게 아니에요.

세탁과 살생

그다음에 '비육일'(非六日)은 육일이 아니라는 뜻이죠. '세완'(洗浣)은 '세탁한다'는 뜻입니다. 그러니까 6일, 16일이 아니면, 내의를 세탁해서는 안 된다는 겁니다. 여기에는 여러가지 이유가 있습니다. 사람이 살다 보면 부득이하게 살생을 해야 하는 경우가 있죠. 세탁도 일종의 살생을 수반합니다. 예전엔 특히 스님들은 옷을 많이 삶았어요. 옷에 있는 벌레를 죽이려면 삶는 수밖에 없었죠. 요즘에는 그렇게 벌레가 생길 정도로 입는 일이 없죠. 예전에는 정말 이 같은 벌레 잡는 일이 큰일이었습니다. 그러니까 옷을 삶는 게 굉장히 중요한 일이었죠. 그래서 세탁한다는 것은 일종의 살생을 수반하는 일입니다. 그런 일은 함부로 하지 말아야 하고, 피치 못해 죽이는 거지만 가능하면 죄가 덜 되는 방법을 찾은 거죠.

예전에는 죽는 존재들도 업을 덜 받고 좋은 곳으로 갈

수 있는 날이 있다고 믿었는데, 그게 6일, 16일이었던 거죠. 그날이 곤충이나 생명들이 죽어도, 좋은 세상에 가는 길일이라고 봤습니다. 그 길일을 택해서 세탁한다는 건데, 중요한 건 그 마음씀씀이죠. 어떤 설에는 육일이 사천왕이 순시하는 날이라서 조심하고 삼가야 하는 날이라고 하기도 하고, 여러 가지 설이 있습니다. 그런데 옛날이야기를 곧이곧대로 다 믿을 필요가 없습니다. 그 마음을 존중하는 것이 중요한 것이죠. 우리가 어차피 살생을 하는데 살생을 하면서도 늘 죽는 존재를 가슴 아프게 여기면서 피치 못해 살생을 한다는 마음을 가져야 한다는 겁니다. 죽는 존재에 대한 배려심이 있어야 된다는 이야기입니다.

그런데 그렇다고 해서 너무 살생을 안 하려고 얽매이는 것도 병이 됩니다. 사람이 번뇌를 일으키는 것 중에 '계금취'(戒禁取)란 것이 있습니다. 계금취라는 건 올바르지 못한 계율 등을 올바른 것으로 생각하여 집착하는 것을 말합니다. 그런데 넓은 의미로는 '계율을 어기면 어떻게 될까' 하면서 부들부들 떠는 것도 계금취에 들어갑니다. 이거 큰 병입니다. 이런 일을 하면 혹시 죄 받지 않을까 하는 생각이 엄청나게 큰 번뇌를 일으킵니다. 그런 것에 그렇게 얽매이면 안 됩니다. 불교는 특히 그런 것에서 자유로운 종교입니다. 우리는 어차피 행위를 안 할 수가 없어요. 행위를 안 한다는 것도 행위입니다. 행위를 하는 그대로 업보를 받는다고 생각하는 것은 예전의 자이나교나 힌두교에 가깝습니다. 불교인들도 그렇게 생각하는 건 업을 오해하게 하는 거예요. 예를 들어 까마귀가 훌쩍 날아서 배가 떨어졌다. 그런데 마침 밑에 지나가던 뱀 대가리에 배가 떨어져서 뱀이 죽었다. 그래서 그 뱀이 원수를 갚는다고 사냥꾼으로 태어나 까마귀를 잡고, 그렇게 윤회가 뺑뺑 돌아서 끝없이 죽이고 죽는다. 이런 이야기를 제가 예전에 절에 가서 들었던 기억이 납니다. 이거 불교의 이야기 아닙니다. 까마귀 날자 배 떨어져서 뱀이 머리 맞아 죽었다고 그 원수 갚으려 든다? 그런 일 없습니다.

계금취의 함정

넓은 의미의 계금취에는 이렇게 계율에 얽매이는 것도 들어갑니다. 무언가 금기사항, 터부 같은 걸 가지고 있어서 내가 이 터부를 범해서 혹시 뭔가 잘못되지 않을까, 이런 생각을 하는 불자들이 많아요. 자기에게 자꾸 무슨 나쁜 일이 생기면 내가 무슨 일을 해서 이런 죄를 받는 게 아닐까, 이런 식으로 변명을 하려고 한다는 거예요. '전생에 업을 져서', 이런 식으로 변명하려 하지 마세요. 모르는 일입니다. 그런 식으로 이야기해서 사람 겁주는 스님들도 있고 재가자 중에 잘난 척하는 사람도 있을 텐데, 저는 당신이 그걸 어떻게 아냐고 물어보고 싶어요.

그럼 어떻게 생각하는 게 좋은 거냐. '올 만해서 왔다'라고 생각하면 돼요. 그렇게 생각하지 않고 며칠 전에 무슨 짓을 했는데…, 혹시 그 과보로 이런 일이 오는 건가? 이런 식으로 생각하는 것이 계금취로 오는 번뇌입니다. 굉장히 나쁜 번뇌예요. 그리고 불교에서 업이라는 것은 언제나 의도가 중요해요. 내가 죽일 의도를 가졌느냐 안 가졌느냐 이게 업을 결정하는 가장 중요한 요소라는 것을 잊지 마세요. 우리는 행위를 하지 않을 수가 없어요. 행위를 한 그대로 자동기계가 결과를 내듯이 업을 받는다면 우리는 업의 사슬에서 빠져나갈 길이 없어요.

예를 들어서 누가 백정이라고 합시다. 죽이는 직업인 거죠. 한평생 죽이는 일을 하면 다음엔 더 나쁜 데 떨어질 거 아니에요. 더 나쁜 데 떨어지면 더 나쁜 짓을 할 거고요. 그럼 또 더 나쁜 데로 떨어질 거고. 그럼 구제 받을 길이 없잖아요. 구제 받을 길이 없는 그런 종교는 있을 수 없어요. 물론 거기에서도 헤어나갈 길을 마련할 수 있죠. 고행을 한다든가 여러 가지를 통해서 업을 녹일 수 있는 길을 마련했다고 하지만, 불교는 행위가 결정하는 것이 아니라 마음먹은 것이 결정을 한다는 겁니다. 그래서 백정을 하더라도 굉장한 자비심으로 할 수가 있다 말이죠. 그러면 그 업을 벗을 수가 있어요. 내가 너를 죽인다라는 의도, 이것이 깃들 때 중대한 업이 된다는 거죠. 불교가 그런 종교이기 때문에 계금취에 얽매이면 안 돼요. 우리 인간이나 모든 생명들은 절대 죄안 짓고 살 수 없어요. 남 죽이지 않고 살 수 없다는 말입니다. 걸어 다니면서 다른 생명을 밟아 죽이기도 하고 그렇죠. 그런데 그게 다 업이 되지 않아요. 부처님은 그럼 한 걸음도 못 걸으셨을까요? 희생을 하는 존재들이 우리를 위해서 희생하는 거룩함이 있어요. 그래서 그것을 딛고 우리가 또 남을 위해서 희생을 하는 그것을 꼭 나쁜 순환이라고 생각하지 말고 우리가 서로를 위해서 자기를 희생하는 거룩한 순환이라고 생각하면 되는 겁니다. 그렇다고 하더라도 그것을 당연시해선 안 되죠. 나 때문에 죽는 중생들에 대한 배려심이 '육일이 아니면 세탁하지 않는다'라는 걸로 정해진 거죠.

또 어떤 의미에서는 스님들이 공동생활을 하는데 세탁 같은 것을 아무 때나 하면 여러 사람에게 방해가 됩니다. 그래서 한날 해야 하는데, 그런 일들에 죽는 중생들을 위한 날이다, 이렇게 명목을 정하고 정해진 날짜에만 하는 거죠. 이런 식으로 삭발하는 날도 정하고 했다고 합니다. 스님들은 머리를 기르면 안 되죠. 스님들을 상징하는 말로 '방포원정'(方袍圓頂)이라는 말이 있어요. '방포'라는 건 스님들의 가사를 말하는데요. 가사를 잘 다려서 입으면 각이 져서 네모난 모양이 나와요. 그걸 방포라고 하고, 원정은 삭발한 둥근머리라는 뜻이죠. 이렇게 스님들은 언제나 외면의 위의(威儀)를 갖춥니다.

그런데, 이런 목욕이나 세탁과 관련한 계율들은 요즘에는 큰 의미가 없는 규정이 됐어요. 요즘은 너무 자주 세탁하고 자주 목욕을 해서 이게 병이에요. 사실은 자주 목욕하는 게 건강에 안 좋은 면도 있습니다. 때도 일종의 피부입니다. 너무 기름기를 없애면 오히려 피부가 상합니다. 그리고 세탁 너무 자주하고 목욕 너무 자주하는 게 환경을 파괴한다는 점에서 굉장히 큰 문제입니다. 샴푸나 바디워시 같은 데 들어 있는 계면활성제 등은 환경파괴의 주범이거든요. 그래서 사실 어지간하면 비누로 하는 것이 좋다고 생각합니다. 자기 존재가 있음으로써 불필요하게 주변이 파괴되고 주변의 생명들이 피해를 보고 죽는 일은 가능하면 줄여야 됩니다. 내가 있음으로써 주변이 따뜻해지고 밝아지고 혜택을 보는 생명들이 많도록 해야 한다는 그런 마음으로 살아가는 것이 굉장히 중요하죠. 「계초심학인문」의 이 구절은 그런 마음을 반영하고 있다고 보면 되겠습니다.

침류수석(枕流漱石)

그다음 문장을 볼까요? '임관수, 부득고성체타'(臨盥漱, 不得高聲涕唾)라고 되어 있습니다. 임관수의 '관'(盥)은 '세숫대야 관' 자입니다. 그래서 세수한다는 뜻으로 쓰고, '수'(漱)라는 것은 '양치질할 수' 자입니다. 이 글자가 나오니까 갑자기 일본 작가 나쓰메 소세키가 생각이 나네요. 일본의 대표적인 작가로 한자로는 하목수석(夏目漱石)이라고 쓰는데요. 나쓰메, 즉 하목(夏目)이 성이고, 수석(漱石)이 이름인데, 이때 '수' 자가 지금 나오는 '양치질할 수' 자입니다. 이 이름이 재미있는 것이 '돌로 양치질한다'라는 뜻이거든요. 돌로 양치질을 할 수 없죠? 일본 사람들도 이 이름의 유래를 잘 모르는데, 중국의 고사에서 비롯된 것입니다. 중국의 문인 가운데 아주 고집 센 문인이 있었다고 해요. 위진시대 손초(孫楚)라는 사람입니다. 이 사람은 자기 잘못을 영 인정하지 않는 아주 나쁜 버릇이 있어요. 그런데 글을 쓰다가 '돌을 베고 자고 흐르는 물에 양치질한다'(枕石漱流), 이렇게 써야 할 걸 글자를 잘못해서 바꿔 썼어요. '돌로 양치질을 하고 흐르는 물을 벤다'(漱石枕流)라고 써 버린 거예요. 그래서 남들이 따졌죠. '어떻게 물을 베고 자고 돌로 양치질한단 말이냐'라고요. 그런데 그 사람은 자기 잘못을 인정하지 않는 사람이라고 했죠. 그래서 '왜 안 말이 안 되냐. 물을 베는 것은 귀를 씻고자 함이요. 돌로 양치질하는 건 이를 튼튼하게 하고자 하는 건데'라고 하면서 우겼다는 우스운 고사가 있어요. 소세키가 원래 이름은 긴노스케인데, 그 고사에서 따서 이름을 '수석'(소세키)으로 붙인 거죠.

조심스러운 몸가짐

다른 곳으로 좀 샜네요. '임관수', 즉 세수하고 양치질할 때는 '부득고성체타', 너무 요란스럽게 침 뱉거나 소리 내서는 안 된다는 것입니다. '고성'은 큰 소리를 내는 거고, '체타'는 눈물을 흘리고 침을 뱉는다는 뜻인데, 여기서는 그냥 침 뱉는다는 뜻으로만 썼습니다. 세수하고 양치질할 때 너무 요란스럽게 하면 안 된다는 뜻이고, 행동거지 하나하나가 조심스러워야 된다는 말이겠지요.

출가인들의 행동거지는 요란하면 안 됩니다. 어떤 사람들은 무슨 짓을 해도 마음에 흔들림이 없다고 큰소리치는 사람들도 있는데, 천만의 말씀이지요. 행동이 반듯하지 않으면 마음이 흔들립니다. 수행을 한다는 것은 언제나 늘 산만했던 것을 거둬서 조용하게 하고 고요하게 하는 데 초점을 둘 수밖에 없습니다. 수행이 많이 되고 나면 정말 파도가 이는 속에서도 물을 볼 수가 있죠. 물의 자리를 잃지 않고 파도타기를 할 수 있어요. 수행이 되면 정말 벌거벗고 춤을 추고 돌아다녀도 부동심을 잃지 않을 수가 있단 말이에요. 그러나 수행 도중에는 그럼 안 됩니다. 우리는 행동에 끄달리고 거기서 잘못되는 것이기 때문에, 수행하는 과정에서는 끊임없이 수렴을 하는 것을 중점에 두어야 합니다. 너무 수렴에 매달리면 또 그게 병이 된다고 해서 경계를 할 뿐이지, 우리가 늘 밖으로 내달리는 데서 병을 얻기가 쉽기 때문에 안으로 거두는 공부를 많이 하게 되어 있습니다. 특히 스님들은 그렇지요. 그러니까 행동거지 하나하나에서 요란스럽게 자기 마음을 흔들리게 하면 안 되는 겁니다. 그러니까 침 뱉고 소리 지르고 하는 것은 말할 것도 없겠지요.

해산 스님의 계

제가 대학시절부터 불교학생회 활동을 하면서 스님들을 많이 뵈었는데 참 잊지 못할 스님 한 분이 있어요. 해산(海山) 스님이라고 밀양 표충사에 오래 계셨던 스님이에요. 제가 대학교 다닐 때 불교학생회를 하면서 수련대회 장소를 물색할 일이 있었어요. 제가 부산 갈 일이 있어서 밀양 표충사 들러서 알아보겠다고 하고 표충사로 갔어요. 절로 들어가는 길목에 밭이 있는데, 뙤약볕에 새까맣게 햇볕에 탄 스님이 일을 하고 있어요. 그런데 제가 표충사가 초행이라 그 스님한테 얼마나 가면 있냐고 여쭸더니 "어 쪼금만 가면 있다" 해서 인사드리고 갔죠. 가서는 이런 사유로 주지 스님을 뵈러 왔습니다라고 했더니 조금 있으면 오실 거라고 그래서 기다렸는데 그 새까만, 길가에 농사 짓던 스님이 주지 스님이었어요. 그분이 해산 스님이에요. 그래서 허락을 받고 수련대회를 가서 했는데, 수련대회 마지막에 오계를 주시는데 계를 특이하게 주셨어요. 신발 벗을 때는 제대로 반듯하게 벗어 놓아라, 낮에는 가능하면 눕거나 벽에 기대지 마라, 남하고 얘기할 때 쓸데없이 목소리 높이지 마라, 이런 계를 주시더라고요. 저는 그것이 굉장히 마음에 와닿았어요. 다들 돌아갈 때도, "내가 너희들한테 선물 줄 건 없고, 이 표충사 개울물 소리가 얼마나 좋니? 요거 내가 선물로 줄 테니까 가져가서 손안에서 요리 굴리고 조리 굴리고 하면서 감상도 하고 그러거라", 이렇게 말씀하시면서 우리를 보내셨던 기억이 있어요.

저는 그걸 못 잊어서 다음 해에 혼자 또 찾아뵈었어요. 표충사에 갔더니 스님께서 목불을 깎고 계시더라구요. 그냥 장도로 소나무 둥치 같은 걸로 목불을 깎으시는데 꼭 생긴 게 당신 모습 같고 아주 친근감이 들어서 "그거 하나 주세요" 했더니 픽 웃으시고 대답을 안 하시더라고요. 그래서 나중에 상좌스님한테 물었어요, 저거 맨날 깎으시냐고. 그랬더니 심심하면 깎으신대요. 일을 그렇게 많이 하시는데 그러면서 틈나면 목불을 깎으신대요. 그래서 다 깎으시면 뭐 하냐고 물었더니 불쏘시개를 한다고 하더라고요. 그래서 사람들이 얻어 간 적이 별로 없다고 하데요. 저에게 '아 참말 중이다' 이런 느낌을 준 스님이 해산 스님입니다. 일상적인 계율을 이야기하려다가 해산 스님 이야기가 나왔는데, 스님이 일러 주신 계율처럼 아주 일상적인 삶의 계율이 중요하다는 거지요.

스님들의 삶은 특히 거동 하나하나가 그럴 수밖에 없죠.

정말 모든 것이 수행으로 귀결되어야 하기에 이런 하나하나에도 신경을 쓴다고 생각하시면 될 거 같습니다.

어긋남이 없는 일상

자, 그다음 구절 보겠습니다. '행익차 부득당돌월서'(行益次不得唐突越序)에서 '행익'이라는 것은 속인들이 스님을 위해서 음식을 베푸는 걸 말합니다. '행익차', 행익이 있을 때에는 '부득당돌월서', 버릇없이 차례를 어기면 안 된다는 말입니다. 그다음에 '경행차'(經行次). '경행'이라는 건 스님들이 참선하고 할 때, 다리 풀면서 가볍게 정해진 길을 걷는 걸 말합니다. 그러니까 가볍게 거닐 때 '개금도비'(開襟掉臂) 하지 말라는 겁니다. '개금'은 옷섶을 확 풀어헤친 것입니다. 함부로 옷섶이 벌어지게 하고 걷지 말라는 거고요. 그다음에 '도비'는 팔을 막 흔들면서 걷는 걸 말합니다. 도(掉)는 '흔들 도' 자, 비(臂)는 '어깨 비' 자죠. 그러니까 걸을 때 자세를 얌전하게 걸어야지 옷섶이 벌어지고 어깨를 흔들흔들 하면서 걸으면 안 된다는 뜻입니다.

  이런 것은 꼭 스님만이 아니라 재가자들도 그래야 할 것 같아요. 제가 잘 못하면서도 늘 강조하는 게 평상시에 하는 걸 잘해야 한다는 겁니다. 평상시에 하는 것을 함부로 하면서 마음이고 몸이고 편안할 수가 없습니다. 행주좌와(行住坐臥)라는 말이 그런 말이죠. 걷고, 멈추고, 앉고, 눕고, 이런 기본적인 일상행위에 어긋남이 없어야 한다는 뜻입니다. 기본적으로 먹고, 싸고, 잠자고를 넘어서, 앉고, 눕고, 서고, 걷는 거 그런 것들에 버릇이 잘못 들면 마음도 흔들리고 병도 옵니다. 그러니까 늘 내 앉은 자세가 바른가, 걷는 자세가 바른가, 먹거나 자거나 싸는 게 바른가를 살펴야 하는 겁니다.

그다음에 더 들어가면 '숨 잘 쉬는가'까지 가야 하는 거죠. 평생에 잠시도 끊을 수 없는 게 숨쉬기잖아요? 숨을 잘 쉬는 게 그만큼 중요합니다. 그래서 옛날부터 불교에서도 그렇고 도교에서도 그렇고 숨쉬기를 그렇게 강조하는 이유가, 숨쉬기가 잘못되면 절대 건강할 수가 없기 때문입니다. 숨쉬기가 잘못되면 마음도 정돈될 수가 없습니다. 대개 마음이 거친 사람은 숨쉬기가 거칩니다. 간단히 생각해 봐도 화가 나면 숨이 씨근벌떡하죠. 거꾸로 숨이 고요해지고 규칙적이게 되면 마음도 상당히 정돈이 됩니다. 그러니까 숨쉬기는 종종 돌아보세요. 재밌는 것이, 숨쉬는 것을 의식하기만 해도 숨이 바뀝니다. 어떻게 숨을 쉬겠다 생각만 해도, 숨을 잘 쉬고 있나 생각만 해도 숨쉬기가 달라집니다. 그러니까 하루에 몇 번씩이라도 숨을 체크하세요. 거기서부터 나아가서 일상적으로 늘 하는 일들이 제대로 되어 가고 있는지, 행동거지를 돌아볼 수 있는 거죠.

스님의 수행과 재가자의 수행

그다음 '언담차'(言談次)는 '이야기를 나눌 때'를 뜻하고, '부득고성희소'(不得高聲戲笑)는 높은 소리로 대화하거나 시시덕거리고 웃는 걸 금하는 말입니다. 스님들은 당연히 낄낄거리고 웃고 하면 안 되겠지요. 그런데 우리 재가자들에게 이걸 어느 정도로 적용하면 좋은지 모르겠어요. 말할 때 쓸데없이 소리 높이는 건 정말 좋지 않습니다. 고성은 필요가 없는 것이고, 낄낄거리고 웃는 건 좋지 않지만 우리는 적당히 웃어 줘야 될 거 같아요. 소리 내서 웃는 거 나쁘지 않아요. 그런데 정말 장난치듯이 낄낄거리고 웃는 건 스님들에겐 아주 굉장히 금해지는 일입니다. 스님들은 우리하고 다르다는 생각을 하셔야 합니다. 굉장히 다릅니다. 스님들은 정말로 모든 것을 다 수행에 초점을 맞춰서 하나하나를 하는 것이기 때문에 정말 모든 것이 수렴 일변도로 갑니다. 재가자는 그럴 수가 없어요. 수렴 일변도로 가는 게 아니라 재가자는 밖으로 펴는 일을 또 잘해야 하는 사람들입니다. 그러니까 재가자는 출가의 정신을 가지고 그것을 세상에 펴는 자라고 할 수 있습니다. 그러니 이 웃지 말라는 계율을 그대로 적용하면 안 돼요. 웃어 줘야 됩니다. 그러나 낄낄거리고 남 기분 나쁘게 웃고 장난치는 식으로 웃는 건 좀 조심을 해야 되겠지요.

그래서 사실 재가자가 수행하기가 훨씬 힘듭니다. 그런데 재가자가 힘든 환경에서 수행을 하기 때문에 스님들이 수행한 거에 비해 몇 배가 더 빛이 날 수도 있답니다. 저는 그렇게 생각해요. 우리는 생활 속에서 수행하는 자입니다. 비유를 하자면 스님들은 끊임없는 파도를 잠재우고 물을 확인하는 데 힘쓰는 자입니다. 파도가 있으면 물을 확인하기가 힘들겠죠. 그래서 끊임없이 파도를 잠재우고, 잠재우고, 그래서 빨리 물이라는 근본처를 확인하고 깨달으려고 온 힘을 쓰는 자인 거예요. 그런데 재가자들은 그럴 수가 없어요. 우리는 피치 못하게 파도타기를 하고 있는 자예요. 파도를 죽이면 우리는 못 살아요. 파도의 현장 속에서 살아가는 자인 겁니다. 그런 이유로 스님들과 입장은 좀 다른데, 그래도 그 정신은 우리가 늘 새겨야 되겠다는 거지요.

그다음 문장 보겠습니다. '비요사, 부득출어문외'(非要事,

不得出於門外)라고 했지요. '비요사', 즉 필요한 일이거나 중요한 일이 아니면, '부득출어문외', 문밖으로 나가서는 안 된다는 뜻입니다. 쓸데없이 절을 들락날락하지 말라는 것이 스님들의 기본 규범입니다. 스님들이 절 밖으로 나가서 좋을 일이 없죠. 석가모니 부처님 이래로 스님들에게 이것은 기본 규범입니다. 꼭 필요한 포교가 아니면 사찰이 기본 생활터입니다. 그 생활터를 쓸데없이 나가는 것은 수행에 대단히 장애가 된다고 생각했지요. 그러나 부처님은 포교를 권했죠. 포교는 떠나야 됐습니다. 그런 것 외에는 절에서 생활하면서 함께 수행하는 도반으로서 지내는 거지요.

4장

수행자의 몸가짐(2)

④

有病人, 須慈心守護. 見賓客, 須欣然迎接.
유 병 인   수 자 심 수 호   견 빈 객   수 흔 연 영 접

逢尊長, 須肅恭廻避. 辦道具, 須儉約知足.
봉 존 장   수 숙 공 회 피   판 도 구   수 검 약 지 족

齋食時, 飮啜, 不得作聲, 執放, 要須安詳,
재 식 시   음 철   부 득 작 성   집 방   요 수 안 상

不得擧顔顧視, 不得欣厭精麤.
부 득 거 안 고 시   부 득 흔 염 정 추

須黙無言設, 須防護雜念.
수 묵 무 언 설   수 방 호 잡 념

須知受食但療形枯, 爲成道業.
수 지 수 식 단 료 형 고   위 성 도 업

병든 사람을 보면 자비로운 마음으로 간호해야 한다. 손님을 보면 반드시 기쁘게 맞
아들여야 하며, 어른을 만나면 엄숙하고 공손하게 길을 비켜 드려야 한다. 수도(修道)
에 필요한 기물들을 갖춤에는 검약하여 만족할 줄 알아야 한다. 밥 먹을 때 씹고 마시
는 소리를 내지 말고 음식을 집거나 놓을 때 반드시 차분하고 조심스럽게 해야 하며,
얼굴을 들어 두리번거리며 살피지 말며, 음식의 부드럽고 거친 것에 기뻐하거나 싫어
하지 말며, 말을 하지 말아야 하며, 쓸데없는 생각을 막아야 한다. 음식을 받는 것은 단
지 몸이 마르는 것을 막아 도업(道業)을 이루기 위한 것인 줄 알아야 한다.

병자와 손님과 어른을 대하는 법

그다음에도 평범한 이야기들이 이어집니다. '유병인, 수자심수호'(有病人, 須慈心守護)를 보겠습니다. 여기서 '유병인'은 '병이 든 사람이 있으면'이라는 뜻입니다. '수'(須)는 '모름지기 수'로 '해야 된다'는 말이고요. '자심'은 '자애로운 마음'인데, 그런 마음으로 지켜 주고 간호해 줘야 된다는 뜻이지요. 스님들은 가족을 다 버리고 공동생활을 하는 분들입니다. 그렇기 때문에 거기에서 병든 분들을 돌보는 게 친족이 아니거든요. 그래서 특히 이 구절이 중요합니다. 병들고 아픈 스님들을 도반들이 잘 지내시도록 평안하게 거두는 일은 아주 중요합니다.

앞에서도 이야기했지만 지금 재가자들이 정말 힘을 써야 할 것이 스님들이 나이 드셔도 품위 있게 늙으시고 병들어도 걱정없이 수발을 받을 수 있는 환경을 조성하는 일입니다. 이것이 바로 승풍을 진작시키는 첫걸음입니다. 아직도 이게 잘 안 되고 있어요. 그래서 스님들이 걱정을 하고, 자기 개인 사찰을 마련하려고 애쓰고, 재물을 모아 두려고 하고…, 이런 의식이 생길 수밖에 없어요. 그러면 수행에 몰두할 수가 없습니다. 이러면 정말 무소유의 승풍이 깨집니다. 이건 정확하게 얘기하면 재가자의 책임입니다. 재가자의 가장 중요한 책임 가운데 하나가 출가승단을 외호하고 스님들이 걱정 없이 수행할 수 있도록 환경을 조성하는 것이거든요. 그렇지만 가장 기본적인 것은 출가자의 승단 안에서 해결이 되어야 합니다. 이런 의미에서 병든 분이 있으면 자애로운 마음으로 지켜 주고 간호해 주는 것, 이게 가장 중요한 스님들의 규범이 될 수밖에 없는 거고, 승가의 공동체가 유지되는 데 필수적인 규범이라고 할 수 있습니다.

그다음에 '견빈객, 수흔연영접'(見賓客, 須欣然迎接)은 빈객이 있으면 흔연히 맞아야 한다는 뜻입니다. '흔연'은 반갑게, 아주 기쁘게라는 뜻이지요. 마찬가지로 '봉존장, 수숙공회피'(逢尊長, 須肅恭廻避)는 존장, 즉 웃어른이나 높은 분을 만나면 공손하게 길을 비켜 드려야 한다는 뜻입니다. 두 구절에서 '수'(須)는 모두 '~해야 한다'는 뜻이고요. '숙공'은 '엄숙하고 공손하게'라는 뜻입니다. 웃어른과 마주치거나 하면 길을 비키는 것은 기본 도리지요. 요즘은 정말 어른이 존중받지 못하는 사회인데, 어른이 있는 사회가 좋습니다. 어른을 존중할 줄 알아야 하고, 또 그렇게 존중할 수 있는 어른을 우리가 만들어 내야 됩니다. 스님들 사이에서도 위계가 깨지면 스님들 공동체가 유지되지 않아요. 이건 굉장히 중요한 규범이에요. 그래서 스님들 사이에서는 법랍(승려가 된 뒤로부터 치는 나이)이 중요합니다. 왜 법랍이 중요할까요? 내가 수행이 더 되었냐, 네가 수행이 더 되었냐 이렇게 따지기 시작하면 끝도 없습니다. 그래서 기본적으로 법랍을 존중하고, 또 승단에서 소임을 맡은 분들을 존중해야 합니다. 그래야 공동체가 유지가 되죠.

행동에서 드러나는 사람됨

사람을 볼 때도, 이렇게 존장이나 어른에게 공손한가를 살피는 것이 매우 중요한 평가의 기준이 될 수가 있습니다. 제가 대학교수를 하면서 굉장히 인상 깊게 봤던 학생이 있어요. 총학생회장을 했던 학생인데, 80년대 후반이라 총학생회장이라는 것이 아주 무서울 때였습니다. 교수를 졸로 보던 시절이었거든요. 그전에 다른 총학생회장은 총학생회 총무부장이라는 친구한테 시켜서 '총학생회장이 교수님과 통화를 하고 싶답니다', 이렇게 전화를 해와서 엄청나게 혼을 낸 적도 있었습니다. "너는 손가락이 부러졌니?" 하고 야단을 쳤죠. 아무튼 그만큼 총학생회장이 위세가 있던 시절이었거든요.

그런 시절이었는데 어느 해인가 제가 눈여겨봤던 제자가 총학생회장이 되었어요. 그러던 어느 날 건국대가 한양대하고 야구시합을 한다고 해서 잠실체육관에 다른 교수 한 분하고 함께 간 일이 있었어요. 그래서 경기장으로 들어가려고 가고 있는데, 뒤에서 총학생회장 하는 친구가 인사를 하더라고요. 그러더니 뒤에서 따라와요. 조금 뒤에서 따라오더니 아주 조심스럽게 드릴 말씀이 있다는 거예요. 무슨 이야기인가 들어 보니 학생들이 기다리고 있어서 좀 앞질러서 가야 할 거 같다고, "선생님 죄송하지만 제가 앞질러서 가도 되겠습니까?", 이렇게 이야기를 하는 겁니다. 그래서 얼른 가라고 했더니 "죄송합니다" 인사를 하고 그제서야 뛰어가더라고요. 그래서 제가 그 학생을 유심히 봤어요. 총학생회장이 교수를 우습게 보던 그 시절에 다른 친구였으면 꿈뻑 인사하고 달려갔을 거예요. 그런데 그렇게 따라오다가 양해를 얻고 가는데 참 대단한 친구로구나 싶더라고요. 그 친구가 나중에 건대 교수가 됐어요. 참 괜찮은 사람인지 아닌지를 이렇게 하나의 행동거지에서도 볼 수 있다는 거죠. 남이 왜 나를 모르겠어요. 우리 행동거지 하나 말투 하나에 내가 다 드러납니다. 물론 남들이 자기 쳐다보느라 힘들어서 남 볼 새가 없는 거지, 보려면 다 볼 수 있거든요. 그러니까 이 존장에 대한 예우 같은 것도 잘 지키는 것이 좋습니다.

검약지족의 정신

그다음, '판도구, 수검약지족'(辦道具, 須儉約知足)을 보죠. '판'(辦)은 여기서 '마련한다', '준비한다'는 뜻입니다. 본문에서는 '도구'를 준비한다고 했는데, 비구육물(比丘六物)이라고 스님이 갖춰야 될 여섯 가지 도구가 있습니다. 삼의, 다시 말해 세 가지 가사와 쇠나 나무로 된 발우, 니사단(방석), 녹수낭(물을 걸러먹기 위한 그물로 된 주머니), 이렇게 여섯 가지를 말합니다. 삼의는 승가리, 울다라승, 안타회, 이렇게 세 가지인데, 그 중 승가리는 9조(조는 가사를 구성하는 긴 천의 수를 말함)에서 25조까지의 큰 옷으로 마을이나 궁중에 들어갈 때 입는다고 하고요. 울다라승은 7조로 이루어진 가사로 예불, 독경, 포살 때에 입는 가사입니다. 그다음에 안타회는 울력할 때 입는 5조로 된 가사라고 하고요. 그런데 나중에 선종에서는 삼의일발(三衣一鉢), 즉 세 종류의 가사와 하나의 발우만을 갖추어야 할 도구로 정했습니다. 그러니까 이런 도구를 마련하는 데 반드시 '검약지족'해야 한다는 겁니다. 즉 검약하고 만족할 줄 알아야 된다는 거지요. 여러 번 이야기하지만, 스님들은 원래 남에게, 다시 말해 재가자들에게 의존하는 분들이기 때문에 절대 사치하면 안 되게 되어 있어요. 무소유가 근본인 거죠.

그래서 부처님도 시체 쌌던 옷을 걸치셨다고 하잖아요. 분소의라고 하는데, 요즘은 분소의가 고급 옷이더라고요. 일부러 너덜너덜한 옷을 만들려니까 더 비싸요. 그게 아니더라도 스님들 승복이 굉장히 돈이 많이 듭니다. 그래서 저는 승복을 바꿨으면 좋겠습니다. 스님들 승복을 예전 그대로 해 입으려면 오히려 편한 옷 해 입는 거보다 돈이 더 많이 듭니다. 이건 승복의 정신에 어긋난다고 봐요. 스님들 승복은 가장 저렴하게 그리고 가장 편하게 입을 수 있고 돈이 안드는 걸로 장만해야 합니다. 요즘에 가사불사라고 하는 것이 아주 큰일일 정도로 가사가 돈이 상당히 나가는 거 같아요. 이건 가사의 정신에 어그러져요. 제가 보기에는 가장 검약하게 입는 옷이 가사여야 됩니다.

그런데 스님들은 종교 지도자들이기 때문에 위의를 갖춰야 하는 측면도 있습니다. 그럴 때 입는 것이 너무 또 허름하면 안 되겠지요. 수행자이면서 종교를 이끄는 사제니까요. 의식을 집행하고 그럴 때 입는 옷은 위의를 갖춰야 할 필요가 있어요. 그렇기 때문에 초라해서도 안 되지만, 절대 너무 비싸져서도 안 됩니다. 중도를 취하는 것이 중요할 것 같습니다. 아무튼 검약지족을 근본으로 해야 된다는 건 스님들에게는 당연한 겁니다.

밥을 먹는다는 것

그다음에 '재식시, 음철, 부득작성'(齋食時, 飮啜, 不得作聲)이라고 나오지요. 여기서 '재식'은 보통 점심공양을 말합니다. 아침 9시부터 11시까지를 사시라고 하는데, 스님들이 사시 막 지나서 점심공양을 합니다. 원래 부처님 때는 사시공양만으로 하루 일식(一食)을 했습니다. 그런데 부처님 때 하루 일식하는 걸 두 번 먹는 걸로 바꿨다 하지요. 어린 라훌라 승려가 허기를 못 이겨서 바꿨다는 이야기도 있습니다.

　부처님 때만이 아니라, 예전에는 우리 스님들도 참 어렵던 시절이 있었습니다. 예전엔 삼시세끼를 먹는다는 게 대중들도 어려웠거든요. 그런데 스님들이 삼시세끼를 챙겨먹는다? 이거 굉장히 힘든 일이었어요. 그래서 사시에 한 끼 먹고 때운 절들도 많았습니다. 그러니까 재식이라는 게 보통은 한끼 챙겨 먹는 사시공양입니다. 이렇게 재식을 할 때는 '부득작성', 소리를 내서는 안 된다는 겁니다. 예전에 스님들 100명이 식사를 해도 소리가 없었다고 해요. 어떤 대통령이 절에 갔는데 하도 소리가 없고 조용해서 문 열었다가 스님이 쫙 앉아 공양을 하고 있어서 놀랐다는 이야기도 있습니다. 요즘은 그렇게 안 되죠.

그다음 '집방, 요수안상'(執放, 要須安詳)이 나오죠. '집'은 잡는다는 뜻이고, '방'은 놓는다는 뜻이니, 무언가를 잡거나 놓을 때에는 반드시 조심하고 잘 살핀다는 거죠. 이어서 나오는 '부득거안고시'(不得擧顔顧視)를 볼까요. '부득'은 '~하지 말라'라고 계속 나오고 있지요. '거안고시'는 얼굴을 들고 돌아보는 겁니다. 고개만 홱 돌려서 돌아보는 걸 말하는 건데요. 그러지 말라는 이야기이죠. 스님들은 이렇게 하면 위의가 어그러진다고 했습니다. 그래서 돌아볼 일이 있을 때는, 고개만 돌리지 말고 몸을 돌리라 그랬어요. 조심스럽게 몸을 전체적으로 돌려서 보아야 한다는 겁니다. 고개 번쩍 쳐들고 돌아보고 하는 것도 마음을 해태하게 먹었을 때 그렇게 된다는 거죠.

'부득흔염정추'(不得欣厭精麤)에서 '흔염'은 좋아하고 싫어한다는 말입니다. '흔'은 좋아한다, '염'은 싫어한다는 뜻이고, '정추'에서 '정'은 곱게 빻은 쌀, '추'는 거칠게 빻은 쌀이라는 뜻인데, 여기서는 정갈하고 좋은 음식을 '정', 거친 음식을 '추'라고 표현을 했어요. 그러니까 좋은 음식이라고 좋아하고 좀 거칠다고 싫어하는 마음 내지 말라는 겁니다. '정추'가 나오니까, 공자 생각이 나네요. 『논어』에 보면 공자는 '사불염정'(食不厭精)했다고 나와요. 공자께서는 곱게 빻은 쌀로 지은 밥을 싫어하지 않으셨다고 해요. 꼭 그거만 먹지 않으셨는데 잘 찧은 쌀밥을 싫어하지 않으셨답니다. 이때는 아주 좁은 의미로 정미를 잘한 것을 말하는 거고, 여기서 '정추'라고 할 때는 음식이 정갈하거나 초라한 것을 말하는 거지요.

'수묵무언설'(須黙無言說)에서 '수'(須) 자는 '~해야 한다'라는 뜻으로 계속 나오고 있지요. '묵무언설' 해야 한다는 겁니다. 묵묵히 있고 말을 함부로 하지 말라는 거죠. 스님들이 기본적으로 지켜야 하는 일입니다. 말을 많이 한다는 것은 생각이 많다는 것이고 생각이 많다는 것은 결국은 수렴이 안 된다는 소리입니다. 가능하면 조용히 가라앉히는 것이 좋습니다. 말 많은 건 도움이 안 되죠. '수방호잡념'(須防護雜念)에서 '방호'는 막는다는 뜻입니다. 잡념을 막아야 한다는 것이고요.

'수지수식, 단료형고, 위성도업'(須知受食, 但療形枯, 爲成道業). 계속해서 수행의 기본이 되는 이야기들이 이어지고 있지요. '수지'는 '알아야 한다'는 뜻이죠. '수식', 즉 밥을 받아먹는 것은, '단료형고', 단지 몸뚱이[形]가 마르는 것[枯]을 고치기[療] 위한 것임을 알아야 한다는 겁니다. 이건 「공양게」에도 나오는 말이죠. '위료형고'(爲療形枯)라고. '위성도업', 도업을 이루기 위해 밥을 먹는다는 것도 알아야 된다는 겁니다. 그러니까 음식 맛에 취해서 먹어서는 안 되고, 음식이 약이고 도업을 이루기 위한 것임을 알아야 한다는 거죠.

5장

—

예불의 의미

⑤

須念般若心經, 觀三輪淸淨, 不違道用.
수 념 반 야 심 경　관 삼 륜 청 정　불 위 도 용

赴焚修, 須早暮勤行, 自責懈怠.
부 분 수　수 조 모 근 행　자 책 해 태

知衆行次, 不得雜亂.
지 중 행 차　부 득 잡 란

讚唄祝願, 須誦文觀義, 不得但隨音聲,
찬 패 축 원　수 송 문 관 의　부 득 단 수 음 성

不得韻曲不調.
부 득 운 곡 부 조

瞻敬尊顏, 不得攀緣異境.
첨 경 존 안　부 득 반 연 이 경

『반야심경』을 마음에 새기고 삼륜(三輪)의 청정함을 살펴서 도업을 닦음에 어긋나지
말아야 할 것이다. 부처님께 향을 올리고 수행함에 아침저녁으로 부지런히 해야 하고
스스로 게으름을 꾸짖어야 한다. 대중의식을 할 때는 절차가 뒤섞이거나 어수선하게
하면 안 된다. 찬불하고 축원할 때는 글을 외우고 그 뜻을 살펴야 하지, 소리만 따라서
는 안 되고, 소리의 곡조가 고르지 않아도 안 된다. 부처님의 거룩한 얼굴을 우러러 뵙
되 다른 경계에 끄달리면 안 된다.

『반야심경』의 병통

'수념반야심경'(須念般若心經), 『반야심경』을 늘 마음을 다해 외야 하고, '관삼륜청정, 불위도용'(觀三輪淸淨, 不違道用)은 삼륜이 청정함을 관하여서 보시로 들어온 재물들이 도에 합당하게 쓰이도록 해야 한다는 것입니다. 여기서 '삼륜'이 뭐죠? 삼륜은 재물을 주는 이, 받는 이, 그리고 재물 그 자체를 말합니다. 그러니까, '삼륜청정'은 주는 이도 상이 없어야 하고, 받는 이도 상이 없어야 하고, 그 재물도 청정해야 한다는 겁니다. 이렇게 세 가지가 깨끗해야 참된 공덕을 이룰 수 있다는 거죠.

그리고 앞에서 『반야심경』을 늘 외야 한다고 했는데, 우리가 『반야심경』을 언제부터 이렇게 외게 됐는지 모르겠어요. 『반야심경』을 외고 하는 것이 한국 불교의 독특한 특징이기도 한데, 참 읽을 때마다 좋은 경전이고 대승의 정신을 그렇게 압축한 경전도 없다고 생각을 합니다. 그런데 『반야심경』을 잘못 읽어서 병 얻는 사람도 많습니다. "『반야심경』에서 눈, 귀, 코, 입이 없다고 하대, 얼마나 심오한가?", 이렇게 말씀하시는 분들도 있어요. 눈, 귀, 코, 입이 있는데, 그것을 없다고 하는 게 심오한 건가요. 참 큰일 날 소리라고 생각합니다. 불교에서는 눈이 없다고 한 적이 없어요. 귀가 없다고 한 적도 없고. 그런데 『반야심경』의 말을 이렇게 이해한다면 정말 큰 병이에요.

『반야심경』의 가장 기본은 소승의 법집(법에 대한 집착)을 깨트리는 겁니다. 소승에서는 자신들이 세운 진리의 체계가 세상을 있는 그대로 반영한다고 생각했어요. 즉 고정된 법의 실체가 있다고 생각을 한 거지요. 『반야심경』에서 '안이비설신의'(眼耳鼻舌身意), 그리고 '색성향미촉법'(色聲香味觸法)이 없다는 것은 소승에서 세운 법의 체계를 부수기 위한 것, 즉 법에 집착하는 법집을 부수기 위한 것입니다. 부처님은 분명 제행무상(諸行無常)이고 제법무아(諸法無我)라고 하셨는데, 소승에서는 아공법유(我空法有), '나는 공하지만 법은 있다'고 이야기를 하거든요. 삼세불변하는 법이 있다고 했습니다. '안이비설신의 색성향미촉법' 등이 나를 구성하는 법이라는 겁니다. 그러니 그런 법으로 이루어진 아(我)는 공하지만, 그 '아'를 이루는 법은 참으로 존재한다는 것이지요. 『반야심경』의 이야기는 이런 법집을 깨트리기 위한 것인데, 그런 이유를 생각하지 않고 정말 눈이 없고 귀가 없다는 식으로 생각하면 안 되는 거죠. 그 이유를 생각하면서 『반야심경』을 읽어야 한다는 겁니다.

이렇게 하지 않으면 『반야심경』이 병이 되거든요. 그래서 저는 『반야심경』 읽는 것부터 점검을 해야 한다고 생각합니다. 『반야심경』에서부터 잘못되면, 불교를 거꾸로 알기 시작하는 거라서, 정말 약이 없습니다. 법집을 깨트리기 위한 약인데, 이 약이 병이 되면 그다음에는 정말 약이 없는 거죠. 무엇으로 이 병을 고친답니까? 그래서 『반야심경』 욀 때마다 정말 부처님이 설하신 뜻을 좀 생각하면서 읽어야 할 것 같습니다. 이런 건 정말 기본적인 오리엔테이션이라 해야 할 것 같은데, 그런 것들이 잘 안 되어 있습니다.

게으름 병

'분수'(焚須)는 향을 '사르다' 할 때의 '사를 분' 자에 '닦을 수' 자를 써서 불전에 향을 사르는 의식을 말합니다. '부'(赴)는 '달릴 부' 자인데 '나아간다' 정도의 의미고요. 그래서 '부분수'는 '향을 사르는 의식을 할 때' 정도의 뜻입니다. 향을 사르는 의식은 '조모근행'(朝暮勤行), 아침저녁으로 부지런히 해야 한다는 뜻입니다. 절에 가서 반드시 기본적으로 지켜야 하는 것이 아침저녁 예불에 참석하는 것입니다. 그게 기본적인 예의예요. 아침저녁으로 부처님 전에 인사 올리는 것 정도는 어느 절을 가더라도 해야 되는데, 절에 가 있으면서 그것조차 게을리하는 사람들은 꼴불견이죠. 향을 사르고 하는 의식이 별거 아닌 거 같아도 마음을 잡아 주는 효과가 있습니다. 그래서 아침저녁으로 부지런히 행해야 한다는 거고요.

'자책해태'는 해태함을 스스로 꾸짖는다는 말입니다. '해태'는 '게으를 해', '게으를 태' 자를 써서 게으르다는 뜻이고요. 자책한다는 건 우리가 보통 쓰는 '자책한다'는 말과 마찬가지입니다. 게으름이야말로 가장 큰 병이라고 할 수 있습니다. 저 자신도 참 게으름 병이 깊은 사람입니다. 그래서 우스갯소리로 '내일로 미룰 수 있는 일을 오늘 하지 말자'라는 좌우명을 가지고 있다고 이야기를 하기도 합니다. 그러면 듣는 사람들이 참 좋아하는데요. 그런데 그렇게 살다 보면 나중에 참 괴로울 때가 있습니다. 미뤘던 내일이 한 번에 닥쳐올 때는 정말 혼쭐이 나지요. 예전에 "누군가 할 일이면 내가 하자. 언젠가 할 일이면 지금 하자. 기왕에 할 일이면 최선을 다하자"라는 이야기를 어떤 스님이 하셔서 감명을 받았다고 누가 말하기에, 우스갯소리로 난 그렇게 못 산다고, "누군가 할 일이면 누가 하게 하자, 언젠가 할 일이면 그 언제에 하자"고 바꾸자고 했습니다. 마지막 "기왕에 할 일이면 최선을 다하자"는 바꾸기가 참 어려운 문구였는데, "기왕에 할 일이면 재밌게 하자"라고 바꾸자고 했습니다. 그건 제가 잘 바꿨다고 생각합니다. 세상에서 제일 못 당할 것이 재밌게 하는 사람이거든요. 아무리 용을 쓰고 하는 사람도 재미있게 하는 사람을 당할 수가 없습니다. 어쨌든 강의하는 저의 게으름 병을 포함해서, 해태가 큰 병입니다.

털끝만큼도 어길 수 없는 분별

그다음 '지중행차, 부득잡란'(知衆行次, 不得雜亂)이죠. 여기서 '중행차'라고 하는 것은 여러 대중들이 함께 차례를 맞춰서 가는 것을 말합니다. 이럴 때에 순서가 '섞이고 혼란스러워서는'[雜亂] 안 된다는 거지요. 차례를 맞춘다는 것이 대단히 중요합니다. 우리가 어떤 일을 할 때, 똑같은 내용을 갖추어 다 집어넣는다 하더라도 순서가 틀리면 일이 이루어지지 않죠. 요리를 할 때 순서 없이 재료만 집어넣어서는 안 되는 것과 마찬가지입니다. 차례라는 건 중요합니다. 세상일이나 사람과의 관계에서도 순서가 중요합니다. 대중이 함께 움직이는데 차례를 지키지 않는다는 건 정말 큰일 날 일입니다. 최근에는 사회에 서열이 없다고들 이야기하지만 실제로 세속사회에서는 털끝만큼도 어길 수 없는 게 차례입니다. 분수와 차례를 어기면 큰일 나는 건데요. 선을 하는 사람들이 이걸 무시하는 병 걸리기 딱 쉽습니다. 분별을 하지 말라고 하니까 그냥 분별 안 하면 되는 줄 알고 마구 어기는데요. 이거 정말 큰 병입니다. 분별을 넘어서야 하는 영역이 있고, 한 치의 분별도 어겨서는 안 되는 때가 있습니다. 털끝만큼도 어겨서는 안 되는 일이 있는 거지요.

백봉 선생님께서 이렇게 말씀하셨죠. 분별을 넘어선 자리에 바탕을 하지만 분별을 굴릴 때는 털끝만큼도 어길 수가 없다고 하셨습니다. 아주 엄하셨죠. 제가 잘못을 해서 선생님께 눈물이 쏙 빠지도록 혼난 적이 있습니다. 당시에는 별거 아닌 걸로 혼났다고 생각했는데 나중에 보니 정말 큰 가르침이더라구요. 선생님 원고를 쓰실 때, 원고를 고치실 일이 있으시면 우선 고친 원고지를 바꿔야 할 원래 원고지 자리에 끼워 넣습니다. 그렇게 한 다음에 원고 묶은 끈을 풀고는 뺄 원고지와 끼워 넣을 원고지를 한 장씩 빼고 밀어 넣고 하시고는 다시 줄을 매시는데, 저는 대충 뺄 원고지를 쑥쑥 빼놓고는 그다음에 고친 원고지를 맞춰 넣었습니다. 그러다가 어그러진 것이 생긴 거죠. 그래서 얼마나 혼이 났던지요. 그때 혼내신 말씀이 "공부한다는 놈이, 마음 닦는다는 놈이 일을 그렇게 하느냐"고 하셨는데, 정말 무서운 말씀이었다고 생각합니다. 털끝만큼도 어기지 말고 일을 처리해야 한다는 겁니다. 정말 순서를 잘 지켜야 하는 거지요. 일을 잡탕으로 만들어 놓는다면 될 일이 없겠지요.

지금 '지중행차'라고 했는데, 여기서 '지'(知)라는 한자가 특이하게 쓰인 경우라서 잠깐 말씀드리고 넘어가겠습니다. '알 지(知)' 자에 '맡아본다'는 뜻이 있습니다. '도지사'(道知事)라는 직책이 있죠. 이때의 지사(知事)에 '알 지' 자와 '일 사' 자를 쓰는데, '일을 안다'라는 뜻이 아니라 '일을 맡는다'라는 뜻이거든요. 그러니까 여기서 '지중행차'도 여러 대중들이 행차하는 것을 맡아서 처리할 때의 의미로 쓰였습니다.

축원과 기도를 수행으로 삼기

그다음에 '찬패축원, 수송문관의'(讚唄祝願, 須誦文觀義)가 나옵니다. '찬패'의 '패'(唄) 자가 '범패'(불교의 의식음악)라는 뜻이라서 찬패는 '범패를 불러 찬탄한다'는 뜻이라고도 하는데요. 그냥 불경을 읊는 것을 찬패라고 합니다. '찬패축원'은 불경을 읽고 축원을 한다는 거고요. 이렇게 할 때 '송문관의' 해야 한다는 겁니다. 글을 외우면서[誦文] 뜻을 살펴야 된다

[觀義]는 말이지요. 입으로만 읊어서는 안 된다는 겁니다.

지금 이런 찬패축원을 거의 전문으로 맡는 스님을 부전(副殿) 스님이라고 하죠. 지금 스님 수 부족한 게 정말 큰일입니다. 지금 절에 기도나 재(齋)가 있으면, 그걸 맡을 스님이 없습니다. 그래서 부전을 직업적으로 하는 스님들이 꽤 많습니다. 그러니까 사십구재가 있다고 하면 염불 잘하시는 부전 스님을 모시고 재를 치르고 나면 보통 얼마를 드리고 합니다. 그런데 제가 늘 주장하듯이 그런 일은 스님들의 전업이 돼서는 안 됩니다. 스님들은 수행하는 게 전업이어야지 축원이 전업이 돼서는 안 되거든요. 오죽하면 부처님이 돌아가실 때 스님들이 부처님 장례를 걱정하니까 부처님이 무어라 하셨어요? "너희들이 걱정할 일이 아니다"라고 그랬습니다. 부처님 장례도 너희는 걱정하지 말라는 거죠. 그게 무슨 소리입니까? 스님들은 수행에 몰두해야 한다는 겁니다. 이렇게 스승인 부처님 장례까지도 신경 쓰지 말라고 할 정도인데, 스님들이 재 지내고 하는 게 중심이 돼서는 안 될 일이죠.

그래서 저는 계속 직업 승려를 용인해야 한다는 주장을 하고 있습니다. 왜냐하면 세속에서 종교가 없을 수 없고, 종교가 있는 이상 의식이 없을 수 없습니다. 의식이란 건 또 대단히 중요해서 사람들의 마음을 편안하게 해주는 것이 염불이나 축원, 기도의 해야 할 일인 거죠. 그래서 의식을 진행하는 종교인들이 있어야 됩니다. 그렇다고 스님들의 전업이 돼서는 안 되는 거고요. 그래서 전문적으로 재를 지내 주는 스님들이 있는 것도 나쁘지 않다고 생각합니다.

그런데 이렇게 염불하고 축원을 할 때에도, 스님들이 정성껏 해주시면 정말 신심이 납니다. 불경을 외는 것이 그저 남을 위해서만이 아니라 자기수행이기도 한 것이라서, 정말 좋은 말들이 너무 많습니다. 그래서 찬패하고 축원할 때 그 말의 의미를 새기면서 하면 그게 다 수행이 되거든요. 지금 「계초심학인문」에서 이야기하고 있는 것이 그것입니다. 찬패축원할 때, 그러니까 불경을 외고 축원을 할 때, '송문관의' 해야 한다는 거죠. 글을 외면서 그 뜻을 살피라는 겁니다.

염불 수행의 효과

'부득단수음성'(不得但隨音聲)도 비슷한 이야기입니다. 단지 소리만 따라가서는 안 되고, 건성으로 목소리 내선 안 된다는 거죠. 염불할 때 언제나 거기에 뜻을 두어야 한다는 겁니다. 염불 수행도 굉장히 좋은 수행 가운데 하나입니다. '고성염불 십종공덕'(高聲念佛 十種功德) 같은 말이 있죠. 크게 염불을 외면 열 가지의 공덕이 있다고 할 정도로 '고성염불'은 굉장한 치유효과가 있습니다. 특히 마음이 우울하거나 자꾸 자기 안으로 침잠해서 마음병이 생기는 분들에게 권합니다. 불전에 가서 있는 힘껏 염불을 하면 마음을 다스리는 데 효과가 굉장히 큽니다. 수행 면에서도 굉장히 좋은 공부라고 생각하고 있고요. 특히 염불하는 소리를 듣고 자기가 부르는 마음을 관하고 하면 굉장히 몰입이 되거든요. 이렇게 마음을 가지고 해야지 '단수음성'해서는 안 된다는 이야기였고요.

그다음은 '부득운곡부조'입니다. '운곡부조'는 운율이나 곡조가 조화를 이루지 않는 건데요. 앞에 '부득'이 붙었으니까, 그래서는 안 된다는 거죠. 언제나 대중생활을 하기 때문에 이런 계율이 있습니다. 염불을 할 때도 정신을 모아서 소리를 내다 보면 자연히 자기 나름의 운율이 생깁니다. 그런데 그 운율이 대중의 음성과 어느 정도 조화를 이뤄야 됩니다. 혼자 튀어서는 안 됩니다. 소리가 조화를 이뤄야지 괴상망측하게 나면 스스로 반성을 하게 되거든요. 그렇게 하다 보면 자연히 운율이 조화를 이루게 됩니다. 곡조를 맞추게 된다는 말이죠. 스님들과 대중들이 함께 예불을 하면 그 예불 소리에 신심이 나는 경우가 참 많습니다. 청도 운문사 같은 데 가서 아침 예불에 참여를 해보세요. 비구니 스님들이 예불을 하시는데, 상당히 저성이에요. 그런데 그렇게 듣기 좋을 수가 없어요. 그것도 일종의 수행 같아요.

관세음보살이라는 명칭도 소리를 '관'한다고 합니다. 듣는다고 안 하고 관한다고 하는 것에는 상당히 의미가 있어요. 이렇게 관한다는 건 마음으로 본다는 겁니다. 백봉 선생님께서도 눈으로 소리를 보고 귀로 빛깔을 들으라는 말씀을 하신 적이 있는 것 같은데, 이건 어려운 말이 아닙니다. 오관, 즉 귀라는 감각 기관에 매이지 말고, 눈이라는 감각기관에 매이지 말고 그 주인인 마음으로 보고 들으란 이야기를 이렇게 표현하신 거란 말이죠. '단수음성'해서는 안 되고, '운곡부조'해서도 안 된다. 대중들과 함께 조화를 이루고 자기 운율에도 조화가 이루어져야 한다는 겁니다.

예불, 마음을 담는 일

다음 문장을 보죠. '첨경존안, 부득반연이경'(瞻敬尊顏, 不得攀緣異境). '첨경존안'은 '존안' 즉 부처님의 모습을 우러러 바라본다는 뜻입니다. 지금 계속 예불과 관계된 이야기를 하고 있기 때문에, 여기서 '높으신 얼굴'을 바라본다는 것은 어른이나 윗사람이라기보다는 예불 때 부처님 얼굴을 우러러보는 것을 말합니다. '부득반연이경'에서 '이경'은 '다른 경계', '반연'은 끄달린다는 말입니다. 그러니까, 부처님 얼굴을 바라볼 땐 그 모습을 공경하는 마음으로 가득해야 된다는 겁니다. 잡념을 가지지 말고 부처님에 대한 순수한 흠모의 마음을 담아야 한다는 거죠. 정말 중요한 이야기입니다. 마음을 담는 것은 수행의 가장 기본적인 일입니다.

위파사나 수행 같은 걸 보면 전부 마음을 따라가는 일입니다. 위파사나에도 보니까 여러 가지 층위가 있어요. 처음에는 모든 행동에 명칭을 붙입니다. 발을 든다, 발을 딛는다, 이런 식으로 행동에 명칭을 붙이고 거기에 마음을 담습니다. 그런데 또 위파사나의 파에 따라 그 명칭을 붙이지 않는 경우도 있습니다. 명칭을 붙이는 거 자체가 하나의 분별이 된다고 해서 그냥 의식만 할 뿐이지, 행동에 이름을 붙이지 않는 수행법을 주장하는 위파사나도 있더라고요. 그러니까 위파사나도 한결같지 않습니다. 우리한테 마하시 선원 쪽 수행법이 많이 알려졌는데 마하시 선원의 위파사나가 행동에 이름을 붙입니다. 그런데 그것도 효과가 있어요. 그렇게 이름을 붙이면서 마음을 허투루하지 않는 거고요. 이건 명칭을 붙이지 않는 쪽에서도 마찬가지입니다. 이렇게 마음을 담아서 깨닫는 걸 '사티'라고 하죠. '깨닫는다', '알아챈다'라는 뜻입니다.

예불할 때도 마음을 담아내는 건 굉장히 중요하다는 이야기인 거고요. '부분수', 향을 사르는 데 나아가는 이야기부터 여기, '첨경존안, 부득반연이경'까지가 절에서 예불할 때의 중요한 교목들을 얘기하고 있는 부분이었습니다.

6장

연기, 나누지 않는 마음

⑥

須知自身罪障, 猶如山海.
수 지 자 신 죄 장　유 여 산 해

須知理懺事懺, 可以消除.
수 지 이 참 사 참　가 이 소 제

深觀能禮所禮, 皆從眞性緣起,
심 관 능 례 소 례　개 종 진 성 연 기

深信感應不虛, 影響相從.
심 신 감 응 불 허　영 향 상 종

자신의 죄·업장이 저 산과 바다와 같음을 알아야 하며, 마음으로 참회하고[理懺] 행동
으로 참회해야[事懺] 그 업장을 소멸시킬 수 있음을 알아야 한다. 예를 올리는 자신과
예배 받는 부처가 본래 둘이 아니어서 모두 진여성품으로부터 인연 따라 일어났음을
깊이 관하며, 중생과 부처의 감응이 헛되지 않아 마치 물건에 그림자가 따르고 소리
에 메아리가 따르는 것과 같음을 깊이 믿어야 한다.

죄의식의 위험성

그다음 구절은 '수지자신죄장, 유여산해'(須知自身罪障, 猶如山海)로 이어집니다. '수지'는 '알아야 한다'는 말이죠. '자신죄장'이 '유여산해'하다는 걸 알아야 한다고 합니다. 자신의 죄장이 산과 바다와 같다는 걸 알아야 한다는 뜻이죠. 자신의 죄장을 알기는 참으로 힘듭니다. 무슨 안 좋은 일이 생기거나 하면 내가 무슨 죄를 지었다고 이렇게 되나, 이런 생각이 먼저 들겠죠. 그런데 자신의 죄장을 아는 사람은 거의 없을 겁니다. 그래서 그렇게 원망을 하기보다는 다르게 생각하는 게 옳다는 거죠.

사실 한평생 살아온 것만 해도 얼마나 운이 좋아서 이렇게 살아 있는 것인지를 생각해야 하는 거고, 또 살아오면서 내가 알게 모르게 지은 업장이 얼마나 많을까를 반성해야 한다는 거죠. 정말로 하루하루 살아간다는 것이 복된 일이고 어려운 일이라는 겁니다. 거기도 다 가피가 있는 것을 알아야 합니다. 또 내가 지은 업장이 얼마나 많은가에 대한 자각이 있어야만 사람이 겸손해져요. 그걸 모르게 되면 함부로 나대게 됩니다. 나는 아무 잘못이 없다고 하는 것은 참 뻔뻔한 소리예요. 겉으로 드러나지 않더라도 정말로 알게 모르게 얼마나 많은 잘못을 범했는지에 대해 스스로 내적 반성이 있어야 하는 거죠.

그런데 또 자기가 죄 많다고 하면서 그 업장을 짊어지고 다니는 사람은 또 문제가 있습니다. 그러는 게 또 업장이에요. 내가 지은 죄가 많다는 생각이 또 죄업을 짓습니다. 그리고 내가 잘못해서 누군가가 잘못됐다라고 생각하는 것도 굉장한 망상이에요. 그 사람은 그 사람대로 헤쳐 나갈 줄 아는 사람인데, 나 때문에 저 사람이 잘못됐다고 생각하는 건, 정말 남을 무시하는 업장입니다. 내가 잘못한 건 반성해야 되지만, 나 때문에 저 사람의 모든 것이 결정되었다? 그런 일은 없어요. 특히 부모들이 아이에게 이런 마음을 갖기가 쉬운데, 그러면 안 돼요. 내가 잘못 키워서 애가 이렇게 됐다고 생각하는 부모가 많은데, 아니에요. 내 잘못도 있을 수 있지요. 하지만 다 내 잘못이라고 스스로 죄를 다 걸머지기 시작하면 아이를 더 잘못되게 만들어요. 아이들도 다 부처님이에요. 다 이겨 갈 만한 힘이 있습니다. 그 아이를 내가 결정할 수 있다고 생각하는 거, 그건 오만이에요. 내 잘못을 아는 것과 그것 때문에 자책해서 죄의식에 빠지는 건 별개라는 말씀을 드리고 싶네요.

죄의식 이야기를 하다 보니, 젊은 시절 생각이 나네요.

대학 때 성경을 좀 배워야겠다고 생각해서 친구와 함께 성경 읽는 선교조직에 들어갔던 적이 있습니다. 그 조직에서 '목자'(牧者)를 붙여 줘서 같이 빈 강의실에서 성경공부도 열심히 하고 했는데, 같이 간 친구 녀석이 사고를 쳤어요. 열심히 함께 자기 죄를 고백하고, 원죄까지 참회하고 하는 자리인데 "나는 죄인 아닌데 왜 자꾸 죄인을 만들려고 하냐"고 따진 거죠. 그래서 같이 쫓겨났어요. 기독교는 본질이 죄의자각에서 시작하는 종교이기 때문에, 그런 종교적 특성이 있어요. 이런 신앙도 저는 무시할 수 없다고 생각합니다. 굉장히 강한 힘이 나는 종교인데요. 불교는 그런 종교가 아니죠. 죄의식 갖는 것 자체가 오히려 위험할 때가 있어요. 언제나 자기 죄를 반성하고 업을 반성하되 죄의식에 빠져선 안 된다는 게, 또 불교의 본질이죠.

이참과 사참

그러니까 자신의 죄장이 산과 바다와 같다는 것을 알아야 하지만, 그다음 문장 '수지이참사참, 가이소제'(須知理懺事懺, 可以消除), 즉 이참과 사참으로 없앨 수 있다고 이야기하고 있습니다. '수지'는 '알아야 한다'는 뜻으로 여러 번 나왔지요. 그러니까 이참과 사참으로써 '소제'가 가능하다는 겁니다. '소제'는 소멸하고 없앤다는 뜻이고, '가이'(可以)는 '할 수 있다'는 말이지요.

이참과 사참을 함께해야 한다는 겁니다. 먼저 '이참'은 '이치적인 참회'를 말합니다. 『천수경』에 나오는 구절이 대표적인데 잠깐 볼까요?

罪無自性從心起 心若滅時罪亦亡
죄 무 자 성 종 심 기 심 약 멸 시 죄 역 망
罪亡心滅兩俱空 是卽名謂眞懺悔
죄 망 심 멸 양 구 공 시 즉 명 위 진 참 회

해석해 보면 이렇습니다. '죄라는 건 자성이 없어서[罪無自性] 마음에 따라 일어나는 것이니[從心起], 마음이 없어지면[心若滅時] 죄도 따라 없어지네[罪亦亡]. 죄도 없어지고 마음도 사라져서[罪亡心滅] 둘이 다 비게 되면[兩俱空] 이것을 진정한 참회라고 한다[是卽名謂眞懺悔]'라고 해석이 됩니다. 여기서 말하는 것이 이참입니다. 『천수경』 그 바로 앞 구절도 볼까요.

百劫積集罪 一念頓湯除
백 겁 적 집 죄 일 념 돈 탕 제
如火焚枯草 滅盡無有餘
여 화 분 고 초 멸 진 무 유 여

'백겁 동안 쌓은 죄가[百劫積集罪] 한 생각에 없어지네[一念頓蕩除]. 마치 불이 마른 풀을 태워 없애듯[如火焚枯草] 한 번에 태워 없애 자취가 없네[滅盡無有餘]', 이런 뜻인데요. 이것이 이참입니다. 죄라는 건 뿌리가 없고, 실체가 없다는 걸 알아야 한다는 것이 이참이에요. 그런데 이참을 했다고 사참을 소홀히 하면 정말 망종이 나오는 겁니다. 현실의 일상적인 삶 속에서 하나하나 죄업을 없애 나가는 사참이 뒤따라야 하는 겁니다. 이렇게 이참사참이 병행되어야 한다는 것이지요. 돈오점수와도 일맥상통하는 말입니다. '이참'이 '돈오'에 해당되지요. '죄라는 것이 뿌리가 없다, 본디 자취가 없는 것이다'라는 걸 깨닫는 것이 돈오예요. 그다음 '사참'은 '점수'에 해당이 됩니다. 일상적인 삶 속에서 부지런히 나쁜 버릇을 없애고 자신을 닦아 나가는 거, 이런 사참이 따라야 된다는 것이죠. 둘 중에 하나에만 치우치면 정말 구제불능이 돼요. 이참은 하나도 할 줄 모르고 사참만 부지런히 하면 죄라는 것이 있다는 마음이 더욱 공고해져요. 죄가 실재한다는 생각이 뿌리를 내려서 죄 없애기가 더 힘듭니다. 반대로 이참만 하는 경우, 행동거지는 하나도 변함없이 뜬구름 잡는 소리만 해대는 이상한 인간이 나오는 겁니다. 그러니까 이참사참이 반드시 병행되어야 한다는 겁니다.

요괴가 보살이고 보살이 요괴다

저는 이런 불교의 사고방식이 현실적인 삶에서도 참조할 만한 것이라고 생각합니다. 현실에서도 이판도 있고 사판도 있어야 한다는 말이죠. 제가 예전에『법보신문』에 북한 문제에 관해 연이어 글을 썼던 적이 있습니다. 그때 첫번째 쓴 글이 반민주세력과 반통일세력은 두 세력이 아니라 한 세력이라고 썼습니다. 반민주세력들이 주로 북한의 위협을 강하게 부각시키면서 자기들 정치행태를 합리화했거든요. 금강산댐을 무너트리면 서울이 물바다 된다고 해서 전국민적인 모금을 했던 '평화의댐' 같은 사례가 실제로 있잖아요. 국내에 문제가 생기면 이상하게 간첩단 사건이 갑자기 터진다든지 그런 짓을 수도 없이 했었죠. 이런 소리를 했더니 왜 '좌빨소리'를 하냐고 뭐라고 하던데…. 그렇게 이야기하면서 우리 주변의 어떤 나라도 우리의 통일을 바라지 않기 때문에 통일은 우리 힘으로 해야 한다는 의지를 잃어서는 안 된다, 그리고 북한을 너무 요괴처럼 보지 말아야 한다는 취지로 칼럼을 쓴 적이 있습니다.

제가『서유기』이야기를 많이 떠드는데『서유기』에 보면 요괴가 보살 제자가 되는 경우가 있습니다. 손오공이 잡아 놓고 죽이려고 하면 보살님이 나와서 죽이지 말라고 하죠. 왜죠? 그 요괴가 길을 잘못 들어서 그렇지 본바탕은 괜찮다고 하면서 제자를 삼아 버리는 거죠. 홍해아라는 요괴는 손오공을 엄청 고생시켰거든요. 손오공 눈을 멀게 하기도 하고 난리도 아니었는데, 잡아서 죽이려고 하니까 보살이 머리 깎아서 제자로 만들어 버립니다. 『서유기』에서는 그 홍해아가 선재동자라고도 하지요. 사실은 아닌데 『서유기』에는 그렇게 나옵니다. 그렇게 요괴에서 보살 제자가 되기도 하는 거예요.

또 그런 얘기도 나와요. 어떤 요괴를 하도 이기기가 힘들어서 보살에게 원군을 청해서 보살이 원군으로 등장하는 장면이 나옵니다. 그렇게 보살하고 요괴를 잡으러 가는데 마침 요괴의 친구인 도사 한 명이 요괴에게 생일선물을 준다고 좋은 금단을 만들어 가지고 가는 걸 만나요. 그래서 손오공이 그 요괴 친구를 때려죽이고 보살이 이 도사로 분장을 해요. 요괴로 분장을 한 거죠. 그리고 손오공이 그 약, 금단으로 변신을 합니다. 그래서 요괴를 찾아가서 금단을 먹이는 거죠. 손오공을 먹인 겁니다. 그렇게 손오공이 요괴 뱃속에 들어가서 난리를 치니 세상에 아무리 잘난 요괴도 당할 길이 없어서 항복을 하는 그런 이야기가 있어요. 그런데 이때 손오공이 보살이 요괴로 변한 것을 보고 "요괴가 보살인지 보살이 요괴인지 잘 모르겠네요", 이런단 말이죠. 그러니까 보살이 한마디로 "보살이고 요괴고 본디 없는 것이다", 이렇게 말씀을 하십니다. 보살과 요괴의 뿌리는 원래 둘이 아니다, 이것이 바로 불교의 정신이라고 할 수 있습니다. 그래서 '북한이 요괴가 아닐 뿐만 아니라 요괴라 하더라도 요괴도 제자로 맞는 것이 불교의 마음이다. 북한을 그렇게 영원한 요괴로 취급하면 안 된다. 북한이 요괴가 된 이유가 있고 그 역사를 우리가 이해해야 된다', 이런 취지로 썼더니, 쓴소리를 참 많이 들었어요.

그런데 또 좀 지나서 남북관계가 좋아지니까 갑자기 김정은을 스타처럼 취급하는 겁니다. 그래서 또 썼어요. 이건 아니라고. '돈오점수에 따르면 북한에 대한 돈오가 이뤄진 거 같다. 처음에는 무슨 요괴처럼 취급하던 김정은을 위원장 칭호를 붙여서 소개하고 한 것은 발전이고 돈오라고 생각한다. 하지만 우리가 오랫동안 증오와 불신을 쌓아 왔고, 그 증오와 불신을 이용하던 세력이 여전히 있고, 우리가 아직도 의식이 바뀌지 않았는데 그렇게 쉽게 무언가 될 것처럼 해서는 안 된다. 오랫동안 쌓아 왔던 불신을 없애는 데 앞으로 정말 긴 세월이 걸린다는 것을 각오하고 의지를 잃지 말고 조심조심 나가야 된다'라는 내용으로 썼습니다.

이때 저는 이참사참, 다시 말해서 돈오점수가 생각이 나더라구요. 이렇게 북한 문제 관련해서 칼럼을 쓰기도 했는데, 분명한 건 우리가 이 남북분단이라는 문제를 해결하지 않으면 고통을 벗어날 길이 없다는 겁니다. 마음 잘 먹는다고 괴로움이 해결된다고만 해서는 안 되는 거거든요. 정말로 분단이라는 현실이 얼마나 많은 고통을 주느냐에 대한 자각을 불교적인 차원에서도 해야 하는 거죠. 불교는 이고득락(離苦得樂)의 종교예요. '괴로움을 여의고 즐거움을 얻는 것'이 불교의 본질이라면 남북분단이라는 이 전쟁상태를 극복하는 것이 고통치유의 가장 근본이란 걸 망각하면 안 되는 거예요. 이걸 잊어버리고 마음만 잘 먹으면 된다고 하는 건 정말 불교가 아닙니다.

마음과 현실은 둘이 아니다

불교가 마음만 먹으면 된다고 계속 주장하는 것이 참 위험한데요. 그렇게 자꾸 강조하다 보면 불교는 최면술이 됩니다. 최면을 걸어서 현실을 망각하게 하는 거예요. 불교는 최면술이 아니에요. 마음을 잘 먹어서 현실도 바꾸고 그렇게 바뀐 현실이 다시 마음을 바꾸고 하는 게 불교입니다. 마음과 현실이 둘이 아니고 세상과 내가 둘이 아닌 것이 불교지요. 그런데 지금 불교가 너무 마음타령만 합니다. 마음이 바뀌면 세상이 바뀌어야 돼요. 그리고 세상이 바뀐 만큼 마음이 바뀌는 겁니다. 이게 건강한 불교의 사고방식이란 말이죠. 부처님이 열어 놓은 연기설의 장점이 이것입니다.

그 이전의 종교는 마음에서 모든 걸 해결하려고 하는 경향이 강합니다. 우파니샤드 철학이나 그런 불교 이전의 종교의 특징은 '내 마음이 바로 우주'라는 겁니다. 이것도 좋은 이야기입니다. '범아일여'가 그것이죠. 이 '범아일여'라는 말은 불교에서도 쓰이는데, 여기서 '범'은 우주 세계의 뿌리, 근원을 말합니다. '아'라는 건 아트만, 자아를 말하고요. 이 둘이 둘이 아니라는 생각인데, 그 생각에 위험성이 있습니다. 마음으로 모든 걸 해결할 수 있다고 보는 것이 문제를 일으킬 수 있기 때문입니다. 부처님은 그렇게 말씀하지 않았어요. 연기적이라고 하셨죠. 마음과 세계가 연기적이고 정신과 물질이 연기적이어서, 정신 따로 물질 따로 있다는 게 아니거든요. 연기라는 말은 의존적이라는 말이에요. 이걸 바로 보는 데서부터 불교가 시작해야 하는데 불교도 부처님의 정신을 잊어버렸어요.

왜 그럴까요? 제가 계속 하는 이야기인데, 불교가 중국으로 들어와서 현실을 바꿔 가는 종교가 되기를 스스로 포기한 거예요. 마음타령만 하는 종교가 된 지 천 년입니다. 왜냐하면 현실의 측면에서 유교가 괜찮거든요. 그러니까 현실에서는 유교적인 윤리를 그대로 따르라 하고 불교는 대개 종교적인 일을 하고 수행하는 데만 몰두하게 되는 거예요. 저는 이게 불교가 잘못된 중요한 분기점이라 생각합니다. 이걸 극복하는 게 저는 지금 우리 불자들이 새롭게 해야 할 일이라고 생각합니다. 부처님이 열어 놓은 물꼬인 연기설은, 종교사상에 있어서 세계적인 혁명입니다. 마음 하나가 모든 걸 결정한다든가, 어떤 근원적인 하나가 모든 것을 결정한다는 것이 아니라, 모든 것이 의존적이라는 이 생각은 굉장히 새롭고 중요한 생각의 혁명이라고 할 수 있고요. 불자들이 그걸 잊어서는 안 된다고 생각합니다. '이참사참으로 죄장을 없앨 수 있다'는 이야기를 하다가 여기까지 왔네요. 다시 돌아가 보겠습니다.

부처와 내가 둘이 아니다

'심관능례소례'(深觀能禮所禮)에서 '심관'은 깊이 살핀다는 이야기이고요. '능례소례'가 좀 어려운데, '능'은 행위의 주체, '소'는 행위의 대상을 말합니다. 그러니까 능례소례는 예를 드리는 주체와 예를 받는 부처님이라는 말이죠. 이 부분은 백봉 선생님의 염불송을 생각하면 이해가 쉽습니다. "부처님 거울 속의 제자의 몸은, 제자의 거울 속의 부처님에게, 되돌아 귀의하는 이치를 알면, 부처가 부처 이름 밝히심이네". 이렇게 예를 드리는 자와 예를 받는 부처님이 '개종진성연기'(皆從眞性緣起)라는 것을 알아야 한다는 거죠. '개종진성연기'는 '모두 참된 본성으로부터 연기적으로 존재한다'는 말이지요. 부처와 내가 따로 있는 것이 아니라 의존적으로 존재한다, 연기적이라는 겁니다. 이걸 깊이 살펴야 된다[深觀]는 거죠.

부처와 중생을 딱 둘로 나눠 놓고 보는 순간 그건 불교가 아닙니다. 번뇌와 보리가 둘이라고 보면 이건 불교가 아니에요. 번뇌와 보리는 연기적이에요. 그런데 번뇌와 보리는 하나라고 해도 안 됩니다. '하나다, 똑같다'라고 하는 것도 연기가 아닙니다. 그러니까『유마경』에서도 '불이법문'(不二法門)이라고 하죠. '하나인 법문'이 아니라 '둘이 아닌 법문'입니다. 이게 연기인 거예요. 그래서 예를 드리는 나와 예를 받는 부처가 둘이 아니라 연기적이고, 번뇌와 보리가 연기적이고, 생사와 열반이 둘이 아니라 연기적인 것, 이것이 불교의 본질이에요.

불교의 기도

그다음에 '심신감응불허'(深信感應不虛), '감응이 헛되지 않음을 깊이 믿어야 한다'는 말입니다. 이 깊은 믿음이 '불허'(不虛), 헛되지 않다는 말이죠. '영향상종'(影響相從)은 '그림자와 메아리처럼 따른다'는 말이고요. 그러니까 앞의 구절과 연결하여 '감응이 헛되지 않아 그림자와 메아리처럼 서로 따른다는 것을 깊이 믿는다'라고 해석해야 할 것 같습니다. 여기서 '감응'은 중요한 말입니다. 우리가 기도를 할 때 이 감응을 믿고 기도를 하는 겁니다. 우리의 기도가 부처님과 불보살과의 감응을 일으킵니다. 이걸 깊이 믿어야 합니다. 이걸 믿지 않으면 기도를 할 필요가 없어요.

그런데 불교의 기도는 기독교에서 이야기하는 기도와는 차이가 있습니다. 기독교의 기도는 무조건 신에게 매달리는 기도입니다. 이 기독교의 기도를 무시할 수 없습니다. 자기를 온통 다 비우는 기도거든요. 온전히 신에게 매달리기 때문에 기독교의 기도에는 마음을 다 비우는 효과가 있어요. 피조물인 내가 창조주의 영역에 감히 간섭을 못하니까 피조물로서 자신을 온전히 비우고 조물주에게 완벽하게 의존하는 기도가 기독교의 기도입니다. 그렇기 때문에 그 효과가 큽니다. 그런데 위험한 점도 그만큼 있다고 생각하니까 우리가 그런 신앙을 갖지 않는 건데, 기독교를 잘 믿은 사람들은 굉장한 영성을 갖습니다.

기독교의 기도는 창조주와 피조물 사이에 넘어설 수 없는 간격이 있다는 것을 철저히 인식한 데서부터 일어납니다. 그래서 제가 기독교인들한테 쓴소리를 잘 하죠. '열심히 신앙했으니까 천국 간다는 믿음부터 버리라고'. '나는 이렇게 열심히 하나님 믿었으니까 천국 갈 거야', 이건 기독교 신앙에서는 망상입니다. 그것도 버려야 하는 거죠. 천국 가고 안 가고는 신의 뜻에 달렸지 일개 피조물이 예단을 해서는 절대 안 됩니다. 진정한 기독교인의 자세는 '내가 천국을 가고 못 가고가 내가 열심히 한 거에 달린 게 아니라 오로지 신의 뜻에 달렸다'라고 생각하는 겁니다. 그것까지도 맡겨야 하는 거죠. 그러니까 지금 기독교인들 중 많은 사람들이 사이비라고 보면 돼요. 자기가 천국을 예약해 놓은 것처럼 자만에 빠진 기독교인이 너무 많죠. 그건 진정한 기독교인의 자세가 아닙니다. 기독교인은 진짜 겸손해야 한다고 생각합니다. 이게 기독교의 기도고요.

이와 대조적으로 불교의 기도는 '영향상종'이 중요합니다. 감응도교(感應道交)라고도 하죠. 기도하는 주체와 기도의 대상이 느끼고 서로 통한다는 거예요. 내가 비는 대상의 위신력이 나에게 옮겨져 오는 겁니다. 이것도 연기적인 것이고, 불교 기도의 중요한 점입니다. 내가 관세음보살께 기도를 드리면 그 관세음보살의 모습이 나에게서 구현된다는 겁니다. 극락세계를 누가 만들었다고 하죠? 설화에 따르면 법장비구라는 스님이 만들었다고 합니다. 비구 스님이 소원을 낸 거예요. 모든 사람이 거기 가면 고통받지 않는 세계를 만들겠다고 서원을 세우고, 수행하고 정진하고 노력을 해서 극락세계를 건설했다고 합니다. 그분이 아미타불이에요. 법장비구가 성불해서 된 게 극락세계의 교주로 있는 아미타불 부처님이라는 겁니다. 불교의 기도는 이런 거예요. 우리가 뜻을 가지면 세계를 만들어 낼 수 있습니다. 그 세계에서 부처를 이루셔서 교주로 계실 수도 있습니다. 극락세계보다 몇 배 훌륭한 세계를 만들 수도 있겠죠. 세월을 걱정하시는데 불교에서는 '일념즉시무량겁'(一念卽是無量劫)이거든요. 한 생각 일으키는 시간이 무한한 시간입니다. 그러니 세월 걱정할 필요가 없죠.

우리가 고통스러운 시절을 보내면서 '아! 언제 여기서 벗어나지?' 하고 지나다 보면 어느새 그 괴로운 시절이 지나가지요? 지난 다음에 그 괴로웠던 긴 세월이 여러분 뒤에 빨랫줄처럼 늘어져 그대로 있던가요. 아무리 고통스러웠던 시간도 지나고 나면 없습니다. 아주 더운 날 아흔이 다 되신 저희 작은어머님을 만나서, 더운 데 어떻게 지내시냐고 인사를 드렸더니, "머 걔들(더위)이야 작년에도 다녀간 애들이고 재작년에도 다녀간 애들인데 뭐 힘들 게 있어" 그러시더라구요. 그 말을 듣는 순간 '우리 작은어머니가 불교 제대로 믿으시는구나!' 하는 생각이 들더라고요. 괴로움이란 것도 그렇게 다녀가는 손님들이에요. 늘 왔다갔다하는 손님들이구나 그렇게 생각하면 우리가 그 자취를 등짐처럼 무겁게 짊어지고 있을 필요가 없어요. 고통스러운 세월이 내 등에 올려져 있는 것도 아니고 지나고 나면 다 어디로 가고 없거든요.

세월도 마찬가지란 겁니다. 우리가 어떤 서원을 세우고 가다 보면 조금 약해져서 정에 끄달리기도 하고 헤매기도 하겠지만 언젠가 갈 거란 말이죠. 발심을 하면 언젠가 극락세계를 하나 만들어서 교주가 될 수도 있을 거예요. 여러분들이 다 부처가 되실 거라는 이야기입니다. 이게 바로 불교의 기도예요. 그리고 그 과정에서 가장 보배로운 것은 더 나아지겠다는 마음, 향상심(向上心)을 놓지 않는 것이라고 저는 생각합니다. 제가 이렇게 입으로 떠드는 것을 잘하는 사람이고, 한평생을 입으로 떠들고 다니다 보니 저를 좀 높이 여기면서 좌우명 한 구절 써 달라고 하는 분들이 있어요. 그럴 때 제가 가장 즐겨 써 주는 구절이 '향상일로'(向上一路)라는 말입니다. '위로 나아가고자 하는 끊임없는 마음', 이 '향상일로'의 마음을 놓지 말자는 말씀을 드리고 싶습니다. 그 길의 궁극에 부처가 있는 것이겠지요.

2부

세상에서
수행하기

7장

다른 사람과 있을 때

⑦

居眾寮, 須相讓不爭, 須互相扶護,
거 중 료　수 상 양 부 쟁　수 호 상 부 호

愼諍論勝負, 愼聚頭閒話, 愼誤着他鞋,
신 쟁 론 승 부　신 취 두 한 화　신 오 착 타 혜

愼坐臥越次.
신 좌 와 월 차

對客言談, 不得揚於家醜, 但讚院門佛事.
대 객 언 담　부 득 양 어 가 추　단 찬 원 문 불 사

不得詣庫房, 見聞雜事, 自生疑惑.
부 득 예 고 방　견 문 잡 사　자 생 의 혹

대중처소에 거처할 적에는 서로 양보하여 다투지 말아야 하며, 서로 도와주고 보호해야 한다. 논쟁하여 승부 가리기를 삼가고, 무리지어 모여서 한가롭게 이야기하는 것을 삼가며, 다른 이의 신발을 잘못 신는 일이 없도록 하며, 앉고 누울 때 차례를 넘는 일을 삼가야 한다.

손님을 맞아 이야기할 때는 집안의 좋지 못한 일을 드러내서는 안 되며, 다만 가람의 불사를 찬탄해야 한다. 고방에 드나들며 이런저런 것을 듣고 보아 스스로 의혹을 일으켜서는 안 된다.

좋은 말은 마음을 아름답게 한다

절에 가면 스님들이 머무시는 곳이 요사채인데, '중료'(衆寮)는 여러 사람이 머무는 요사라는 뜻입니다. '거'(居)는 머무른다는 뜻이고요. 중료에 머무를 때는 어떻게 해야 하는가를 이야기하는 부분입니다. '모름지기 수' 자가 계속 나오고 있는데, 요즘은 '모름지기'라는 말을 잘 안 쓰죠. 모름지기, 애오라지, 이런 옛말들이 아름다운 말들인데 살려서 일상생활에서도 쓸 수 있으면 좋겠어요. 저는 말에 대해 굉장히 애착이 있는데 말을 잘 쓰지 않으면 절대로 마음이 아름다워질수가 없습니다. 요새 사람들 말을 보면 너무 거칠어서 큰일이에요. 어떻게 저렇게 말을 할까 싶은데요. 말과 마음이 둘이 아니에요. 생각이란 게 정말 오묘한 거 같지만 아무것도 아니에요. 말을 이어 가는 게 생각이에요. 그래서 좋은 말을 아름답고 합리적으로 이어 가면 정신도 굉장히 좋아지고 마음도 고와져요. 그런데 지금 우리 말살이를 살펴보면 참으로 말법[語法]이 말법(末法)이라 할 만큼 엉망진창이라 걱정이 많습니다.

구청 같은 곳에 안내문도, '하시오' 체로 되어 있어서 아주 거칩니다. 목욕탕을 가도 '입욕시 유의사항' 이런 안내판

들은 '탕에 들어가실 때에는' 정도로 바꿔도 좋겠지요. 마음 고치는 일이 마음만 붙잡고, 모든 일을 마음으로 가져다놓고 거기서만 고치려고 하면 안 되는 겁니다. 세상의 여러 일들을 아름답게 다듬어 가는 게 내 마음을 고치는 일이거든요. 한번은 아파트를 들어가는데 차단봉에 '천천히 서행하시오', 이렇게 씌어 있단 말이죠. 그럼 '빨리 서행하는 것'도 있나요. 이런 걸 보면 짜증스러워 하니까 아들이 왜 그렇게 민감하냐고 뭐라고 하데요. 그런데 이건 민감한 게 아니라 당연히 그래야 한다고 생각합니다. 명령하듯이 이렇게 써붙여 놓는 것이 사람 마음에 좋지 않은 영향을 줍니다. 그런 것들을 자꾸 고운 말, 좋은 말로 바꿔 쓰는 게 바로 우리 마음을 다듬는 일이다. 이렇게 생각합니다.

서로 돕고 옹호하기

'모름지기 수' 자에서 이야기가 길어졌네요. '수상양부쟁'(須相讓不爭)이라는 것은 '모름지기 서로 양보하고 다투지 말아야 한다'라는 뜻입니다. 사람 사이에 큰일이 나는 걸 보면 털끝만 한 거에서 마음이 상하는 데서 시작됩니다. 중대한 사건에서 큰일이 일어나지 않아요. 말이 조금 이상해지다 보면 거기서부터 큰 싸움이 나고 감정을 다쳐서 그게 서로 해치는 데까지 간다는 거예요. 그러니까 작은 일부터 신경을 써야 돼요. 그리고 그것이 우리 마음을 다스리는 일이라고 생각해야 합니다.

그다음 '수호상부호'(須互相扶護)에서 '호상'(互相)이란 말은 '상호'라는 뜻이지요. 지금은 '상호'라는 말도 잘 안 쓰죠. '서로'라는 뜻입니다. 북한은 '호상'이라고 하고 남한은 '상호'라고 합니다. '부호'는 도와준다, 옹호해 준다라는 의미가 있어서요. '수호상부호'는 '모름지기 서로 도와주고 옹호해 줘야 한다'는 말입니다. '부'는 부축한다는 뜻이고 '호'는 옹호하다라는 뜻이고요. '사람 인'(人) 자의 모습이 두 사람이 버티고 있는 거라고 하죠. 그러니까 사람이 살아가는 도리는 서로를 힘내게 해주고 도와주는 데에 있다는 의미라네요.

그런데 현대사회는 좀 문제가 있어서 남을 깔아뭉개고 올라타야 잘된다고 생각하는 사람이 많은 것 같아요. 그런데 그렇지 않아요. 그렇게 하는 것이 결코 오래 갈 수가 없어요. 남을 도와주는 사람이 결국은 더 잘 됩니다. 세상살이가 짧은 거 같아도 엄청 깁니다. 받을 거 다 받게 돼 있어요. 그러니까 사람이 살아가는 도리가 주변 사람들 도와주고 힘내게 해주는 것이어야 한다고 생각해요. 종교적이라고 할 것도 없이 이런 마음을 먹는 것이 중요하죠. 나라는 존재가 있어서 주변이 좀더 밝아지고 따뜻해지는 그럼 사람이 되어야겠다, 이런 마음을 먹어야 하는 거죠. 그런데 쓸데없이 남에게 해를 끼치고 괴로움을 끼치는 사람들이 있어요. 하다못해 산에 올라가면서도 괜히 풀을 뚝뚝 잡아 꺾는 사람들이 있죠. 이게 무슨 심사인지 저는 알 수가 없어요. 자기가 있음으로서 주변이 피해를 입는 존재로 있는 것을 참으로 부끄럽게 생각해야 하는데, 그러지 못하는 그 마음이 정말 불쌍한 거죠. 그러니까 우리가 피치 못해 피해를 주는 것은 어쩔 수 없다고 하더라도, 적어도 마음은 바르게 먹고 실천을 하려고 노력을 해야죠. 이게 바로 부처님을 닮아 가는 겁니다.

절에 가서 기도하고 불교를 믿고 하는 것의 가장 궁극적인 목표는 뭐죠? 부처 되는 거죠. 부처 되는 길을 너무 아득하게 생각하지 말고 지금 여기서 부처님 같은 행동을 하는 것으로부터 생각해야 돼요. 부처님이라면 어떻게 행동하실까 이거부터 생각해야 된다는 말이죠. 그러면 그런 존재가 되어 갑니다. 그것이야말로 가장 복 받는 게 됩니다. 기도를 할 때 '뭘 주세요'가 아니라 '이런이런 존재가 되도록 도와주십시오', 이렇게 기도해야 되는 거예요. 그게 우리 목적이에요. 간단히 생각해 봐도, 남한테 늘 받는 존재가 복 받은 존재겠어요? 아니면 남에게 늘 주는 존재가 복 받은 존재겠어요? 주는 사람이 복 받은 사람입니다. 그러니까 받겠다는 마음으로 기도를 하지 말고, 줄 수 있는 사람이 되도록 기도를 해야 해요. 가난뱅이가 기도하는 마음으로 기도하면 결코 부자가 안 돼요. 늘 부유한 마음으로 기도를 해야 합니다.

부처님은 아낌없이 우리에게 다 주셨잖아요. 그렇게 받은 것을 확인하는 게 기도예요. 부처님이 쪼잔하게 기도하면 하나씩 주시는 분 아니에요. 한 번에 다 주시는 거예요. 그렇게 다 받아 둔 것을 확인하는 것이라는 마음으로 기도를 하면 달라집니다. 기도하는 자세가 달라지고 하나하나 달라져요. 이렇게 '호상부호'하는 존재가 되는 것, 자기 존재의 레벨이 자꾸 높아지는 것이야말로 가장 복된 일이라는 겁니다.

남을 이기려는 마음

'신쟁론승부, 신취두한화'(愼諍論勝負, 愼聚頭閒話)에서 '신'(愼)은 삼가야 한다는 말입니다. '하지 말아야 한다'는 말에 가까운 말이고요. 뭘 삼가라는 거죠? '쟁론', 다투어서 따지고 승부를 내는 것을 삼가라는 거죠. 쟁론과 논의는 달라요. 사람들이 좋은 결과를 내는 건설적인 이야기가 있어요. 반대로 쟁론은 남을 이겨야 된다는 생각에서 출발하는 담화예요. 그러니까 이런 종류의 이야기들은 이겨도 남는 게 없고 지면 더 기분 나쁘고, 그래서 결국은 자꾸 나쁜 마음을 증폭시킵니다.

요즘 우리 사회를 봐도 그렇죠. 지금 우리 사회의 큰 문제가 쟁론만 있고 건설적인 담화가 없다는 겁니다. 극단적인 이분법으로 옳고 그른 건 안중에도 없고 니 편이냐 내 편이냐밖에 남아 있지가 않아요. 지금 우리 언론이나 사회에서 떠도는 이야기들을 가만히 주의 깊게 들어 보면 정말 그렇다는 것을 느낄 수 있죠. 누구 편이냐만 중요합니다. 남의 편이면 아주 나쁜 놈이고 입에 거품을 물고 욕을 합니다. 그렇게 비난하는 것에 근거가 있는지 없는지도 별로 따지지 않죠. 그런 게 쟁론입니다. 어떤 주장을 할 때는 언제나 다른 생각은 어떨까, 내 주장에 대해서 반박을 하는 주장은 어떤 주장이 있을까, 이런 걸 생각해야 합니다. 그렇게 생각하면서, 다른 생각도 있을 수 있겠구나, 그 생각과 내 생각이 어떤 점이 다르고, 어떤 점에서 옳고 그를 수 있을까를 생각해야 한다는 거죠. 그럴 때 건설적인 얘기가 됩니다. 남의 얘기를 듣고 자기 주장을 버리라는 게 아니에요. 그러면서 내 주장을 다듬어 나갈 수가 있어요. 좀더 건설적인 방향으로. 그런데 무조건 이편 저편 가르고 따지기 시작하면, 이기려고만 한다는 말이죠. 이런 문제에서 빨리 벗어나야 돼요.

저는 카톡을 안 봅니다. 이상한 이야기들이 하도 돌아다녀서 그거 보기도 귀찮고 지우기도 귀찮고 해서 안 봅니다. 이런 엉터리 같은 얘길 왜 보내나 싶은데, 전혀 따지지 않고 막 보내는데 참 나쁜 사람들이에요. 그런데 우리 마음도 그렇거든요. 우리 마음에도 극단적인 이분법이 있어요. 여기서 벗어나야 돼요. 원효 스님의 대표적인 사상이 화쟁사상이잖아요. 화쟁사상이란 쟁론을 화해시킨다는 거죠. 모든 주장에는 들을 만한 측면이 있고 또 취약한 부분이 있다는 거예요. 세상에 절대적인 주장이 없다는 겁니다. 이건 부처님 말씀도 마찬가지예요. 부처님도 오죽하면 자기 말씀에 대해서 달을 가리키는 손가락과 같다고 하셨겠어요. 절대적이지 않다는 얘기거든요. 사람의 입장과 환경에 따라 달을 가리키는 방향이 달라야 한다는 말이죠. 이렇게 다를 수 있다는 걸 부처님은 인정을 하신 겁니다. 그래서 '방편설'이라고 했고, '달을 가리키는 손가락'이라고 했겠죠.

그러니까 제가 여러 번 이야기하지만, 종교의 창시자인

부처님이 '나는 이것이 진리라고 믿는다'라고 말하라고 하셨어요. '이것이 진리다'라고 말하는 것은 진리를 옹호하는 올바른 태도가 아니라고 말씀하셨죠. '이것이 진리다'라고 말하는 건 굉장히 위험하단 겁니다. '이것이 진리다'라고 주장하는 사람들이 어떻게 하겠어요. 진리 아닌 건 타도해야 하겠지요. 더 나아가면 사람을 죽이는 데까지 갑니다. 인류 역사에서 제일 사람을 많이 죽인 것이 종교입니다. 아이러니하게도 사람을 잘되게 하려고 믿는 종교가 제일 많이 사람을 죽였습니다. 왜냐하면 '이것이 진리다'라고 하기 때문입니다. 이 진리에 들어오지 않는 것은 거짓이고, 나아가 악마의 소리가 되는 거죠. 정말 무서운 얘기입니다.

이런 것이 '쟁론'의 위험성인데, 이건 가까운 개인들 사이에서도 마찬가지입니다. 말을 하다 보면 자꾸 고집이 생겨서 이기고 싶죠. 지는 게 싫습니다. 지게 되면 기분이 나쁘니까 아닌 거 같아도 막 우깁니다. 이게 쟁론의 가장 큰 특징이에요. 저도 예전에는 막 이기려고 했는데 요즘은 그렇게 짜증이 나려고 하면 얼른 이야기를 중지합니다. 그리고 마음이 좀 편안해졌을 때 조금 더 이야기를 해요. 그때는 쟁론이 안 되거든요.

작은 승부에 집착하지 않기

제가 예전에 인터넷에서 대화방이 막 생기기 시작했을 때 '삼쾌도사'라는 이름으로 점을 봐주던 때가 있었어요. EBS에서 『주역』을 강의하고 하다 보니까 『주역』을 통해서 상담을 할 수 있겠다는 생각이 들었거든요. 주역 점을 매개로 하면 사람들이 말을 잘 합니다. 그냥 이야기를 해보라고 하면 잘 안 하다가도, "점괘가 이렇게 나왔는데 이야기 좀 해보세요", 이러면 얘기를 잘 하더라고요. 사람들 마음을 여는 데는 점이 굉장히 효과가 있겠다 싶어서 인터넷 대화방에서 점 봐주면서 상담하는 도사 노릇을 3개월 정도 해본 적이 있어요. 꽤 많은 사람이 들어와서 점을 쳐주고 그걸 통해서 조언도 해주고 그랬는데, 한번은 어떤 여성이 들어와서 결혼한 지 일 년 남짓 됐는데, 이혼을 할까 말까 해서 왔다는 거예요. 아니 일 년 남짓 지났는데 무슨 이혼을 얘기하냐고 그랬더니, 결혼을 하고 나서 남편이 자기를 너무 인정을 안 한다는 거예요. 사람으로 인정을 안 하고 마누라 노릇만 하라고 한다는 겁니다. 내 아내니까 이렇게 해야 된다는 둥 이런 요구를 하니까 못 살겠다는 거예요. 그런데 당시 유행하던 채팅창에 들어가서 이야기를 하면 똑같은 인격자 대접을 받는 거예요. 그래서 채팅을 좀 했더니 그것까지 시비를 하고 구박을 하고 그랬답니다. 그렇게 사귈 때랑 사람이 너무 변했다고 점을 보러 온 거예요.

그래서 점괘를 뽑아 봤죠. 괘를 뽑아 보니까 괘가 재밌어요. 가끔 괘를 뽑아 보면, 『주역』이란 게 이런 맛이 있나 싶을 때가 있습니다. 점괘가 지수사(地水師)라는 괘가 나왔어요. 전쟁을 상징하는 괘인데, 그 중에서 '사좌차 무구'(師左次无咎)라고, 군대를 뒤로 물러야 허물이 없다는 점괘가 나온 거예요. 그래서 제가 그랬어요. '이혼을 하든 말든 그건 내가 얘기할 것은 아닌 거 같다. 하지만 결혼을 할 때는 중대한 결심을 한 것인데, 적어도 자기가 심사숙고해서 결정을 했으면 그 결정이 올바른 결정이었다는 걸 그 뒤의 삶을 통해서 증명해야 되는 거 아니냐'라고 했죠. 큰 마음을 먹고 결혼을 했으면 그 결혼이 옳았다는 것을, 내가 사람을 잘 선택했다는 것을 증명하는 노력을 해야 하는 거죠. 물론 그걸 끝까지 하라는 말은 아닙니다. 노력을 했는데도 불행 말고는 아무것도 안 남겠다고 생각이 되면 이혼을 하는 게 맞겠지만, 적어도 얼마 동안은 자기결정을 증명하는 과정이 있어야 한단 말이죠. 그런데 지금 당신 부부는 극도로 감정이 격앙된 상태라서 어떤 결정을 내려도 올바른 결정이 나올 수가 없다고, 이건 지금 결정하지 말고 마음이 가라앉은 상태에서 이야기를 하라고 조언을 해줬습니다.

그러고 한 달쯤 지나서 제 대화방에 또 들어왔어요. 어떻게 됐냐고 물었더니, 살기로 했대요. 제 충고를 받아들여서 정말 하자는 대로 하고, 아무 말도 안 하고 참았대요. 한참을 참았더니 남편이 좀 이상해지더래요. 격앙됐던 감정이 가라앉는 거죠. 그러더니 자기가 잘못했다고 그러더랍니다. 그래서 그때 얘기를 했대요. 사실은 당신이랑 살까 말까 고민을 많이 했다고, 그랬더니 남편이 자기도 잘못한 거 같았는데 말이 얽히다 보니까 자꾸 격앙이 되었다고. 서로서로 반성을 하고 나서 이혼하지 않고 살기로 했다는 거죠. 그때 일을 생각하면 그래도 제가 도사답게 상담을 잘 했다고 자부하고 있습니다. 그렇게 한 석 달 했는데, 채팅이 참 재밌습니다. 날밤 새우며 하는 이유를 알겠더라고요. 그래서 여름방학 시작하자마자 시작해서 학기 시작하고 조금 있다 끝냈습니다. 새 학기 시작했는데 계속하면 안되겠더라고요.

쟁론 이야기하다가 옛날 이야기가 나왔네요. 사람이 승부욕이 아예 없으면 곤란하지만, 자잘한 쟁론에 매달리고 있으면 좀 곤란한 겁니다. 큰 승부를 해야 돼요. 큰 승부는 내가 좀더 좋은 사람이 되고 훌륭한 사람이 되는 겁니다. 이런 걸 중요한 일로 여기고 목표 설정을 하면, 조그만 승부에 집착하지 않아요. 승부를 가리려고 애쓸 필요도 없는 거죠. 출가인들은 뭘 하는 사람들입니까? 깨달음이라는 궁극적인 목적을 가지고 있는 거거든요. 그런데 작은 일을 가지고 싸울 필요가 없습니다. 이건 우리도 마찬가지예요. 발심을 한다는 것은 바로 우리가 가장 훌륭한 사람이 되겠다는, 향상일로를 걸어 나가겠다는 작정을 하는 겁니다. 바로 부처가 되겠다는 발심인 겁니다. 지금 이 강의를 듣고 계신 여러분은 부처가 됩니다. 이미 걷기 시작했거든요. 그러면 반드시 결과가 옵니다. 성불할 수 있습니다. 큰 목적에 마음을 낸 이상 시간이 얼마나 걸리든 얼마나 헤매든 언젠가는 도달할 수 있다는 마음을 먹고 자잘한 승부에 얽매이지 않는 것이 중요합니다.

대중생활에서 주의해야 할 것들

그다음에 '신취두한화'(愼聚頭閒話)라고 나오지요. '신'(愼)은 역시 삼가야 한다는 말입니다. '취두한화'를 삼가라는 말인데, '취두'는 '모을 취' 자 '머리 두' 자를 써서 머리를 모은다는 말이고, '한화'는 한가한 이야기라는 뜻입니다. 그러니까

'머리를 모으고 한가한 대화를 나누는 것을 삼가라'라는 말이죠. 스님들이 이러면 안 된다는 겁니다. 쓸데없이 농담따먹기 하거나 그래서는 안 되는 거죠.『논어』에 그런 말이 있습니다. '군거종일, 언불급의, 호행소혜, 난의재!'(群居終日, 言不及義, 好行小慧, 難矣哉!), '하루 종일 모여 앉아서 의로운 일은 이야기하지 않고, 작은 지혜나 이야기하기를 좋아하는 사람은 참 어렵다'라는 뜻이지요. 공자는 이렇게 하느니 차라리 바둑 장기를 두라고 했습니다. 바둑 장기를 참 깔보고 말씀을 하신 것 같죠? 어쨌든 보통 사람들도 이렇게 모여서 한가한 이야기하면 안 된다는 이야기가 있는데, 스님들은 말할 것도 없다는 거죠. 머리 모으고 한가한 얘기 한다는 것은 말도 안 된다는 겁니다. 근면하게 수행해야 한다는 이야기고요.

넘어가죠. '신오착타혜, 신좌와월차'(愼誤着他鞋 愼坐臥越次). '타혜'에서 '혜'는 가죽신을 말합니다. '신오착타혜'는 남의 신발을 잘못 신지 않도록 조심하라는 말입니다. 요새는 신발 잘못 신을 일은 별로 없겠지만, 예전에 짚신이나 나막신 신거나 하면 구별 잘 안 됐겠죠. 참 얼마 전까지만 해도 새 구두 신고 사람 많이 모이는 곳에 가면 신고 도망가는 사람도 있고 했는데, 요즘은 그런 일이 잘 없어요. 신발 이야기를 하니까, 앞에서 이야기했던 표충사에 계셨던 해산 스님 생각이 또 나네요. 그 스님은 어려운 이야기를 해 주신 적이 한 번도 없어요. 설법을 해도 아주 편안하게 우리 일상사 이야기를 하시고, 계를 주실 때도 평이한 계를 주셨는데, 그 중에 신발 벗어 놓고 들어갈 때는 바로 벗어 놓아라. 함부로 팽개치지 않았는가 보고 나서 들어가라. 이런 계를 주셨어요. 낮에 가능하면 눕지 말고, 어디에 기대거나 그런 나태한 행동을 하지 말라, 남하고 얘기할 때 쓸데없이 언성 높이지 말라, 이런 계를 주셔서 참 감명했던 기억이 있습니다.

그다음 '신좌와월차', 앉고 눕는 데 차서를 넘는 일이 없도록 하라는 말입니다. 이건 대중생활에 굉장히 중요한 일입니다. 스님들은 수행하는 사람들이잖아요. 남에게 털끝만큼도 방해가 되면 안 됩니다. 자기도 방해받기 싫은 거예요. 오로지 전력을 다해 수행에 몰두해야 하는데 남을 방해한다거나 방해받는 거는 안 되겠지요. 절대 금해야 합니다. 큰 절에는 엄청나게 많은 스님들이 있습니다. 선방에 오래 있던 스님들 얘기를 들으면 그렇게 많이 모여 계시면 극도로 예민해진대요. 수행하면서 차분해져야 하지만, 정말 어떤 때는 폭발할 것같이 조심스러울 때도 있다고 하더라고요. 그래서 대중생활을 할 때 굉장히 조심해야 한다는 겁니다.

새로운 불사를 고민하자

그다음 나오는 구절은 '대객언담, 부득양어가추'(對客言談, 不得揚於家醜)입니다. '대객언담'은 남을 맞이해서 이야기할 때에는 '부득양어가추', 곧 집안의 부끄러운 일을 들추지 말라는 겁니다. '양'은 '고양한다'라고 할 때의 '양'이고요. 들춘다는 말이죠. '집안의 부끄러운 일'이라고 했는데, 스님이니까 절을 얘기하는 겁니다. 그러니까 절 안에서의 불미스러운 일이나 부끄러운 일을 함부로 드러내서는 안 된다는 겁니다. 어디에나 불미스러운 일, 부끄러운 일은 있게 마련입니다. 그런데 우리가 세상 살면서 칭찬하는 것부터 하고 남의 추한 일들 들춰내는 거만 안 해도 굉장히 공덕이 남습니다. 추한 일 자꾸 들추는 거 정말 병입니다. 그리고 그게 도움이 안 돼요. 가능하면 좋은 일들 드러내서 자꾸 사람들이 좋은 데로 나아가게 도와주는 것이 중요하다는 거죠.

『논어』에도 그런 말이 있습니다. '군자는 남의 아름다운 일을 이뤄 주고 악한 점을 드러내지 않는다'라고. 군자의 가장 기본적인 태도가 좋은 점을 드러내 주는 건데요. 그렇게 하면 어떻게 되나요? 그 사람이 잘됩니다. 누가 나의 좋은 점을 자꾸 드러내 주면 신이 나서 더 잘하게 되거든요. 그리고 그 칭찬하는 사람에게로 그 좋은 점이 옮겨 옵니다. 이게 굉장히 큰 공덕이에요. '찬탄공덕'이라고 하잖아요. 진심으로 찬탄하면 그 좋은 점이 자기에게 옮겨 온다는 것은 당연한 거죠. 그 유명한 너새니얼 호손(Nathaniel Hawthorne)의 「큰바위얼굴」 같은 소설도 있잖아요. 학교 다닐 때 배웠던 기억이 있는데, 큰바위얼굴을 바라보면서 항상 흠모했더니 그 사람 얼굴이 큰바위얼굴과 닮게 되었다는 이야기죠. 마찬가지 이야기입니다. 앞서 말했던 불교 기도의 '감응도교'가 그 이야기였죠.

'단찬원문불사, 부득예고방'(但讚院門佛事, 不得詣庫房)에서 '찬'(讚)은 찬탄한다는 말입니다. 그러니까 '단지 원문의 불사를 찬탄해야 된다'는 말이죠. 그런데, 지금 불사에 대해서는 좀 생각해 봐야 할 것이 있습니다. 지금 불사는 무얼 말하죠? 개금불사(불상에 금칠을 다시 하는 불사), 아니면 기왓장 불사, 이런 걸 불사라고 생각하죠. 아니면 스님들 가사 마련해 드리는 가사불사 같은 걸 생각합니다. 이런 불사 개념은 이제 바꿔야 돼요. 이런 것은 조선 왕조 때 불교가 살아남기 힘들 때 하던 불사입니다. 살아남기 위한 일에 몰두할 수밖에 없었던 거죠. 절 짓고, 부처님 도금하고, 스님들 옷해 입히고, 이런 걸 불사로 했어야 했던 건데, 지금까지도 이런 불사가 불사의 전부인 줄 안다는 거죠.

그런데 불사는 '부처님 일'이라는 뜻이잖아요. 쉽게 얘기하면 부처님을 드러내고 불교를 드러내고 하는 일이 다 불사여야 해요. 그러니까 현대사회에 맞는 불사 개념을 다시 잘 세워야 해요. 예를 들어 환경불사 같은 걸 생각해야 한다는 겁니다. 부처님이 지금 오시면 가장 바라실 일이 뭔가를 생각하세요. 그게 불사여야 돼요. 그리고 그 일이 가장 복 받는 일인 거고요. 부처님이 여기 오시면 모든 중생들이 괴로워하는 것을 없애는 일을 하실 거예요. 그럼 지금 많은 중생들이 괴로워하는 일이 뭘까요? 환경 망가지면 인간을 비롯해서 많은 중생들이 괴로워하겠죠? 또 지금 남북한이 갈라져서 우리 민족이 얼마나 괴로워요? 그럼 통일불사 해야 됩니다. 이렇게 불사를 해야 해요. 지금 우리 사회에서 개인이나 사회가 가장 필요로 하는 일을 하고, 많은 사람들을 고통에 빠트리고 있는 일들을 없애고, 많은 사람들이 행복할 수 있는 일들을 끊임없이 하는 것, 이게 이 시대의 불사여야 된다는 거죠. 그럼 그걸 찬탄하고 그러면서 불교가 바뀔 수 있다는 겁니다.

누가 기복불교가 나쁘다고 하길래, 제가 나쁠 리가 없다고 했어요. 복 받을 일을 하면서 복을 받자고 하면 기복불교가 나쁠 게 있냐는 거죠. 그런데 복 받지 않을 일을 하면서 복 달라고 하면 부처님이 주실까를 생각해야 한단 말이죠. 복을 받겠다고 한동안 방생불사를 반성 없이 한 것 같아요. 자라 같은 게 풀어놓기도 좋으니까, 배에다 글씨까지 써서 풀어놓는다고 하던데, 사실 자라가 아니라 붉은귀거북을 그렇게 풀어놓는 거였죠. 그게 환경을 많이 파괴했답니다. 토종 생물들 막 잡아먹고 해서요. 그런 일을 해놓고 복 달라고 하면 복을 주시겠냐는 말이죠. 그래서 방생불사를 없애자는 말도 나오던데, 방생불사를 옳게 하면 되는 겁니다. 그렇게 말씀하시는 스님한테 절에서 신도들과 야외에 나가서 행사할 수 있는 게 뭐가 있다고 방생불사를 없애냐고 그랬어요. 다만 그 내용을 바꾸자는 말입니다. 짐승들이 고통받는 걸 해결해 주는 식으로 바꾸면 되는 거죠. 새집도 올려 주고 겨울에 짐승들 먹이 놔 주고, 아니면 하천 청소하고 그런 걸 하면 되지 없앨 필요는 또 뭐가 있냐고 그런 이야기도 하고 그랬습니다. 이런 찬탄할 만한 불사를 개발해야 하는데, 여전히 '부처님 얼굴에 금칠 합시다', 이런 거 가지고는 안 된다는 거죠. 부처님이 좋아하실 리도 없고요. 오히려 짜증을 내실 것 같아요. 너희들 깜냥으로 날 재지 말라고 하시겠죠.

세상 일이 수행의 장

그다음 '부득예고방'(不得詣庫房)에서 '부득'은 '해서는 안 된다'는 말이죠. 여러 번 나왔습니다. '예고방'은 '고방에 나아가다'라는 뜻이고요. '예'는 '나아갈 예' 자로 나아간다는 뜻입니다. 그러니까 고방에 나아가서 '견문잡사, 자생의혹'(見聞雜事, 自生疑惑), 잡된 일을 보고 듣고 스스로 의혹을 일으켜서는 안 된다는 거죠. 고방은 요즘 잘 모르는 말일 수도 있는데, 광이라고도 하는, 물건 쌓여 있는 창고 같은 걸 말하죠. 절 고방 같은 델 가면 여러 가지 물건도 많고, 손님들도 들락날락 하는 곳이라서 잡사를 많이 보게 되는 거죠. 그렇게 되면 쓸데없는 생각이 들고, 수행에 방해가 되죠. 의혹이 일어난다는 겁니다.

이렇게 수행하는 것이 어려운데, 우리 재가불자들은 더 어려울 수 있습니다. 우리는 스님들처럼 할 수가 없잖아요. 예를 들어서 상점가를 돌아다니지 않을 수가 없죠. 자생의혹이 절로 일어나는 환경입니다. 그러니까 재가불자의 수행은 스님들보다 더 힘들고도 더 가열차게 해야 합니다. 우리가 정이 많다 보니까 출가는 못하지만 이런 잡사에 노출된 환경에서도 의혹을 일으키는 것이 아니라 오히려 내 자비심을 증진시키는 전환으로 나아가야 하는 거죠. 계속 말씀 드리지만 스님들은 가장 최단코스로 달리려는 분들이에요. 가장 빨리 성취해서 빨리 풀어 내야 하는 거고, 그러기 위해서 재가자들에게 모든 것을 의존하는 것이기 때문에 한 치의 힘도 낭비해선 안 된다는 겁니다. 그래서 가능하면 쓸데없는 일에 끄달리면 안 됩니다. 스님들이 자꾸 불필요한 일을 만드는 건 아주 좋지가 않습니다. 쓸데없는 일을 일으키고 다니면서 성취감 느끼는 사람들이 있거든요. 그런 걸 피해야 한다는 겁니다.

하지만 우리 재가불자들은 좀 다르죠. 일상을 살아가야 하기 때문입니다. 그래서 욕망과 서원이 둘이 아니라는 전환을 해야 합니다. 욕망을 열심히 버리고 나서 서원을 세우는 게 아니에요. 아상이 줄고 불교와 부처님 가르침에 대한 이해가 깊어지면 깊어질수록 나라는 것을 중심으로 해서 모든 것을 끌어 모으던 힘과 에너지가 바뀌어서 나와 중생들 모두를 잘되게 하자는 마음으로 전환이 됩니다. 그러니까 세상 일이 바로 수행의 장이 될 수 있는 전환이 있어야 합니다. 그 전환을 이루는 게 바로 재가불자의 길이라는 거죠.

8장

세속에서의 몸가짐

⑧

非要事, 不得遊州獵縣, 與俗交通, 令他憎嫉,
비 요 사 부 득 유 주 렵 현 여 속 교 통 영 타 증 질

失自道情.
실 자 도 정

儻有要事出行, 告住持人及管衆者, 令知去處.
당 유 요 사 출 행 고 주 지 인 급 관 중 자 영 지 거 처

若入俗家, 切須堅持正念, 愼勿見色聞聲,
약 입 속 가 절 수 견 지 정 념 신 물 견 색 문 성

流蕩邪心. 又況披襟戲笑, 亂說雜事,
유 탕 사 심 우 황 피 금 희 소 난 설 잡 사

非時酒食, 妄作無碍之行, 深乖佛戒.
비 시 주 식 망 작 무 애 지 행 심 괴 불 계

又處賢善人嫌疑之間, 豈爲有智慧人也.
우 처 현 선 인 혐 의 지 간 기 위 유 지 혜 인 야

요긴한 일도 아닌데 이 고을 저 고을로 나가 노닐며 속인들과 사귀어 서로 왕래함으로써 다른 이로 하여금 미워하고 시기하게 하여 도 닦는 뜻을 스스로 저버려서는 안 된다.

혹시 요긴한 일이 있어 나들이를 하게 되면 주지나 대중을 관장하는 이에게 알려 가는 곳을 알게 한다. 만약 속가에 들어가게 되면 반드시 바른 생각을 굳게 지켜서 보고 듣는 경계에 끄달려 방탕하고 삿된 마음이 요동치게 해서는 안 된다. 하물며 옷섶을 풀어 헤치고 웃고 떠들며, 잡스러운 일을 함부로 지껄이고, 때가 아닌데도 밥 먹고 술 마시며 망령되이 무애행을 하노라 하며 부처님이 정해 주신 깊은 계율을 크게 어길 것인가? 또 그렇게 하여 어질고 착한 사람들이 싫어하고 의심하게 한다면 어찌 지혜 있는 사람이라 하겠는가?

중요한 일로 돌아가기

'비요사, 부득유주렵현'(非要事, 不得遊州獵縣)에서 '비요사'는 '요긴한 일이 아니면'이라는 뜻입니다. 어쩔 수 없는 일이 아니라면 '유주렵현'해서는 안 된다는 것인데, 여기서 '놀 유(遊)'와 '사냥할 렵(獵)'이 동사입니다. '주'와 '현'은 지역이나 마을을 이야기하죠. 그러니까 이 마을 저 마을 떠돌며 왔다 갔다해서는 안 된다는 말입니다. 이렇게 이리저리 떠돌다 보면 '여속교통', 속된 세상과 '교통'하여서 다른 사람[他]이 시기하고[憎] 질투하게[嫉] 한다는 말이고요. 그다음 '실자도정'(失自道情)은 도를 향하는 마음을 잃는 거죠. 앞의 '부득'이 여기까지 걸립니다. 그러니까 '쓸데없이 이 마을 저 마을 돌아다니면서 속된 세상과 섞이고 다른 이들의 서기와 미움을 받으면서 도를 향한 마음을 잃어서는 안 된다'라고 해석할 수 있겠네요.

역시 수행하는 스님에게 중요한 말입니다. 여러 번 이야기하지만 스님들의 수행은 세속으로 향한 에너지를 전부 수렴해서 자기 수행에 모조리 쏟아야 한다는 약속을 하는 겁니다. 머리를 깎고 스님 옷을 입는 것이 일종의 약속이거든요. 자기를 먹여살려 주는 재가자들과의 약속이고 자기 자신과의 약속입니다. 그런데 다른 데 돌아다니고 그러는 것은 그 약속을 어기는 거예요.

바로 앞에서도 이야기했지만 재가자는 이럴 수 없어요. 하지만 재가자 역시 마음 자세는 그래야 한다는 말이죠. 언제나 내게 가장 중요한 것이 무엇인지를 잊으면 안 됩니다. 우리도 내가 깨닫고 내가 훌륭한 사람 되는 것을 한시도 잊어서는 안 되는 거죠. 그러기 위해서는 중요치 않은 것에 에너지를 쏟거나 욕망에 끄달리거나 해서는 안 되고요.

요즘 제가 대학에서 나와서 대학에서 못하던 강의를 많이 하는데 「귀거래사」, 「적벽부」 같은 좋은 시나 문장들을 강의하기도 합니다. 그래서 얼마 전에 도연명의 「귀거래사」 수업을 마쳤는데요. '귀거래'(歸去來), '돌아가리라'라는 뜻이죠. 그 시에 보면 '기자이심위형역'(旣自以心爲形役), '내가 이미 몸뚱이를 위해서 마음을 노역시켰으니', '해추창이독비'(奚惆悵而獨悲), '이제 와서 홀로 슬퍼한들 어쩌랴'. 그다음에 조금 지나서 하는 말이 '실미도기미원'(實迷塗其未遠), '내가 참으로 길을 헤맸지만, 멀리 헤매진 않았구나', '각금시이작비'(覺今是而昨非), '지금 내가 돌아서는 것이 옳고, 예전의 내 삶이 잘못된 것을 알겠구나'. 이렇게 읊고 있단 말이죠. 도연명이 정말로 마음에도 없는 벼슬을 먹고살기 위해 했다는 거죠. 그걸 딱 끝내고 돌아설 때 지은 글이 이「귀거래사」입니다. 그러고는 전원으로 돌아갔죠.

그런데 제가「귀거래사」읽으면서 그런 말을 했습니다. 꼭 전원으로 돌아가야 '귀거래'가 아니라고요. 우리가 잘못된 길을 걷고 있다는 생각, 내가 중요치 않은 것에 내 에너지를 쏟고 내 삶을 바치고 있구나라는 자각이 들었을 때 바로 돌아가겠다고 하는 것이 '귀거래'라는 겁니다. 우리도 지금「귀거래사」를 읊어야 한다는 겁니다. 우리가 지금 어디에 마음을 쏟고 살고 있는가를 돌아보고, 마음이 중요하다고 늘 상 이야기하면서 정말 마음에 신경을 얼마나 쓰고 살고 있는지를 돌아봐야 한다는 거죠. 재가자의 삶은 본질로 돌아간다고 해서 다른 일을 모두 팽개치면 안 되지만 그런 마음을 잃지는 않아야 합니다.

너 자신을 알라!

그다음 이야기는 '당유요사출행'(儻有要事出行), 만일 중요한 일이 있어서 출행 나가게 되면 어떻게 해야 하는지가 나와 있습니다. '고주지인'(告住持人), '주지'에게 알려야 한다[告]고 나오지요. 여기서 주지는 우리가 말하는 주지 스님과 같은 말입니다. 주지 스님에게 알려야 하고, '급관중자'(及管衆者)에서 '관중자', 즉 대중을 관리하는 소임을 맡은 자라는 뜻이고요. '영지거처'(令知去處)에서 '영'은 '하여금 사(使)' 자처럼 쓰여서 '~하게끔 해야 한다'라 뜻입니다. 여기서는 '거처를 알게 해야 한다'라는 뜻이 되겠지요. 그러니까 필요한 일이 있어 절 밖에 나갈 때는 주지 스님과 대중을 관리하는 소임이 있는 자에게 어디로 간다고 꼭 말을 해야 한다는 거죠. 말도 없이 어디론가 가버리고 하면 여러 가지 문제가 생길 수 있고 걱정을 끼치는 일이 많겠죠.

이 경우와 전혀 다르지만 『논어』에도 보면 비슷한 이야기가 있죠. 부모를 모시는 도리를 이야기할 때 나오는데, 부모가 나이가 많으면 '불원유, 유필유방'(不遠遊, 遊必有方) 해야 한다고 말합니다. '불원유'는 멀리 나가서 놀지 말라는 뜻이고, '유필유방'은 나가게 되면 반드시 가는 곳을 알려 줘야 한다는 뜻입니다. 꼭 부모 모시는 도리가 아니라도 사람 사는 게 그렇습니다. 어디 갈 때면 같이 있는 사람들에게 어디 간다 하고 가야겠죠. 특히 스님들처럼 대중생활을 하는 사람이 나갈 때 가는 곳을 알려 주지 않으면 참 여러 가지 문제가 생기고 번거롭게 됩니다. 그러니까 이건 대중생활의 기본적인 도리입니다.

사람이 자유로운 것도 좋은데, 그렇게 도깨비같이 살면 여러 사람 피곤하게 만드는 경우가 있죠. 사실은 저도 약간 나사가 빠졌다고 해야 할까요? 조직적인 일이나 이런 거에 둔해도 보통 둔한 게 아니에요. 그래서 제가 철학과 학과장을 할 때는 조교들이 고생을 많이 했죠. 교수가 하도 이것저것 까먹기가 일쑤라서. 한 번은 총장하고 약속을 하고도 까먹어서, 총장 무시하는 교수로 소문이 나기도 했는데, 이게 참 머리 구조가 뭔가 이상한 거예요. 고등학교 때 적성검사 같은 걸 하잖아요. 그런데 그때 담임 선생님이 적성검사표를 보고는 너 같은 애는 첨봤다고 그랬다니까요. 분야 별로 막대그래프가 죽 있는데, 경제 분야, 돈 계산하고 이런 능력 계통은 막대그래프가 아예 안 보이는 거예요. 보통은 들쭉날쭉 하면서 어중간하게 높고 낮고 한데, 너무 극단적이에요. 높은 계통은 꼭대기까지 가 있고, 없는 건 아예 안 보일 정도였어요. 그래서 내가 좀 그런 줄 알았지만 이렇게까지 심할 줄은 몰랐던 거죠. 그런데 전 그걸 굉장히 고맙게 생각합니다. 그때 그걸 보고 진로를 결정하는 데 큰 도움을 받았어요. 돈 벌고 하는 쪽, 조직생활 하는 쪽으로 가는 걸 아예 포기를 했습니다. 어지간해야지, 아예 발전 가능성이 없다고 나오니까요.

사람이 발전한다는 게 노력을 더하는 걸로 성과가 나는 게 아니더란 말이에요. 언제나 곱셈이에요. 노력은 자기 재능상수에다가 노력을 곱하는 겁니다. 참 무서운 이야기예요. 자기 재능상수를 모르면 0에 가까운 데다가 아무리 노력을 해서 곱해 봐도 0이 나오는 거예요. 그런데 상수가 큰 곳에다가 노력을 기울이면 조금만 던져도 성과가 크게 나와요. 이게 인생의 성패를 좌우합니다. 본인이 어떤 거를 좋아하면 자기가 그것에 재능이 있다고 착각을 하는 수가 있어요. 그러면 망하는 거죠. 조금만 더 하면 되겠지, 이런 생각을 하며 애를 쓰다 돌이키기 힘든 지경까지 갈 수도 있는데, 저는 아주 일찍이 그걸 발견한 거예요. 그래서 그 뒤에 쓸데없는 노력을 많이 줄였어요.

그래서 저는 학생들한테 MBTI 검사 같은 걸 받아 보라고 합니다. 100퍼센트 그것에 의존하지는 않지만, 자신을 어느 정도 알 수 있거든요. 너 자신을 알 수 있게 하는 모든 검사를 다 받아 보라고 합니다. 왜냐하면 사람 유형에 따라서 행동하는 방식이 그렇게 다르다는 걸 알게 되거든요. 주로 사유를 중시하느냐 감정을 중시하느냐, 즉흥적이냐 계획적이냐, 이런 가지가지 유형이 있거든요. 그래서 검사 한 번 받아 놓고 결과를 보면 재밌어요. 그리고 왜 저 사람은 저럴까

하던 것이 없어집니다. '아 저 사람은 저럴 수 있는 거구나' 하면서 타인에 대한 이해도 넓어집니다. 뭐 전적으로 의존할 필요도 없고, 사람 성격이 불변인 것도 아니긴 하죠. 그런데 저처럼 극단적이면 잘 안 변해요. 어쨌든 그 뒤로 저는 한 번도 회사에 취직할 생각을 안 했어요.

참된 세계를 발견하기 위한 단절

어디 갈 때는 알려 주고 가는 게 기본 도리라는 이야기를 하다가 여기까지 왔네요. 스님들 대중생활에서 꼭 지켜야 할 일이라는 거고요. 그런데 여기서 잠깐 딴 이야기 좀 해볼까요? 스님들이 출가를 했다는 것은 세속사를 떠나 깨달음을 위한 수행에 온몸을 바치겠다고 약속을 하는 것 아닌가요? 그런데 그렇게 약속하고 출가를 하시고서 왜 세속적인 일에 마음이 끌리시는지 그것도 참 모를 일이죠. 신라시대 학자인 고운 최치원 선생이 지은 시가 있다고 하죠. 이 시가 참 재미있습니다. '승호막도청산호/산호여하부출산/시간타일오종적/일입청산갱불환'(僧乎莫道靑山好/山好如何不出山/試看他日吾踪迹/一入靑山更不還). 번역은 이렇습니다. '스님들아 청산이 좋다고 하지 마라. 청산이 좋다면 왜 그렇게 자꾸 산 밖으로 나오냐. 옛날 사람 자취를 살펴보면 한 번 청산에 들어서 다시는 나오지 않았네', 뭐 이런 뜻인데요. 청산이라는 건 비유예요. 세속적인 일에 마음을 딱 끊으면 다시는 밖으로 안 나왔다는 말이에요.

이게 참 중요합니다. 어떤 때는 단절할 필요가 있어요. 서양에는 플라톤의 비유도 있어요. 동굴의 비유라는 게 유명하죠. 동굴이 있단 말이죠. 동굴이 있는데 사람들이 전부 동굴 벽을 보고 앉았어요. 그런데 이 벽에 밖에서 비치는 햇빛에 의해서 무언가의 그림자가 비친단 말이죠. 사람들이 그 그림자를 보고서 이 그림자의 세계가 진짜인 줄만 압니다. 사람들은 이 벽밖에 못 보는 거죠. 그런데 한 사람이 이건 아닌 거 같다고 하면서 밖으로 나갑니다. 밖으로 나가서 참된 세계를 발견해요. 그 사람이 다시 돌아와서 동굴에 있는 사람들에게 저기 밖에 정말 밝은 세계가 있다는 걸 알려준단 말이죠. 플라톤은 이걸 철학의 과정으로 설명했어요. 철학한다는 게 어떤 것이냐? 세속의 일반 사람들이 다 진리라고 믿던 거에 대해 의심을 일으키는 것이에요. 그게 진짜냐, 정말 진실이냐, 하고 의심을 일으키고 세상 사람과 전혀 다른 세계를 향해서 나가 본 거죠. 이게 철학자, 곧 철인이에요. 그들은 그렇게 다른 세상을 보고 나서, 돌아오지 않는 것이 아니라, 다시 알려 주려고 돌아옵니다.

스님들도 그런 거예요. 참된 세계를 발견하기 위한 어떤 단절이 필요하단 말이죠. 이게 출가예요. 플라톤의 비유처럼 한 번 떠나는 근본 단절을 통해서 다시 돌아오는 그 길을 밟는 것이 바로 출가다, 라고 할 수 있다는 거죠. 그런데 우리도 출가를 하는 거예요. 우리 현실적인 삶과 나의 근본적인 추구, 곧 참된 세계를 발견하는 것이 떨어져 있다면, 이거야말로 정말 세속적인 삶인 겁니다. 오히려 반성하지 않는 삶이라는 거죠. 이것을 이어 붙이는 것이 백봉 선생님께서 말씀하신 새말귀 수행인 거죠. 세상 밖으로 나가는 게 아니라 생활하는 바로 그 자리에서 출가를 하는 것이 새말귀란 말입니다. 이건 정말 우리 재가자들에게 일종의 복음이라고 할 수 있습니다. 이런 수행법을 통해서 나의 본질에 대한 추구와 현실적인 것이 연결될 수 있다는 것이야말로 정말 큰 '복된 소리'라는 말이지요. 복음이라고 하는 게 기독교의 전유물이 아닌 겁니다.

세속에서 삼가야 할 것들

이어서 그다음 구절을 볼까요? '약입속가'(若入俗家), '만일 속가에 내려가면'이란 뜻이죠. '절수'(切須)는 '간절하게 ~해야 한다'라는 뜻이고요. 뭘 해야 한다는 거죠? '견지정념'(堅持正念), '바른 생각을 굳건하게 지켜야 된다'는 거죠. 여기서 '속가'에는 두 가지 뜻이 있어요. 하나는 부모형제가 있는 곳을 속가라고 합니다. 인연을 끊고 출가를 한 것이지만, 그래도 부모형제가 남아 있는 곳을 말하지요. 또 하나는 절 밖에 있는 모든 세속을 속가라고 합니다. 이 두 가지 의미가 다 있는데 여기서는 세속적인 모든 곳을 표현한 말이겠지요. 그러니까 세속에 들어가면 어떻게 해야 하느냐에 대한 계율인 거죠. 간절하게 바른 생각을 굳게 지켜야 하고, 그다음 '견색문성, 유탕사심'(見色聞聲, 流蕩邪心)을 '신물'(愼勿)해야 한다고 나오죠. '신물'은 삼가서 하지 말아야 한다는 말이고, '견색문성'은 빛깔을 보고 소리를 듣는다는 말입니다. '유탕사심'은 '사심', 곧 삿된 마음이 요동을 친다는 말이겠지요. 그러니까 빛깔을 보고 소리를 들어서 사심이 요동치지 않도록 해야 한다는 말이겠지요.

우리의 감각기관 중에 가장 큰 영향을 미치는 것 두 가지를 들고 있죠. 눈과 귀. 사실 가장 빠르고 인간 감각에서 제일 많은 부분을 차지하는 게 눈입니다. 그다음이 귀일 거고요. 제일 보수적인 것은 미각인 것 같아요. 눈은 참 간사

하죠. 처음에 이상하게 보이던 것도 몇 번만 보면 익숙해지고 좋아 보여요. 그런데 미각은 그렇지가 않아요. 나이를 먹어도 어릴 때 먹던 맛을 찾아요. 그래서 원조라는 게 존중받는 분야는 미각밖에 없는 듯해요. 눈으로 보는 것 중에 원조가 있나요? 시각적인 이미지는 유행이 빨리 변하죠. 그다음에 소리, 곧 귀의 감각은 또 가진 특징이 있어요. 소리는 관하기가 좋아요. 시각은 너무 빨라서 관하기가 어렵습니다. 눈으로 확 들어온 것에 대해 반성이 잘 안 되죠. 그런데 소리는요, 듣고 음미할 수가 있어요. 염불수행이 가능한 게 소리의 특징이죠. 여하튼 색(色)과 성(聲), 그것을 받아들이는 눈과 귀가 감각기관 중에서 가장 발전한 거라서 여기서는 이 두 가지를 들어서 이야기를 하고 있어요. 하지만 모든 감각기관을 다 이야기한 것이라고 보는 것이 맞을 것 같아요.

이런 외부의 감각에 삿된 마음이 흐르고 요동치게 해서는 안 된다는 겁니다. 우린 항상 어떤 경계에 끌립니다. 안 끌린다는 말은 순 거짓말이에요. 보면 끌리는데, 그 경계를 대할 때 두 가지 수행법이 있어요. 첫번째는 정(定)의 수행입니다. 삼매, 사마타 수행이 그렇죠. 모든 경계를 다 차단합니다. 그래서 깊은 삼매에 들면 바로 옆에 벼락이 떨어져도 몰라요. 이게 삼매예요. 그런데 불교 수행에는 그것 말고 다른 수행이 있어요. 사티, 곧 알아차림의 수행이 그것입니다. 사티를 통해서 정(定)을 이루는 게 불교 수행입니다. 사티가 없으면 불교가 아니에요. 삼매 수행은 부처님 이전에 최고 경지까지 완성되었다는 것을 인정해야 합니다. 알라라칼라마와 웃타카라마풋타 같은 삼매 수행자들이 비상비비상처(非想非非想處)라든지 궁극의 삼매의 경지에 도달했고, 부처님은 그들이 이룬 삼매 수행의 궁극 경지까지 다 체험을 하신 거예요. 그런데 부처님은 그걸 떠나오셨어요. 거기에 안주하지 않으신 거죠. 왜일까요? 살아가면서도 행복한 것이 바로 불교의 정신이기 때문입니다. 이것이 바로 불교가 불교인 이유입니다.

삼매 속에서만 행복한 것이 아니라, 현실적인 삶 속에서도 행복해야 한다는 것이 불교가 불교인 이유인데, 그렇다면 불자라는 사람들은 이걸 고양시키는 일을 가장 우선해야겠죠. 불자라고 하면서 부처님이 떠나온 지점에 머물러 있어서는 안 된다는 겁니다. 알아차림, 사티 수행을 해야 하는 거죠. 앞서 말했듯이, 요가 수행이나 정의 수행이 깊어지면 정말 웬만한 일에는 흔들리지 않게 됩니다. 그런데 알아차림이 없으면 바로 거기서 또 다시 생각과 감각에 끌려가 버립니다. 그런데 다시 알아차리는 순간에 끌려가지 않아요.

새말귀 수행에서는 '모습을 잘 굴리자'라고 하는데, 이렇게 알아차리지 못하면 모습을 굴릴 수가 없어요. 이게 가장 기본입니다.

그런데 이렇게 알아차리지 못하면 성색에 끌려들어가고 '사심'이 '유탕'하는 겁니다. 그다음 구절에서 '우황'(又況)은 '하물며 또 어떻게 되겠느냐'라고, 뒤에 있는 것이 더 심각한 문제라고 표현하고 있는 거죠. 앞의 것도 문제인데 하물며 '피금희소, 난설잡사'(披襟戲笑, 亂說雜事) 해서 되겠느냐, 라는 뜻입니다. '피금'에서 '금'은 옷의 앞자락을 말하고요. '피'는 열어젖혔다는 말이죠. 그러니까 옷매무새를 흐트리고 있는 것을 '피금'이라고 합니다. 그다음 '희소'는 장난치고 웃고 한다는 말이죠. '난설잡사'는 혼란스럽게 잡된 일을 이야기하는 거고요. 이런 것들은 차마 해서는 안 된다는 말이고요.

'비시주식'(非時酒食)은 때가 아닌 술과 밥을 먹고 마신다는다는 뜻인데, 스님들이 술을 드시면 안 되지만, 약으로 먹는 경우는 있다고 해요. 그런데 이렇게 때가 아닌데 술을 먹고, 때에 맞지 않는 밥을 먹고 한다는 이야기이고요. '망작무애지행'(妄作無碍之行), '망령되게 무애지행을 해서도 안 된다'는 말이죠. 여기서 '무애행'은 걸림 없는 행을 일으킨다는 뜻이고요. '심괴불계'(深乖佛戒)는 깊이 부처님 계율이 어그러진다는 말이지요. 처음의 '우황'이 여기까지 걸려서, 하물며 이렇게 해서 되겠느냐고 경계하는 이야기를 하는 거죠.

망령되이 무애지행을 하지 말라

'무애지행' 이야기가 나와서 말인데, 저는 무애지행, 곧 걸림 없는 행을 한다고 하는 스님들 보면 큰일이라고 생각을 합니다. 무애지행은 함부로 하는 게 아닙니다. 계율을 지켜야 하는 스님들이 함부로 무애행 소리를 떠드는 것은 죄가 될 소리입니다. 스님은 스님답게 살아야 합니다. 무애행이란 건 스님들한테 맞지 않는 소리예요. 무애행을 할 거면 왜 스님이 되어서 옷과 먹을 것을 받느냐는 겁니다. 앞서 너무 계율에 얽매이는 것을 계금취라고 해서 경계해야 한다고 말씀을 드렸지만, 또 한편으로 함부로 계율을 어기면 안 되는데, 이렇게 계율을 어기면서 무애행을 하고 있다고 하는 것이 우리나라가 특히 심합니다.

한번은 불교 잡지에 글이 하나 실려서 한바탕 난리가 났었던 적이 있는데요. 어떤 학자가 우리나라 스님들이 계율을 잘 안 지키고 하는 중요한 이유가 경허 스님에 있다고 써서 난리가 났었는데요. 사실 저도 좀 그런 생각을 합니다. 잘 소급해 보면 그 탓이 아주 없다고는 못해요. 경허 스님 행적을 아시죠? 경허 스님의 일화를 보면 술 마신 거, 여자 희롱한 거, 이런 것이 수도 없이 많습니다. 그렇다고 우리가 경허 스님에 대해서 우리 수준에서 함부로 평가할 건 아니에요.

그런데 그 뒤에 그 본을 딴 스님들이 많아졌다는 것이 문제입니다. 마치 그것이 도인의 기본적인 행태인 것처럼 착각하는 스님들이 많아졌습니다. 경허 스님은 한국 불교의 정말 큰 별이거든요. 그분의 일을 놓고 우리 깜냥으로 모조리 예단해서도 안 되지만, 경허 스님이 하던 것을 마치 자기가 해도 되는 것처럼 착각한 스님들이 많다는 것은 문제입니다. '술독에 거꾸로 빠져도 정신만 차리면 된다'고요? 그럴 깜냥도 안 되면서 그래선 안 된다는 거죠. 그래서 무애행이라는 건 정말 함부로 하는 거 아니에요. 계율은 우리 삶을 이끌어 가는 원리입니다. 계율이 없다는 것은 그 원리가 없다는 거예요. 구체적인 현실에서 자기 행동을 단속하지 않는 종교인은 종교인이 아니에요. 그런 사람이 어떻게 종교인이 될 수 있겠어요. 무애행이 말이 안 되는 것이, 행동거지가 어지러워지면 마음이 어지러워져요. 밖으로 업을 지으면서 그 업의 결과는 안 받겠다는 것은 정말 턱도 없는 소리거든요. 업은 무섭습니다.

사실 한국 스님들이 일반적으로 계율을 무시하게 된 것이 현실입니다. 그런데 스님들이 계율을 안 지키면 안 돼요. 그런데 또 한편으로는 계율을 지킬 수 있도록 바꾸는 일도 이루어져야 합니다. 지금 계율을 보면 정말로 지킬 수 없는 계율이 너무 많아요. 계율은 꼭 지키도록 하거나 아니면 오늘의 실정에 맞게 바꿀 수 있도록 고승들이 대회를 열거나 하면 좋겠어요.

하나 예를 들자면 스님들은 앉아서 소변을 보게 되어 있어요. 이건 남자 스님이고 여자 스님이고 마찬가지입니다. 서서 소변을 보면 안 됩니다. 부처님의 선견지명인지 요즘은 가정에서도 가능하면 앉아서 소변을 보는 것이 많이 이야기되고 있던데, 어쨌든 남자 스님들이 앉아서 소변을 보는 건 잘 안 지켜지거든요. 이렇게 되면 율이 어그러집니다. 그런데 그렇게 예전에 규정된 세세한 걸 일일이 다 지키라고 하면, 스님들 못살아요. 그래서 청규를 통해 계율을 개차해야 한다는 겁니다. 그렇다고 개차를 스님 개개인의 주관에 맡겨 버리면 그것도 곤란합니다. 그럼 엉망이 되겠지요.

그런데 보조 스님도 '망작무애지행'(妄作無碍之行), 망령되게 무애지행을 하지 말라고 하신 걸 보면, 그 당시에도 스님들이 그런 짓들을 꽤 하지 않았나 싶습니다. 당시에도 '걸림이 없다'(無碍)는 핑계로 괜히 계율을 어기는 짓을 하면서 이걸 무애행이라고 핑계를 댄 스님들이 있었던 모양이에요. 보통 무애행이라고 하면 원효대사가 떠오르는데요. 원효대사는 전혀 다른 겁니다. 원효대사는 파계하고 나선 승적을 반납했어요. 요석공주하고 파계하고서는 스스로를 스님이라고 하지 않고 '소성거사'라고 했습니다. 파계하고서도 스님이라고 하니까 문제인데, 원효 스님은 그렇게 하지 않았다는 거죠. 바라이죄(승단을 떠나야 할 정도의 중한 죄)를 짓고도 뻔뻔하게 계속 스님이라고 하니까 문제인 겁니다.

사실 저는 계속 말씀드리지만 죄에 대해서 좀 열려 있습니다. 살림하면서 세속적인 일들, 종교적인 의례들을 담당하는 스님을 허용해야 한다고 주장하고 있는데요. 지금 불교종단이 비구 트랙만 둬서는 유지가 안 됩니다. 지금 인구 감소가 큰 문제고 아들딸 하나도 낳기가 어려운데, 스님 만들어라 이러는 것도 말이 안 되고요. 그래서 저는 두 개의 경로를 열어 둬야 한다고 봅니다. 비구로 수행에 전념하실 분들은 그렇게 하고, 세속적인 삶을 살아가면서도 직업의식을 가지고 종교인의 삶을 살 수 있는 길도 열어 줘야 한다고 봅니다. 앞으로 종교인이야말로 가장 각광받는 직업이 될지도 모릅니다. 다른 일들은 인공지능이 다 할 수 있어도, 종교적인 일은 그나마 어렵지 않을까 싶은데요. 그런데 우리 사회는 환속한 스님들을 사람으로 잘 안 보는 경향이 있어요. 그런데 환속해서도 종교인으로 잘 살 수 있는 길을 열어 줘야 합니다. 태국이 그렇습니다. 스님이 될 때는 온 가족이 다 축복을 하고 그러는데, 또 환속을 하면 계를 반납하고 세속에 나와 살아갑니다. 오히려 스님 경력이 큰 도움이 되고요. 스님했던 것을 존중해 주는 거죠.

이야기가 좀 샜는데, 이렇게 다른 길을 열어 주더라도, 수행을 한다는 사람들에게 계율은 굉장히 중요한 문제라는 이야기입니다. 다시 한 번 강조하지만 삶의 모습이 바뀌는 건 계율을 통해서입니다. 그래서 살아가는 데 계율을 가지는 것이 좋습니다. 불자라면 부처님 가르침을 반추하고 내 삶을 돌아보면서 건강한 삶을 가지기 위해서 필요한 원칙, 이것만은 꼭 지키겠다는 계율을 스스로 세우는 것이 필요하다고 봅니다. 적어도 남에게 피해를 주거나 자기 삶을 흐트려서 번뇌를 증장시키는 방향으로 작용하는 것은 계율을 통해 줄여야 된단 말이죠. 재가자들이나 같은 시대를 살아가는 사람들이 이렇게 자기 나름의 계율을 정할 수 있도록 스님들이나 선지식들이 많이 도와야 한다고 생각을 합니다.

어진 사람들의 평가

그다음을 볼까요. '우처현선인혐의지간'(又處賢善人嫌疑之間) 에서 '우'는 '또'라는 뜻이고 '처'는 '머무른다'는 뜻이죠. 어디 에 머무르는가? '현선인혐의지간' 그러니까 현명하고 착한 사람들이 의심하는 사이에 머무른다는 말입니다. '기위유지 혜인야'는 '그런 사람을 어찌 지혜롭다고 할 수 있겠는가?' 라는 뜻이죠. 사람은 늘 자기 혼자 올바르다 해서는 안 되고, 내 기준만 옳다고 해서도 안 됩니다. 내가 옳다고 생각하더 라도, 현명하고 착한 사람들이 옳다 그르다고 하는 평가를 중시해야 합니다. 현명하고 착한 사람들이 꺼리고 의심하는 일이나 사람 사이에는 머무르면 안 됩니다. 이것도 살아가 는 데 아주 기본이 되는 이야기라고 봅니다. 다른 사람의 평 가에 얽매이는 것은 문제지만, 그 평가가 나의 행실을 재는 중요한 잣대가 된다는 것은 알고 있어야 합니다.

역시 여러 번 하는 이야기지만, 사람은 자신을 아무리 들여다봐도 스스로를 잘 모릅니다. 그런데 내 주변에 어떤 사람이 있는가를 보면 나를 알 수가 있다는 거죠. 주변에 전 부 도둑놈밖에 없으면 자기도 도둑놈인 겁니다. 그런 사람 들은 지혜로운 사람이 아니라는 거죠. 훌륭한 사람이 되고 싶으면 훌륭한 사람들 사이에 끼면 됩니다. 『논어』에도 비슷한 이야기가 있죠. '택불처인 언득지'(擇不處仁 焉得知)라고 '어진 곳에 머물지 않으면 어찌 지혜롭다 하겠느냐'라는 뜻이죠. 이중환이 쓴 『택지리』(擇里志)라는 책도 『논어』의 이 구절에서 따온 겁니다.

어진 곳에 머물러야 하는데, 하물며 어진 사람들이 혐의를 두는 곳에 머물러서는 안 된다는 이야기를 하고 있습니다. 이렇게 자기 혼자 올바를 수 없다는 거, 이것도 연기입니다. 나는 내 주변과 연기적인 존재이기 때문에 나 혼자 착하다고 되는 일이 아닙니다. 그래서 이렇게 시간을 내서 강의를 듣고 책을 읽고 하시는 분들이 대단한 겁니다. 무언가 지향이 다른 거죠. 제가 '향상일로'라는 말을 좋아한다고 말씀드렸죠. 그 향상심을 가진 분들이라는 겁니다. 부처가 되는 길을 걷고 계신 분들인 거죠. 향상심을 놓는 순간 사람은 죽는 일밖에 남은 게 없는 겁니다. 그런데 이렇게 강의를 들으러 오시고, 책을 읽는 분들을 만날 수 있는 자리에 있을 수 있다는 것은 저에게도 참 좋은 일이라고 생각합니다.

9장

선방에 머무를 때

⑨

住社堂, 愼沙彌同行, 愼人事往還,
주 사 당　신 사 미 동 행　신 인 사 왕 환

愼見他好惡, 愼貪求文字, 愼睡眠過度,
신 견 타 호 오　신 탐 구 문 자　신 수 면 과 도

愼散亂攀緣.
신 산 란 반 연

공부하는 처소에 머물 때는 사미(沙彌)와 함께 어울리는 일을 삼가며, 인사치례로 (쓸
데없이) 오가는 일을 삼가며, 다른 이의 좋고 나쁨을 드러내지 말며, 글을 읽어 지식을
얻는 것을 탐내서 구하는 것을 삼가며, 잠을 자는 것이 지나치지 않도록 하며, 마음이
흐트러져 인연 경계에 끄달리는 것을 삼가야 한다.

선방에서의 인간관계

'주사당'(住社堂)은 '사당에 머물 때'라는 말인데, 여기서 '사'(社) 자를 썼죠. 아마 옛날에 송광사를 '수선사'(修禪社)라고 했는데, 거기서 온 것 같아요. 그래서 사당은 수선사에 머무르던 방을 말하는 것 같습니다. 선방 정도로 봐도 무방하겠지요. 사당에 머물 때는 '신사미동행'(愼沙彌同行), 즉 '사미와 함께 가는 것을 삼가라'라는 말입니다. 여기서 '신'은 '삼가다'라는 뜻으로 계속 나오고 있죠.

사미는 비구가 되기 전에 사미계를 받은 사람을 말하죠. 사미는 보통 20살까지의 남자를 말하고 사미계를 받은 여자 수행자는 사미니라고 부릅니다. 그다음에 구족계를 받아서 비구, 비구니가 되는 거죠. 사미는 아직 타오르지 않은 젖은 나뭇잎과 같다는 말이 있습니다. 여기서 사미와 함께 다니는 것을 삼가라고 하는 것은 두 가지 의미가 있습니다. 첫째는 사미와 동행을 하면 해야 할 일을 사미에게 다 시킬 수가 있습니다. 더 어린 사람이니까 그렇게 하는데, 그렇게 자기가 할 것을 사미한테 미루고 시키면 자기 버릇도 나빠지고 사미 버릇도 나빠집니다. 어린 사람이 쓸데없이 존장하고 함부로 다니는 게 아니거든요. 또 하나는 젊은 사미랑 다니는 것이 동성애 혐의가 있다는 점입니다. 이런 이유 때문에 사미하고 함께 다니지 말라는 겁니다. 그래서 삼가라는 말이 있는 거고요.

그다음을 보면, 계속 '신'(愼)하라는 말이 이어지죠. 모두 '삼가라'라는 말입니다. '신인사왕환'(愼人事往還), '인사로 가고 오는 것을 삼가라'. 괜히 인사치레한다고 갔다왔다하지 말라는 거예요. 선하는 사람들은 아주 담박해야 합니다. 때마다 인사차리고 이래서는 안 된다는 거죠. 그런데 또 아예 인사를 안 차리면, 그건 또 '인사불성'(人事不省)이에요. '인사불성'이 될 정도까지 가면 안 되겠지요? 선을 공부하는 사람들은 자기 공부 잘 해나가면 다 용서가 되는 거지, 왜 인사를 안 차리냐, 이런 식으로 합리화시켜서도 안 될 것 같습니다.

사람을 판단한다는 것

또 뭘 삼가라고 나왔죠? '신견타호오'(愼見他好惡). 다른 사람의 좋고 싫은 것을 가능하면 평가하지 말라는 겁니다. '좋은 점, 나쁜 점'이라고 하면 '호악'이라고 읽어도 될 텐데, 보통은 '호오'라고 읽습니다. 자기도 수행하느라 바쁜데 무슨 남을 평가하냔 말이죠. 참 남 평가하기 좋아하는 것도 병이죠.

『논어』에도 에피소드가 있습니다. 자공이라는 공자 제자가 사람들을 비교평가하고 있었어요. 그러니까 공자가 "자공은 참 현명한가보다. 나는 그럴 겨를이 없다"라고 하신 겁니다. 이건 제자한테 내린 큰 꾸지람이에요.

물론 바른 눈을 뜨고 사람을 바르게 판단을 해야 돼요. 사람에 속아서도 안 되는 거죠. 그런데 사람에 속는 건 사실 자기가 자기를 속이는 거예요. 왜냐하면 자기 욕심이 있어서 속기 때문입니다. 그래서 저한테 돈 가지고 사기 치기는 힘들 거라고 생각을 해요. 돈 벌 일이 나한테까지 올 일이 없다는 걸 잘 알거든요. 제가 돈 버는 재주가 정말 없는데 나한테까지 온다는 건 사기다, 라고 생각하고 있습니다. 그래서 저한테 돈 벌게 해주겠다면서 사기 치는 것은 통할 수가 없습니다. 만약 돈 욕심이 꽉 차 있는 사람이라면 그것으로 쉽게 속일 수 있겠지요. 그래서 사기를 당하는 겁니다.

그래서 어떤 사람들은 보면 바로 '아! 저 사람 참 이상하구나' 하고 생각하게 하는 사람들이 있죠. 예전에 운동권에서 잘나가고 추종자도 많은 사람이 있었는데, 제가 아는 젊은이들도 거기를 좀 다니더라고요. 그런데 한눈에 봐도 아니다 싶어서 그 젊은이들을 조심스럽게 불러서 저 사람한테 가지 말라고 이야기한 적이 있어요. 그러고는 얼마 있다가 미국을 1년 다녀왔는데, 돌아와서 그 친구들에게 혹시 아직 그 사람한테 다니냐고 물었더니 아니라고 하더라고요. 자기들도 처음에는 몰랐는데 금세 바닥이 드러나더라는 겁니다.

제가 그 사람을 어떻게 판단을 하게 되었냐 하면, 한번은 불러서 학생들에게 강의를 하도록 했었거든요. 강의는 참 재미있게는 하는데, 강의에서 자기는 키가 큰 사람은 반환경적이라서 학점을 안 좋게 준다는 둥, 키스를 시켜 본다는 둥 이런 농담을 하는 겁니다. 그때만 해도 그런 농담에 사람들은 좋아하고 그랬는데, 전 바로 화가 치밀더라고요. 절대 안 되는 선이 있는 거예요. 교수가 재미로 저런 소리를 한다는 것은 용납이 안 되는 것이죠. 강의하고 성적 평가하고 하는 일들은 굉장히 엄격한 일입니다. 교수가 평생을 서약하고 하는 일인데, 그런 이야기를 함부로 한다는 건 제대로 된 사람이 아닌 거라고 보면 되겠지요. 그런 걸 대종이 틀렸다고 합니다. 대종은 아주 큰 마루인데, 그게 틀려 버리면 아무것도 안 돼요. 그런 건 평가하고 할 것도 없이 그냥 보이는 거죠. 그런데 일부러 남의 일을 열심히 보고 논하고 하는 것은 정말로 할 일 없는 사람들이나 할 일이라는 말입니다.

선종, 한 번 뛰어 부처의 땅에 들어가다

그다음 '신탐구문자'(愼貪求文字)라는 구절이 나옵니다. 문자를 탐내서 추구하지 말라는 겁니다. 여기서 '탐구'라는 것은 우리가 보통 말하는 '탐구'(探究)한다는 뜻이 아니라 '탐낼 탐'(貪) 자를 써서 문자를 추구하는 데 탐을 낸다는 말입니다. 지금 보조 스님이 서 있는 곳은 '불립문자'(不立文字)의 선문(禪門)이거든요. 선문에서 문자를 탐내서 구하는 건 쓸데없는 짓이죠. 그런데 저는 또 함부로 '불립문자'해서는 안 된다고 생각을 합니다. 제가 늘 경계를 해야 한다고 말씀을 드리는데요. 선종이 선종으로 서는 데도 그 바탕이 되는 것이 있는 겁니다. 물론 문자 필요 없이 일초직입여래지(一超直入如來地), 한 번 뛰어 곧바로 부처 땅에 들어간다는 말이죠, 이렇게 할 수 있는 기틀이 선종에는 있습니다. 돼지 잡던 백정이 돼지 잡던 칼 그대로 놓고 바로 견성성불한다는 것이 선종의 종지예요. 여기에는 문자가 장애가 될 수 있다는 생각이 놓여 있습니다. 지식을 통한 깨달음 같은 것이 잣대가 되면 지식을 많이 쌓지 못한 사람은 성불할 길이 없어요. 지식 쌓고 쌓아야 깨달을 수 있다고 하면 대중들은 부처 될 길이 막혀 버리는 거죠. 선종이 바로 이것을 확 열어젖힌 거예요.

모든 사람이 다 성불할 수 있다는 불립문자, 일초직입여래지의 문을 열었습니다. 불교 안에서 차등을 두던 모든 것을 무너트려 버렸어요.

사람을 줄 세우기 하는 건 정말 좋지 않습니다. 종교에서 줄 세우기를 하는 건 특히 안 될 일이죠. 종교는 기본적으로 줄 세우기를 무너트리는 것입니다. 남녀의 줄 세우기, 신분의 줄 세우기, 유식무식의 줄 세우기, 이런 줄 세우기를 모두 무너트리고 곧바로 우리 모두가 부처 되는 길에 함께 참여할 수 있다는 게 불교예요. 그런데 은근히 종교가 세속화되면서 줄 세우기를 시작합니다. 유무식, 사회적 신분 이런 것들로 줄 세우기를 하는 거죠. 불교에서도 사회적으로 신분 높은 사람들은 전생에 훌륭한 업을 닦은 사람이라 근기도 훌륭하다, 이렇게 되는 거예요. 그래서 신분질서를 불교가 옹호하게 되는 지경이 되는 거죠. 그래서 출가자와 재가자를 줄 세우기하기도 합니다. 우리 불교의 아주 나쁜 병폐가 '사람 위에 스님 있다'예요. 특히 줄 세우기를 한 번에 때려 부순 선종에서 그건 말도 안 되는 거예요.

'문자를 탐내서 추구해서는 안 된다'는 이야기가 멀리까지 왔는데요. '불립문자'를 이야기하는 선종이지만, 사실 그 선종이 등장하기까지 지적인 토대가 엄청나게 쌓여 왔기 때문에 선종이 나올 수 있었던 거죠. 전승에는 부처님으로부터 마음이 전해 왔다고 하죠. 그것도 일리가 있는 이야기이지만, 사실 선종이 나오기까지 지식적인 토대가 엄청나게 쌓였다는 것을 알아야 합니다. 선종이 나오기 직전에는 화엄과 천태의 교학의 지식이 꼭대기까지 차오릅니다. 그렇게 되면서 오히려 지식이 장애가 된다는 걸 절감을 하고, 그걸 한 번에 때려부수는 선종이 득세를 하게 되는 거예요. 그런 배경을 알고 선종을 해야 합니다. 문자를 탐해서 구하면 안 되지만, 또 무식한 상태로 되는대로 참선을 하면 그거처럼 병 되는 일이 없다는 것도 알아야 합니다. '지구는 둥그니까 자꾸 걸어나가면' 어떻게 됩니까. 부산에서 남쪽으로 가도 죽어라 가면 서울 올 수가 있겠죠. 지구를 한 바퀴 돌 정도로 걸으면. 그런데 가다가 빠져 죽겠죠. 그래서 길을 바르게 아는 게 중요하단 말입니다.

올바른 지식의 중요성

그래서 우리가 선지식이 중요하다고 하는데, 선지식이 왜 중요할까요? 자기가 혼자 깨달아서 부처 될 수 있는데 스승이고, 선지식이 왜 필요하겠어요? 그런데 중요하다는 거지요. 그리고 문자가 어떤 때는 스승 역할을 하거든요. 그래서 보조 스님도 정혜쌍수라고 하죠. 보조 스님 이전에는 교관 겸수해야 한다고 했고요. 의천 스님은 지목행족(智目行足)이라는 말씀도 하셨죠. 참선을 하거나 관을 하는 것은 '행족', 즉 걸어가는 발이요. 교를 배우는 것은 '지목', 지혜의 눈이라는 것이죠. 눈을 제대로 뜨고 바로 목표를 확인하지 않으면 엉뚱한 데로 간다는 겁니다. 그래서 올바른 지견을 가지고 수행하지 않으면 수행을 엉뚱하게 하게 되는 겁니다. 고생은 고생대로 하고 잘못하면 삿된 길로 빠지기도 합니다. 그래서 선지식이 있어야 되고, 눈 밝은 사람이 옆에 있어야 되고, 스승이 있어야 되는 겁니다. 정말 어떤 때는 불경을 열심히 읽어서 눈을 틔워야 됩니다.

다른 것보다 지혜의 눈이 없으면 정말 안 해도 될 고생을 엄청나게 합니다. 많은 경우 선 수행을 한다고 화두를 드는 순간 없던 번뇌가 끓어 오릅니다. 그럼 그 번뇌를 없애겠다고 번뇌하고 씨름을 합니다. 그런데 번뇌를 끊어야지 하는 그 순간에 그게 또 번뇌가 돼요. 그 번뇌를 인정하고서 그 번뇌를 끊어 낼 수가 없는 겁니다. 번뇌를 인정하지 않아야 번뇌를 끊을 수 있는데 지견이 나지 않으면, 그게 안 되는 겁니다. 그럼 번뇌에 얽혀서 죽어도 못 끊는 거죠. 그런데 바른 견해를 가지고 있으면 번뇌의 뿌리가 없다는 것, 구름처럼 덧없이 일어났다가 스러졌다 하는 것이 번뇌라서 거기에 뿌리라고 할 것이 없다는 것을 안다는 거죠. 씨름하면 영원히 못 이긴다는 것을 아는 거예요.

사실 선 수행을 한다고 화두를 드는 순간 번뇌가 더 끓는 건 당연한 일입니다. 우리 생각은 지금 거센 강물처럼 흘러가고 있어요. 거센 강물처럼 흐르고 있는데 우리가 함께 떠내려가니까 그렇게 흐르고 있다는 걸 모릅니다. 버스 안에 있으면 버스 속도를 모르는 거랑 똑같아요. 그런데 화두를 든다는 건 물속에서 우뚝 선 거라고 할 수 있어요. 그렇게 우뚝 서면 그동안 못 느끼던 흐름이 다 와서 내게 부딪치게 됩니다. 그런데 그 흐름과 싸우려고 생각하면 안 돼요. 서 있다 보면 차츰차츰 흐름이 줄어요. 그렇게 자연히 번뇌가 줄어야지, 이 번뇌하고 씨름하면서 새로운 번뇌까지 겹치기로 만들면 영원히 못 이기게 되는 겁니다.

정말 그래서 지견을 제대로 세우지 못해서 이상해지는 사례를 몇 번이나 보게 됩니다. 제가 대학생 때도 그런 일이 있었는데요. 송광사에 수련대회를 갔을 때 이야기입니다. 당시 송광사 방장이시던 구산 스님이 마음 도둑맞으면 안 된다는 말씀을 하셨죠. 여섯 감각기관이 마음을 도둑질해 간다고, 소리가 마음을 도둑질해 가고 눈이 도둑질해 가고 한다는 말씀을 하셨죠. 좋은 말씀입니다. 그런데 제 어떤 후배가 이 도둑하고 싸우겠다고 참선을 죽어라고 하는 겁니다. 그런데 이놈의 소리가 자꾸 내 마음을 훔쳐가는 거죠. 그래서 미치겠는 겁니다. 그러던 어느 날 밤에 혼자서 송광사 방구석에서 참선하다가 그 친구가 "으아아아악" 하고 찢어지는 비명을 질렀단 말이죠. 그래서 그 방을 열고 들어가서 왜 그러냐고 물었더니, "도둑이야, 도둑이야" 하는 겁니다. "물소리 도둑, 바람소리 도둑, 다 도둑이다!", 이러고 있어요. 그걸 보니 딱 감이 잡히더라고요. 그래서 후려갈겼어요. 어깨죽지를 후려갈기면서 "이놈의 자식, 공부를 그따위로 하고 자빠졌냐!"고 혼을 냈죠. 아니 도둑을 실체로 인정하고서 그걸 어떻게 몰아낼 수 있겠냐고, 자기가 할 일을 하다 보면 자연히 물러가는 걸, '저 소리를 안 들어야지' 하는 순간에 내가 그 소리에 벌써 얽혀 있는데 어떻게 그 소리를 안 들을 수 있냐고, 바보 같은 놈이 공부를 해도 거꾸로 한다고 한 대를 더 후려갈겼어요. 그때는 성질이 있어서 잘 때리기도 하고 그랬어요. 그때 생각해 보니 그 친구 눈이 반은 돌아갔더라고요. 악이 치밀고 열기가 치미니까요. 이렇게 잘못 공부하면 미치는 지경에 이르는 사람들이 생깁니다. 정

지견 하나 있고 없고가 그런 차이를 낳는다는 말입니다.

　그러니까 '탐구문자' 하지 말라는 말도 새기고 있어야 하지만, 문자를 억지로 무시해서도 안 됩니다. 우리가 지견을 갖는 건 문자를 통해서도 될 수가 있고, 스승의 가르침을 통해서도 할 수 있는 것이기 때문에 문자를 일부러 멀리할 필요는 없는 겁니다. 선 수행에도 정말 지식이 필요해요. 건강한 지식이 정말 필요합니다. 옛날 선가에서 스승이 설법을 해주고 계속 불러다가 올바른 길로 가도록 체크하고 했습니다. 그런데 또 선가가 지식을 무시하고 무식한 채로 달려드는 경우도 있죠. 무식이 무슨 용기인 줄 알고 자랑하고 그러면 안 됩니다. 큰일나요. 학승이신 지관 스님이 용기 있게 한 말씀 하셨었죠. '선불교, 그거 잘하면 공갈불교된다', 이렇게 말씀을 하셨어요. 잘 알지도 못하고 소리나 빽빽 지르고, 몽둥이질이나 하고 그러면 딱 공갈불교가 되는 겁니다. 공갈불교가 참 많습니다. 자기도 모르고 남도 모를 소리만 해대면서, 정말 정면으로 달려들면 대답도 못하는 스승들이 많아요. 그건 정말 조심해야 합니다. 그래서 참 지관 스님께서 그 말씀 하셨을 때 정말 용기 있는 분이라고 생각을 했습니다. 한국 불교에서 선불교가 중심인데도 그런 말씀을 하셨었죠. 그러나 역시 지식을 그 자체로 추구하거나, 쓸데없는 지식에 매달리는 건 수행에 엄청난 장애가 되니까, 탐구문자를 삼가야 한다고 이야기하고 있는 것입니다.

잡념이 많으면 잠이 많다

그다음 '신수면과도'(愼睡眠過度)가 나오죠. '수면'은 우리가 잘 아는 그 '수면', 잠을 말하고요. '과도'도 우리가 잘 쓰는 말로, '법도를 넘는다', '정도를 넘는다'라는 뜻입니다. 해석이 쉽죠. 수면이 정도를 넘는 것을 삼간다는 말이죠. 잠이 쓸데 없이 많은 거 이거 정말 문제예요. 잠이 왜 많을까요? 생각이 많으면 잠도 많다고 합니다. 잡념이 많은 만큼 잠도 많이 잔다고 해요. 제가 예전에 읽었던 책 중에 『달마역근경』이라는 책이 있었는데요. 달마대사가 쓴 책이라고 하는데, 근육을 바꾸고 몸을 바꾸는 경전으로, 무술 하는 사람들이 아주 중시하는 경전이 있습니다. 달마 스님이 소림 무술을 창시 했다고 하니까요. 그런데 『달마역근경』도 하도 여러 판본이 있어서 위조된 작품이라는 것이 통설이죠. 어쨌든 제가 봤던 『달마역근경』의 거의 마지막 구절에 다음과 같은 말이 있었습니다. '복중식소(腹中食少)하고 심중사소(心中思少)하면 자연수소(自然睡少)하게 된다'라는 말인데요. 뱃속에 먹은 것이 적고 마음에 생각이 적으면, 자연히 수면이 적어진다는 뜻입니다. 우리는 뱃속에 먹은 게 많고 마음속에 생각이 많고 해서 자연히 수면이 많아지는 게지요.

그러니까 '수면과도'를 삼간다는 말은 수면 자체에 대한 이야기이기도 하지만 평상시에 수면이 많지 않은 생활로 가야 한다는 말입니다. 수행 공부를 해서 마음이 맑아지면 수면이 준다고 하죠. 수면에서 또 중요한 게 마음속에 갈등이 많으면 잠을 자면서도 꿈을 많이 꾼다는 겁니다. 『장자』(莊子)라는 책에 보면 '진인은 잠을 잘 때 꿈을 꾸지 않는다'(古之眞人其寢不夢)고 그랬어요. 그런데 진인 아닌 보통 사람은 꿈이 없으면 죽습니다. 꿈을 통해서 낮에 겪었던 갈등을 처리를 하죠. 그래서, 잘 꾸는 꿈은 자기 반성의 방법이 될 수도 있어요. 꿈을 꾸는 건 별로 좋은 건 아니지만, 공부를 많이 하고 의식이 맑아지면 기억나는 꿈이 많아집니다. 그걸 잘 살펴보면 자기를 알고 반성할 수 있다는 거죠.

꿈도 수행의 방편

꿈이라는 것이 참 재미있습니다. 보통 '낭떠러지에서 떨어지는 꿈을 꿨더니 침대에서 떨어졌다', 이렇게 이야기를 하죠. 그런데 그게 아니라고 합니다. 그 반대로 침대에서 떨어진 다음에 꿈을 만들어 낸다고 봅니다. 인간은 언제나 자기 자신을 이해시켜야 하는 존재거든요. 자기가 이해가 안 되면 정신병에 걸립니다. 자기가 이해가 안 되고, 두 개의 자기가 대립을 하거나 하면 병이 됩니다. 그래서 언제나 자기행위를 반성하면서 '이래서 이렇구나'라고 이해하는 것도 수행이 되는데요. 꿈도 마찬가지라는 겁니다. 침대에서 떨어져서 '아파!', 이게 먼저 있고, 왜 아픈가를 자기한테 이해를 시켜야 하는 겁니다. 그래서 떨어지고서 꿈을 만듭니다. '왜 아프지?' 하며 깨기 전에 와르르 꿈을 만들어 내는 거죠. '아, 이래서 아픈 거구나!' 하고 납득을 시키는 겁니다. 이렇게 자신을 납득시키는 것이 자신을 유지하는 기본이지요. 이런 꿈의 작동을 우리 생활에서 적용을 해야 합니다. 자신의 과거를 쭉 돌아보고 어떤 잘못을 했으면 '아, 내가 이래서 잘못을 했지' 하고 이해를 해야 하는 거죠. 이렇게 이해하지 못하면 참 곤란한 인간이 되는 거예요. 그래서 자기를 나무라더라도 그냥 '멍청한 놈', 이렇게 나무라면 안 되는 겁니다. '그래서 그랬구나, 다음에 잘하자' 이렇게 나무라야 되는 거예요. 이래야 건강한 사람입니다.

이렇게 꿈이 수행의 방편이 될 수 있다는 것을 예전에

공부하다 느낀 적이 있어요. 공부하러 도량에 들어가서 낮에는 선생님하고 농사도 짓고 하면서 수행을 하는데, 자기 깜냥으로는 하루 종일 화두를 열심히 들었고 잡념도 별로 없었던 것 같고 그랬단 말이죠. 그런데 꿈을 꾸면 그렇지 않았다는 것 알게 되죠. 눕지 않는 것을 기본원칙으로 하고 있었지만 새벽이 되면 꾸벅꾸벅 졸게 마련이죠. 그런데 그렇게 앉아서 잠깐 조는 사이에 꿈을 촤라락 꾸는 겁니다. 그럼, 그 꿈에서 전날 망상 피웠던 거나, 마음에 충격이 왔던 거나, 갈등이 있었던 것이 영화처럼 돌아갑니다. 그런데 다 각색이 되죠. 꿈에서는 그런 모습이 조금씩 바뀌어요. 그래서 잠깐 졸고 나면 낮에 무슨 상념들이 내 마음을 거쳐 갔는지 대충 알 수가 있었지요. 그렇듯이 꿈을 이해하는 것이 자기를 다스리는 데도 도움이 돼요. 그 꿈을 이해하고 나면 내가 무슨 생각들을 했고, 무슨 일들이 어떻게 내 마음에 부딪혀서 어떤 파문을 일으켰구나 하는 것을 볼 수 있는 거죠. 그렇게 자신을 성찰해서 이해하고 납득하고, 그다음에 그걸 바탕으로 해서 자기를 보듬어 가면서 정진해야지 주먹다짐하듯이 해서 되는 게 아니에요. 늘 살살 달래듯이 해야 합니다. 그래서 저는 '자기와 친구 되기'가 중요하다고 이야기를 합니다.

꿈이라는 것이 참 재밌어서 유식철학 같은 데서는 꿈

의 현상을 가지고 유식을 증명하기도 합니다. 꿈이 실재하지 않는데 우리가 꿈 속에서 어떤 활동을 했다고 느끼는 것처럼, 우리의 삶도 의식이 만든 것이라고 이야기를 합니다. 갑자기 꿈 얘기로 갔습니다만 공부하는 사람이 퍼질러 자는 건 좋지 않은 것이겠지요. 앞에서 했던 이야기처럼 공부를 하다 보면 식사 조절하고 생각이 적어지고 잠도 적어진다, 이걸 기억해 두시면 될 것 같아요.

수면은 번뇌

'신수면과도'와 관련해서 또 말씀드릴 것이 있어요. 수면도 번뇌라는 겁니다. 설일체유부의 법체계나 대승불교의 교학에서도 수면은 번뇌에 들어갑니다. 수면에 대해서 인간이 자유로울 수는 없어요. 그러나 수면의 본질을 들여다보고 극복을 해보려는 노력이 필요하기는 합니다. 그래서 철야정진 같은 게 효과가 있어요. 철야정진을 통해서 수면에 대해 들여다보는 것도 굉장히 중요합니다. 그런데 너무 자주하진 마시라는 말씀을 드리고 싶어요. 저는 철야정진은 현대인의 삶, 우리 재가자들의 삶에 큰 장애가 되지 않을 정도로만 해야 한다고 생각을 합니다.

저도 잠이 많아서, 철야정진이 참 힘들어요. 어떤 때는 밤새운다고 버티다가 꽝 소리가 나서 정신을 차려 보니 내가 넘어진 소리였던 적도 있고, 별 우스운 일이 다 많은데요. 가장 생각이 나는 기억이 있네요. 제가 번뇌도 많고 해서 참선하려면 힘든데, 하루는 앉아서 한 5분도 안 지난 거 같은데 50여 분이 훅 지나간 겁니다. 너무 기분이 좋더라고요. 화두가 여일하게 들린 것 같고 하여 너무 기분이 좋아서 뻘떡 일어났더니 사람들이 와 하고 웃는 겁니다. 왜 웃냐고 했더니, 참선을 잘하기는커녕, 죽비 치자마자 코를 박더니 끝날 때까지 졸더랍니다. 그러다가 끝나는 죽비를 딱 치니까 빨딱 일어나더랍니다. 그러니까 사람들이 얼마나 우스웠겠어요. 그 이야기 듣고 나니까 아주 절망스럽더라니까요. 정말로 순일하게 화두가 들리고 화두에 몰두했다고 생각했는데 그렇게 코방아를 찧어 가면서 졸았다고 하니, 절망스러워서 백봉 선생님께 갔잖아요. "선생님, 저는 공부를 못 할 사람 같습니다" 하면서 그 이야기를 했더니 선생님께서 "성군, 공부하겠다" 하시는 겁니다. 무슨 말씀이냐고 여쭸더니, 그거 아무나 하는 거 아니라는 겁니다. 그렇게 순일하게 졸 수가 없다는 거예요. 화두를 들었으니 졸기만 한 게 아니라고도 하시고요. 육체적인 괴로움도 없이 잠깐 지나간 거 같다고 하는 걸 보니 그건 단순히 졸기만 한 것이 아니고 일종의 공부 과정이라고 하셔서, 용기를 얻었던 기억이 있어요.

그런데 화두만 들면 가수상태(假睡狀態)에 들어가는 사람이 있어요. 그런 가수상태를 유사삼매(類似三昧)라고 합니다. 그러니까 깨어 있음과 고요함이 함께 유지되는 삼매가 아니라 고요한 쪽으로 좀 치우친 삼매가 유사삼매인데요. 불교 공부 하는 사람들은 이걸 장애로 여겨요. 거기에 빠지면 화두만 들면 멍하니 반 졸면서도 잘 버팁니다. 그런데 이게 삼매가 아니고 굉장히 위험한 거예요. 경계를 해야 하는데, 공부깨나 한 사람이 그런 병에 걸리기도 해서 참 문제입니다. 이렇게 수면이 참 어렵습니다. 잘 극복해야 되는데, 그게 잠하고 싸우는 것으로는 잘 되지가 않습니다.

화두는 간절해야 한다

사실 간절함이 부족하면 잠이 오는 거죠. 그래서 화두가 정말 간절해져야 되는데 화두 간절해지는 것도 참 힘들단 말입니다. 전 간화선에 문제가 있다는 생각을 가지고 있는데요. 천칠백 공안을 들여다보세요. 의심이 간절하게 일어나시던가요? '개가 불성이 없다', '뜰 앞에 잣나무니라', 이런 공안들에 '개에 불성이 왜 없지?', '아니! 잣나무라니, 무슨 뜻이지?' 이런 의심이 나세요? 안 나잖아요. 이런 공안들 가지고 의심 일으키느라고 한세월, 어떻게 억지 의심을 일으켜서는 억지 의심이라 잘 안 되니 또 한세월. 그렇게 해서는 공부가 안 됩니다. 이제는 간화선이 근본적으로 반성해야 됩니다. 간화선을 정말 제대로 하면 수면도 다 물리칠 수 있어요. 의심이 간절한데 무슨 수면입니까. 그런데 지금 안 되죠. 간화선을 제대로 하려면 지금 이 시대의 화두가 나와야 됩니다. 정말 의심스러운 화두가 나오도록 해야 합니다.

간화선이 무엇이었는지를 먼저 생각해야 합니다. 예전에 스님들이 지식을 많이 쌓고는 깨달음과 지식을 혼동해서 '내가 어지간히 했나 보다' 이러고 있는 겁니다. 거기다가 그냥 화두를 갑자기 때려 넣는 거죠. "무(無), 불성이 없다!" 불교에서 수십 년 동안 '개유불성'(皆有佛性)이라고, 꿈틀거리는 벌레에도 다 불성 있다고 지식으로 알던 사람에게 그런 화두는 쇠방망이거든요. '개에 불성이 없다고?' 의심이 확 일어나는 거죠. 그것도 정말 의심하려야 할 수 없는 조주 스님 같은 분이 그렇게 말씀을 하시니 의심이 안 일어날 수가 없겠죠. 그래서 화두가 되는 거예요. 그런데 우리는 그 남의 의문을 내 의문으로 삼아야 하니 얼마나 긴 세월이 걸리겠어요. 그러고도 의심이 안 일어나는 거죠. 그러니 지금 현대인에게 의심이 일어날 만한 화두가 나와야 됩니다. 현대인 중에서 지식이 또 있고 불교 공부 한 사람이 듣고는, "내가 알던 거랑 너무 다른데"라는 소리가 나와야 하는 거죠. 그런데 그러려면 정말 참된 스승이 있어야 하는 겁니다. 정말 깨달은 어른이라는 믿음을 줄 수 있는 스승이 한마디 탁 때려 줘서 자기가 알던 지식, 그 알음알이가 한 방에 다 깨지는 그런 화두를 들 때 공부가 되는 거죠.

원래 선이라는 거 자체가 스승 없으면 안 되는 겁니다. 스승 없이는 힘듭니다. 달마 이래로 선종의 선은 특히 그렇습니다. 선종은 불립문자이기 때문에 경전을 보는 것이 아니라 스승의 지도 아래 나아가는 것이죠. 그래서 눈뜬 분들 옆에 있을 때 그 옆에서 공부해야 됩니다. 그러지 않고 선을 하는 것은 힘들다고 봅니다. 명상 정도 하는 것은 좋지만, 선종의 선을 하는 건 힘들어요. 그러니까 옆에 눈뜬 사람 있을 때 그 옆에서 공부를 지어 나가는 것이 큰 복입니다. 그 이상의 복이 없다고 생각하셔야 합니다.

이렇게 할 수 있을 때 간화선이 참 좋은 수행 방법이 된다고 생각합니다. 제대로만 되면 우리 일상생활 속에서도 할 수 있는 게 간화선이기도 하거든요. 어렵게 앉아 있지 않아도 의심을 딱 붙여서 성성적적한 상태를 유지하면 되는 거죠. 모든 번뇌를 날려 버려야 하는데, 의심처럼 사람을 몰 두시키는 게 없습니다. 갑자기 알던 사람 이름이 생각이 안 날 때가 있죠. 그래서 그 사람 이름을 떠올리려는 순간을 생 각해 보세요. 그 순간에 잡념이 없거든요. 온 마음이 쏠리거 든요. 그건 멍한 것도 아니지요. 이렇게 의식이 성성하면서 한 점에 마음을 모으는 데 의심만 한 방법이 없어요. 그러니 까 간화선이 위대한 건데, 그 위대함이 지금 다 죽었어요. 간 화선의 정신이 사라지고 억지 화두 들면서 천칠백 공안 들 여다보고 하는데, 지금 불교 수십 년 공부한 사람 가운데도 공안 보고 정말 간절한 의문 생긴다는 사람 별로 없어요. 의 심이 안 나요. 그럼 안 되는 것이지요.

큰 서원은 끄달리지 않는다

그다음에 '신산란반연'(愼散亂攀緣)이라고 합니다. '산란'은 어지럽다는 뜻이고, 반연은 이것저것 끄달리는 것을 말합니 다. 어지럽게 여기저기 끄달리지 말라는 말이지요. 이거 큰 병이죠. 우리가 쓸데없는 데 끄달리는 건 왜 그렇죠? 욕망 과 관계가 돼서 끄달리는 거죠. 무언가에 관심이 있으니까 끌달리는 거고요. 그런데 이럴 때 욕망을 없애려고 해서는 안 됩니다. 큰 욕망이나 감정은 절대 없어지질 않아요. 그리고 그걸 억지로 없애려고 하면 큰 병이 됩니다. 어떻게 해야 하냐면, 다른 곳으로 이끌어 줘야 하는 겁니다. 그걸 없애겠다고 하는 순간 조금 전에 이야기했던 것처럼 또 싸움이 일어나게 되죠. 그래서 욕망을 서원으로 전환해야 합니다.

그럼 서원은 또 어떻게 생기죠? 열심히 일으킨다고 되는 게 아닙니다. 물론 그렇게 노력을 하는 것도 중요하죠. 하지만 서원이 자연스럽게 정착하는 데는 지혜의 눈을 뜨는 것이 중요합니다. 지혜의 눈이 뜨인 만큼 서원이 바르고 쉽게 섭니다. 사람이 아상(我相)을 중심으로 해서 나와 내 욕심으로 똘똘 뭉치고 꽉 차 있는데 서원이 설 수는 없는 거죠. 욕망에 끌달리고 소유욕에 불타고 있는데 그럴 수는 없습니다. 그런데 불교 공부를 하면 아상, '나'라는 생각이 자연스럽게 줄어요. 연기에 눈을 뜨게 되거든요. 연기에 눈을 뜨면 남이 남이 아니고 나만 나인 것도 아니죠. 자연히 아상이 줍니다. 그러면 나만을 중심으로 하던 욕망이 나와 남과 이웃과 사회를 위한 건강한 마음으로 방향을 틀어요. 이게 서원이란 말이죠. 물론 어떤 때는 감정이 바탕이 돼서 지혜의 눈이 뜨이기도 해요. 그러니까 공부와 감정 어느 쪽이 꼭 먼저는 아닙니다. 언제나 상호작용이에요.

이렇게 큰 서원이 생기게 되면 자연히 '반연'하지 않게 되죠. 끄달림이 자연스럽게 떨어집니다. 큰 지향, 큰 깨달음을 향한 길을 가고 있다는 마음이 섰는데, 자잘한 것에 매달리지 않겠죠. 중생을 함께 생각하는 마음을 갖게 되었는데, 조그만 것 가지고 니꺼 내꺼 하는 건 우스운 일이죠. 이렇게 자연스럽게 '반연'이 적어지는 거지 억지로 끊는 게 아닙니다. 다시 한 번 강조하지만, 싸움하지 마세요. 그놈하고 싸우려고 하지 마세요. 그런 자잘한 번뇌들은 내 적수가 아닙니다. 큰 지향을 세울 수 있도록 마음을 늘 점검하고, 올바르게 가고 있는가를 계속 점검하는 것이 중요한 거고요. 『맹자』에도 보면 '군자는 평생의 근심거리는 있어도 하루아침의 걱정은 없다'고 합니다. 평생의 근심은 '순(舜) 임금도 사람이고 나도 사람인데, 왜 그는 그렇게 훌륭한 인격을 이루었고 난 이 꼴로 있는가'라는 겁니다. 이게 평생의 근심이라고 하는 거예요. 이 말을 바꿔 볼 수 있겠죠. 부처님이나 나나 똑같은 사람인데 부처님은 그렇게 훌륭한 분이 됐는데 난 왜 이 꼴인가, 이렇게요. 이걸 평생의 근심으로 삼아야 하겠지요.

그런데 그렇게 갑자기 큰 마음을 먹으라면 힘들긴 하죠. 그래서 제가 늘 말씀드리는 것이 '사홍서원'(四弘誓願)을 구체화해야 한다는 겁니다. 사홍서원은 불교도라면 지녀야 하는 큰 서원 네 가지를 말하는 거죠. '중생을 다 건지겠다', '번뇌를 다 끊겠다', '법문을 남김없이 배우겠다', '최상의 불도를 모두 이루겠다', 이렇게 네 가지이죠. 그런데 이런 서원들이 구체적이어야 한다는 이야기입니다. '중생을 다 건지리라'라고 하면 너무 구름 잡는 이야기 같아서 어렵습니다. 늘 구체화하는 게 필요해요. 내 주변에 내 손길이 가장 필요한 사람이 누가 있나, 그렇게 찾아나가면 됩니다. 그렇게 하면 사홍서원이 현실화돼요. '중생을 다 건지리라'가 거기에서부터 시작하는 거예요. 마찬가지로 '번뇌를 다 끝내겠다'고 하면 갑자기 번뇌가 다 없어지나요? 내게 가장 괴로운 일부터 그 본질을 살피고, 왜 그런가를 살피면서 차츰차츰 정리해야 하는 거죠. 불법도 갑자기 배워지나요? 일주일에 한 번이라도 법회 가고 단 몇 권이라도 불교책 읽고 그렇게 불법 공부를 시작하는 거죠. 이렇게 구체화해야 합니다. 불법은 죽어라고 안 배우면서 '불도를 다 이루리라'라고 해서는 안 되는 거죠. 적어도 자기가 올바로 가고 있는지를 점검하는 구체적인 자기 수행법을 늘 하나 지니고 사는 것이 사홍서원을 삶 속에서 구체화하는 겁니다. 그렇게 하지 않으면, 사홍서원은 그냥 남의 서원이나 마찬가지입니다.

불교 수행의 특징

이렇게 산란반연을 경계하다 보면 '무념무상'으로 갈 수 있는데, 굉장히 조심하셔야 됩니다. 제가 계속 강조하지만 선에서 부처님 수행법은 성적등지, 곧 깨어 있음과 고요함이 함께하는 것이 궁극이라는 점을 잊어서는 안 됩니다. 그 궁극에 가기 위해서 늘 바탕이 되는 게 삼매 수행이고요. 산란반연하지 않고 무념무상으로 한 곳에 집중해서 다른 모든 것을 차단하는 삼매 수행이 바탕이 되는 겁니다. 그 수행이 굉장히 중요해요. 무시하면 안 됩니다. 삼매 수행이 안된 사람이 불교를 제대로 공부하기는 참 힘듭니다. 하지만 불교의 제대로 된 공부는 언제나 성적등지입니다. 어떤 수행을 누구에게 배워서 하더라도 '성적등지 정혜쌍수'라는 틀을 기준으로 살펴보세요. 그게 아니면 불교 수행이 아니에요. 정혜쌍수란 게 뭐죠? 이것 역시 고요함과 깨어 있음이 함께 있는 수행이죠. 성적등지나 정혜쌍수나 다 같은 말인 겁니다. 화두를 드는 것도 이래야 하는 거죠. 고요함과 깨어 있음이 함께합니다. 화두를 통해서 모든 망념이 사라지는 건 고요함입니다. 하지만 동시에 화두가 성성하게 살아 있어야 됩니다. 화두가 깨어 있지 않으면 불교 수행이 아니에요.

불교 이전에 인도 전통에서 요기들이 하는 수행법의 궁극은요, 옆에서 벼락이 떨어져도 모르는 겁니다. 이런 수행이 굉장히 큰 정신적인 힘을 주죠. 하지만 그게 궁극적인 불교 수행의 특징은 아니에요. 불교 수행은 십리 밖에서 바늘 떨어지는 소리까지 듣는 수행입니다. 이걸 잊으시면 안 돼요. 그러니까 삼매 수행을 하더라도 성성적적의 수행이 일상 속에서 이루어져야 하는 겁니다. 일상 속에서 수행한다는 건 늘 자기를 반성하되 깨어 있음과 고요함, 두 측면에서 반성하는 겁니다. 깨어 있되 깨어 있음에 빠져서 산란해지면 안 되는 겁니다. 고요함이 바탕이 되어서 깨어 있어야 합니다. 이걸 늘 적용을 하세요. 우리 삶의 많은 부분은 고요함에 치우쳐 있어서 약간 멍하거나 아니면 너무 산란해서 집중이 안 되는 상태죠. 이걸 극복하는 게 수행입니다. 그래서 앞으로 어디 절에 가서 수행을 하더라도 그 기준을 잃지 않으면 속지 않아요. 까딱 잘못하면 엉뚱한 수행법에 속아요. 수행 방편이라는 것이 아무리 많아도 '성적등지', '정혜쌍수'라는 큰 틀 밖에 있는 것은 참된 불교 수행이 아니다, 이렇게 생각하시면 되겠습니다.

10장

법을 배우는 자세(1)

⑩

若遇宗師陞座說法, 切不得於法, 作縣崖想,
약 우 종 사 승 좌 설 법　절 부 득 어 법　작 현 애 상

生退屈心, 或作慣聞想, 生容易心.
생 퇴 굴 심　혹 작 관 문 상　생 용 이 심

當須虛懷聞之, 必有機發之時, 不得隨學語者,
당 수 허 회 문 지　필 유 기 발 지 시　부 득 수 학 어 자

但取口辦.
단 취 구 판

所謂, 蛇飲水成毒, 牛飲水成乳. 智學成菩提,
소 위　사 음 수 성 독　우 음 수 성 유　지 학 성 보 리

愚學成生死, 是也.
우 학 성 생 사　시 야

만약 종사(宗師)가 법상에 올라 설법을 하는 때를 만나면, 설법에 대해 아득하게 어렵다는 생각으로 '포기하고자 하는 마음'[退屈心]을 낸다거나, 혹은 늘 듣던 것이라는 생각으로 '쉽게 여기는 마음'[容易心]을 내어서도 아니 된다.
법문을 들을 때는 마음을 텅 비워 들으면 반드시 깨달을 기연을 만날 것이니, 말만 배우는 자들을 따라서 단지 입으로 분별하는 것을 취하지는 말아야 한다.
"뱀이 물을 마시면 독이 되고 소가 물을 마시면 젖이 된다" 하는데, 슬기로운 배움은 깨달음을 이루고 어리석은 배움은 생사에 빠지는 것이 바로 이것이다.

물러나지도 쉽게 여기지도 말라

여기서는 법을 배우는 자세에 대해 아주 중요한 이야기를 하고 있습니다. '약우종사승좌설법'(若遇宗師陞座說法)에서 '약'(若)은 가정을 나타내고, '우'(遇)는 '만난다', '그런 경우를 당하다'라는 뜻입니다. '종사승좌설법'이라는 건 법좌에 올라서 법을 설한다는 뜻이겠죠. 정리하면, '종사가 설법하는 법회에 참석해서 법문을 듣거든' 정도로 해석이 될 듯하네요. '종사'는 설법하는 분을 높이고 있는 것이고요. 그렇게 설법을 만나게 되면 '절부득'하라는 말인데, '절부득'은 '결코 (간절하게) ~해서는 안 된다'라는 뜻이 됩니다. 여기서 '부득'은 앞에서도 계속 나왔지만, '얻을 수 없다'는 뜻이 아니라 '하면 안 된다, 해서는 안 된다'라는 뜻입니다.

무얼 해서는 안 되는지가 이어지겠죠. '작현애상, 생퇴굴심'(作縣崖想, 生退屈心)을 하지 말라고 하는데요. '현애상'이라는 건 낭떠러지에 매달린 것 같은 마음입니다. '퇴굴심'은 물러나고 굽히는 마음이죠. 그러니까, 설법을 만나서 낭떠러지에 걸린 것처럼 어렵게 생각하고 물러나거나 굴복하지 말라는 말입니다. 쉬운 말로 하면, 들어도 모를 어려운 것이라고 생각하여 굽히고 물러나는 것을 말하지요. 그다음 '혹

작관문상, 생용이심'(或作慣聞想, 生容易心) 역시 앞의 '절부득'
에 걸리는 말입니다. 그러니까, '관문상'을 지어서 '용이심'을
내지 '말라'는 말이 되겠지요. '관문상'에서 '관'은 '익힐 관' 자
입니다. 그래서 '관문상'은 '늘 들어 왔다는 생각'을 말하고,
'용이심'은 '쉽다는 마음'을 말하는데, 그렇게 쉽게 여기는 생
각을 내어서는 안 된다는 겁니다. 이거 참 굉장히 어려운 얘
기입니다. 우리가 어려운 법문을 들으면 까마득한 절벽 같
죠. 캄캄절벽처럼 막혀서 '어이구 이거 내가 도저히 알아들
을 수 없는 소리다'라고 생각을 하고는 아예 물러서는 경우
가 많은데, 그래서도 안 되고, 이렇게 쉽게 여겨서도 안 된다
는 말입니다.

큰 서원을 세우고 과감하게 나아가라

이야기를 하다 보니 갑자기 공자 생각이 나네요. 안회라는
공자의 유명한 제자가 있죠. 이 제자가 공자께서는 우리를
쉽게 이끌어 주시지만, 그 진면목을 보게 되면 우뚝하니 절
벽이 앞에 가로막힌 거 같다고 이야기한 적이 있어요. 정말
이런 큰 스승이나 어른을 만나면 정말 어디로 어떻게 해서
그분을 쫓아갈지 모르겠는 막막한 느낌이 들 때도 있습니

다. 우리가 쉽게 생각했던 분들의 진면목을 알면 정말 우뚝 솟은 절벽을 마주친 것 같은 느낌을 받을 때도 있어요. 하지만 그분도 역시 우리처럼 해서 도달한 분이라는 것을 명심해야 합니다.

앞에서 맹자의 평생의 근심거리 이야기를 했었죠. 요 임금이나 순 임금과 같은 훌륭한 사람이 되겠다는 것이 맹자에게는 평생의 큰 근심거리이지, 하루아침의 재앙은 없다고 말했다고 했었죠. 하루아침의 근심은 뭐죠? 만약 어떤 사람이 나에게 와서 이상한 짓을 한다고 하죠. 그럼 군자는 처음에는 반성을 합니다. 내가 저 사람한테 뭐 잘못한 게 있나 보다, 라고 성찰을 한다는 겁니다. 그런데 아무리 반성해도 잘못한 것이 없는데, 그 사람이 계속 나에게 그렇게 굴면, 그냥 그 사람이 이상한 사람인 겁니다. 그렇다면 그 사람과 상대를 할 필요가 없는 거죠. 맹자는 이런 것들을 '하루아침의 근심'이라고 한 겁니다. 맹자가 한 말 중에는 '생어우환(生於憂患) 사어안락(死於安樂)'이라는 말도 있습니다. 우환 가운데서 오히려 사람은 살아나게 되고 안락 가운데서 죽는다는 뜻인데, 우환이 오히려 자기를 단련시킨다고 본 거죠.

불교도 마찬가지죠. 벌레나 개에게도 불성이 있다고 하는데, 인간으로 태어난 존재가 불성을 가진 것은 말할 것도 없죠. 인간은 깨달을 가능성이 충분히 있는 존재라는 것, 우리 모두가 부처와 같은 위대한 인격을 당연히 이룰 수 있다는 것에 자부심을 가져야 하는 겁니다. 세친(世親) 보살이 지은 『불성론』(佛性論)에 보면 부처님이 왜 불성이라는 것을 말씀하셨는가가 나옵니다. 가장 중요한 이유가 경만심(輕慢心)을 없애기 위해서라고 하지요. 경만심이란 건 자기를 가볍게 여기고 소홀히 여기는 마음입니다. 그런 마음을 없애고, 내가 대단한 존재라는 걸 인식시키기 위해서 불성을 얘기했다고 세친 보살은 이야기를 합니다. 근본적으로 이 경만심을 극복하는 것으로부터 부처님 문하에 들어서는 거죠. 내가 곧 부처인 존재라는 것을 인식하는 데서 불교가 출발합니다. 그런데 법문이 좀 어렵다고 마치 까마득한 절벽을 마주한 것처럼 생각하고 물러나고 움츠리고 하는 마음을 내는 건 불자의 길을 포기하는 것입니다. 조금 노력하면 할 수 있다고 생각하고 과감하게 마음을 비우고 달려들면 모를 게 없단 말이죠. 굉장히 중요한 이야기입니다.

모두가 자신이 부처임을 인식해야 한다고 했는데, 불교가 기독교하고 근본적으로 다른 점도 여기입니다. 기독교는 창조주와 자기의 차이를 인식하는 데서 출발합니다. 피조물로서의 자신을 인정하고 위대한 창조주에게 온전히 자기를 맡기는 것에서부터 출발해요. 그런데, 이런 신앙을 함부로 폄하할 수 없습니다. 온전히 자기를 맡기면서 오히려 영성이 나옵니다. 불교에서 얘기하는 자기를 비우는 효과가 기독교인의 진실한 신앙 속에 있다는 거죠. 그런 분들을 많이 봤습니다. 제가 볼 때 한계는 있지만 어줍지 않은 불자보단 낫습니다. 불자들이 수양 잘못하면 아만이 탱탱 불어서 이상해지는 경우가 많습니다. 부처님이 그렇게 아상을 부수라고 했는데, 왜 그렇게 그걸 키우는지 모르겠어요. 그런 불자들보다 겸허한 기독교인이 훨씬 낫다는 거죠.

기복불교와 깨달음 병

지금 불교가 정말 큰일이에요. 불교에서 두 가지 큰 문제가 있는데, 첫번째는 기복불교화되고 있는 것이고, 두번째는 깨달음 병에 걸려서 빠져나오지 못하는 겁니다. 우선 기복불교부터 보자면, 오늘날 불교는 그저 부처님한테 매달려서 "이거 해주세요, 저거 해주세요" 하고 있습니다. 그렇게 기복을 바라는 불교는 성불을 꿈꾸지 않습니다. 성불은 무슨, 세속적인 복락이 무조건 우선이죠. 이건 참! 부처님이나 예수님이나 다 피곤해 죽을 지경이실 것 같아요. 지금 불교도들이 석가모니가 하나도 가지지 못했던 것을 골라서 해달라고 조르고 있죠. 석가모니가 평생 가진 게 뭐가 있었어요? 어떻게 보면 정말 불쌍하신 분 아니에요? 왕좌도 버리고 부인도 버리고 자식도 버리고, 평생을 속된 말로 빌어먹었잖아요. 무소유니까 재산도 하나 못 가지고 어떻게 보면 참 박복한 삶을 사셨는데, 우리는 부처님한테 당신이 못 가졌던 걸 다 해달라고 하고 있는 거죠.

예수님도 마찬가지죠. 예수님은 결혼도 안 했죠. 돌아다니시다가 십자가에서 돌아가셨고요. 지금은 십자가를 굉장히 숭앙을 하는데 사실 십자가는 가장 더러운 자리예요. 가장 극악한 죄인을 처형하는 방법이 십자가였던 겁니다. 그러니까 예수님은 인간세상에서 가장 더럽고 천한 자리에서 죽은 거예요. 그게 기독교의 위대한 점이죠. 신의 아들이면서 정말 낮은 데로 임한 궁극적 상징이 바로 십자가입니다. 굉장한 것이죠. 그런데 기독교 믿는 사람들도 예수가 하나도 가지지 못했던 걸 다 달라고 하고 있습니다. 그러니 부처님과 예수님 입장에서는 정말 환장할 노릇 아니겠어요? 아하하! 이거 부처님이나 예수님에 대한 불경이군요. 그냥 우리 인간적인 통념에서 보면 그렇다는 겁니다. 아무튼 이런 기복불교의 시각에는 성불에 대한 안목이 없어요. 깨닫는다는 것은 눈에 들어오지도 않아요. 목표는 그냥 세속적인 복락입니다.

이게 한 부류고, 두번째 불교에서 문제가 되는 부류가 깨달음 병에 걸린 사람들입니다. 깨달음 병은 '깨닫기 전에는 아무것도 안 하겠다', '깨닫지도 못했는데 진리가 뭔지, 내가 하는 일이 올바른지 어떻게 알겠어'라고 생각하는 병통입니다. 언뜻 보면 그럴 듯한데, 이 말이 맞나요? 맞지 않습니다. 이렇게 깨달음과 깨닫지 않음을 두 쪽으로 딱 나누는 것은 불교적인 사유가 아니에요. 그렇게 나누는 것은 부처님 정신에 어그러집니다. 부처님 정신은 언제나 연기적이에요. 우리는 언제나 중생이면서 동시에 부처인 존재예요. 그래서 깨달음 병이 참 무섭습니다. 깨달음 병 걸리면 오히려 깨닫지 못합니다. 계속해서 나는 중생이고 깨달을 때까지는 아무것도 못한다고 금을 긋고 있으면 언제 깨닫고 언제 부처가 되겠어요.

불교에는 지금 이 두 부류밖에 없는 듯해요. 기복 병하고 깨달음 병. 이 두 가지 병 속에서 헤매는 게 지금 한국 불교계입니다. 여기서 벗어나야 돼요. 우선 기복은 어떻게 벗어나야 되느냐. 사실 기복은 이 험한 세상에서 필수적이라고 할 수 있습니다. 이런 복잡한 세상에서 복을 빌지 않을 수 없겠죠. 그런데 복을 빌더라도 올바로 빌어야 합니다. 복 받을 일을 하면서 복을 빌어야 되겠죠. 그런데 계속 말씀드리지만, 지금 불교가 하는 일들은 주로 불상 세우고, 절에 기와 새로 하고, 스님들 가사 공양하고 하는 일이 많은 것 같아요. 부처님이 오시면 "너는 아직도 왜 그짓을 하고 있니"라고 할 만한 일들을 하면서 복을 달라고 하는 겁니다.

사실 예전에는 불상 하나 제대로 세우고 하는 일이 큰 복이었습니다. 어려웠던 시절이거든요. 스님들 옷 해 입히고 먹이고 사찰 유지하고 하는 게 아주 중요한 불사였던 적이 있습니다. 그런 일들이 불교를 유지하는 일이었거든요. 그리고 좋은 불상 세우는 건 정말 엄청나게 큰 복일 수도 있는 것이, 저만 해도 처음 불교하고 인연을 맺은 것이 불상 때문이었거든요. 설법을 듣거나 한 것이 아니고, 중학교 때 수학여행으로 석굴암에 갔다가 석굴암 부처님을 보는 순간에 그 자유로운 모습에 너무 끌렸습니다. 어떻게 절하는지도 몰라서 할아버지한테 절하듯이 부처님 앞에 넙죽 절을 했었습니다. 그게 부처님하고 첫번째 인연이었기 때문에, 저는 훌륭한 불상 세우는 공덕도 크다고 생각합니다.

앞서 나가는 불교를 위하여

그러나 현대에 와서는 그런 중요성이 많이 떨어졌어요. 훌륭한 불상이나 불교 미술 같은 걸 볼 기회가 너무 많습니다. 인터넷에서 유명한 불상 모습도 다 볼 수 있잖아요. 경전불사도 예전하고 다르죠. 인쇄물도 많고, 요즘은 너무 아는 게 많아서 탈이기도 하니까요. 그래서 지금은 이 시대에 필요한 일을 해야 하는 겁니다. 이 시대에 불교가 나서야 될 일에 나서야 하는 거죠. 부처님이 지금 이 땅에 오시면 하실 만한 일을 생각해서 하는 것이 불사여야 하는 겁니다. 부처님이 이 땅에 오시면, 개인적으로는 수행하는 것은 기본일 것이고, 세상에 대해서는 어떤 일을 서두르실까를 생각해야겠죠. 부처님은 중생에 대한 자비로 충만하신 분이니까 가장 많은 중생들을 고통에 빠뜨리고 있는 일들을 제거하는 일에 앞장을 서시겠죠. 그런 의미에서 '환경불사', '평화불사' 이런 개념들이 나와야 한다고 앞에서 말씀드렸습니다.

그런데 이런 불사 이야기를 하면 정말 이상한 이야기를 한다고 생각하는 불자들이 있어요. 물론 기복불교를 없애자고 하면 안 됩니다. 부처님도 양족존(兩足尊)이거든요. 복덕과 지혜를 모두 갖춘 분이라고 해서 양족존이라고 하는 거죠. 복덕을 통해서 수많은 사람들을 편안하게 해주는 분이 부처님이거든요. 그 복을 나누지 않는 것은 말이 안 되죠. 그래서 기복을 올바로 하자고 말해야 합니다. 올바른 방편을 통해서 기복을 하자고 하고 그렇게 하다 보면 우리 삶이 또 달라집니다. 우리가 가장 복 받을 일을 찾아서 거기에 우리 에너지를 투자하자고 하면 이 사회 안에서 불자들의 위치가 달라져요. 이 세상에 가장 필요한 일들을 앞장서서 하는 게 불자다. 이런 인식이 생기게 되거든요. 이렇게 불교에 대한 인식도 달라지겠죠.

그런데, 지금 불교에 대한 세상 인식은 어떻죠? 앞선 종교인가요? 아닙니다. 뒷북치는 종교죠. 현대문명에 순응하지도 못하고 낙오된 이미지가 있어요. 물질문명의 폐해만 이야기하는 종교로 보이지요. 그런데 물질문명이 나쁘기만 한 게 아니거든요. 부처님이 물질과 정신을 두 쪽으로 딱 나누지 않았어요. 오히려 물질적으로 결핍이 되면 정신에도 결핍이 생깁니다. 오죽하면 부처님이 이런 말씀을 하신 경전이 있대요. "지옥의 고통을 겪을지언정 가난의 고통은 겪지 않으리"라고. 어느 경전에 있던 말인지는 자꾸 까먹는데, 어쨌든 경전에 있는 말이에요. 그러니까 '물질이 나쁘다'는 부정적인 시각을 내세우면 불교 망하기 딱 좋습니다. 물질을 잘 활용하느냐 못하느냐에 따라 달라질 뿐이지 무조건 나쁘다고 해서는 안 되는 거죠.

불교가 이 문명의 시대에도 앞서 나가야 합니다. 불교 믿는 사람들이 세상에서도 가장 앞서 나가는 사람들이 되어야 하는데 지금 불교는 수구적이고 복고풍의 냄새만 풍기고 있으니까 안 되는 거죠. 그렇게 세상의 뒷전에서 비웃고 있는 종교가 되어서는 안 됩니다. 새로운 불교문화를 만들어서 젊은 세대들도 정말 심취할 수 있도록 해야지요. 그래서 저 나름으로는 『천수경』을 새롭게 번역을 해서 곡도 붙이고 했는데, 이런 작업을 하면서 재미도 있고 가능성도 느꼈습니다. 많은 사람들이 그 공연을 같이 하고, 관람하고 하면서 굉장히 감동을 받았다고 하더라고요. 『천수경』은 원래 '천수천안관자재보살광대원만무애대비심다라니경'이라고 하는데, 그 원래의 경을 읽으면 오히려 신심이 떨어질 겁니다. 왜냐하면 그 경에 지금 현대인들이 납득하기 힘든 이상한 얘기들이 많아요. 그 경을 찬탄, 귀의, 발원, 참회라는 큰 틀에 맞춰 여러 조사들의 좋은 게송들을 짜깁기하듯 집어넣고 원경전의 다라니와 진언 등 꼭 필요한 부분을 살려서 만든 것이 지금 우리가 읽는 『천수경』입니다. 그렇기 때문에 지금의 『천수경』은 한 글자 한 구절도 고칠 수 없는 그런 경전이 아니라고 생각할 수 있지요. 그래서 저도 대다라니와 앞에 중요한 부분 몇 군데를 살리면서 중복된 것을 통합하고 생략하기도 하면서, 나옹화상의 발원문도 일부 차용하고 하여 지금 우리의 감각에 맞도록 독송용으로 편집을 했죠. 거기에 꽤 많은 자금을 들여 작곡가에 위촉하여 곡을 만들었습니다. 과감하다면 과감하고, 무식하다면 무식한 짓을 한 것이지만, 의미가 있다고 생각합니다.

저는 이런 식으로 문화를 만들어야 한다고 생각해요. 돌아가실 무렵에 천주교로 개종하는 분을 봤어요. 거기서 장례를 가장 잘 치러 준다는 거예요. 정말 뼈저리게 반성해야 돼요. 평생 불교 믿었던 분이 그것 때문에 개종할 정도가 되는데, 그건 현실의 불교에 아름답고 장엄한 의식문화가 없기 때문인 거죠. 문화를 만들면요. 불교가 저절로 커집니다. 이것이야말로 불국토 건설이라고도 할 수 있어요. 아득하게 보지 마세요. 우리 주변이 조금씩 불교적인 문화로 바뀌는 과정이 불국토 건설입니다. 법회 나오시는 분이 한 분 두 분 늘고 그분들이 새로운 의식을 가지고 자기 삶을 바꾸고 이 과정이 바로 불국토로 가는 길이지 다른 데서 불국토를 찾으면 안 됩니다.

열린 마음으로 과감히

이야기가 좀 샜네요. 이렇게 문화를 많이 만들어서 자기도 모르는 새에 중생상을 깨고 부처상이 드러나도록 해야 합니다. 그래서 설법 들을 때도 자기가 부처라는 단단한 마음을 품어야 됩니다. 그런 자각을 하고 설법을 들을 때 가능성이 열립니다. 가능성을 닫아 놓느냐 열어 놓느냐, 이 차이가 엄청나게 커요. 가능성을 스스로 닫아 놓고 있는 사람들에게는 백 마디 이야기를 해도 들리지가 않습니다. 열어 놓고 있을 때, 기존에는 안 들어오던 것들이 들어오고요. 제가 우스개로 자주 하는 이야기가 있어요. 제가 못 먹는 것이 거의 없다고 자랑하듯이 떠들곤 합니다. 그런데 실제로 자랑스러워하는 것이거든요. 저 고등학교 졸업할 때까지 고기를 못 먹었어요. 고기 누린내가 싫고 그래서. 파도 잘 못 먹었고요. 그런데 사상을 바꾸니까 입맛이 바뀌더라고요. 오히려 절에 드나들면서 고기를 먹기 시작했어요. 참 웃기죠. 자잘하게 얽매여서는 안 된다는 마음이 들면서 먹는 것을 가리는 것도 얽매이는 거라고 생각하게 되었어요. 그랬더니 차츰 식습관이 바뀌기 시작하더군요. 또 하나의 계기도 있습니다. 남들이 맛있다고 하는 데는 그런 이유가 있을 것이다, 그걸 알아보자, 이런 마음을 먹기도 했고요. 누구나 처음 먹는 음식을 먹으면 이상한 건 똑같아요. 처음부터 맛있기가 쉽지 않죠. 그런데 열린 자세를 가지고, 남들이 맛있다고 하는 데에는 그런 이유가 있겠지? 이렇게 맘을 먹고 시도를 하면, 친해지는 속도가 몇 배는 빨라져요. 그런데 '이걸 어떻게 먹어' 하면서 마음을 닫으면, 시도도 잘 안 되지만, 몇 번 먹어도 익숙해지지가 않죠.

우스개로 이야기를 했지만, 이렇게 마음이 열리고 닫히는 차이가 크다는 겁니다. 우리가 '부처 될 수 있다'는 열린 마음, 그리고 '나는 중생이야' 하는 닫힌 마음! 이 차이가 정말 발전하는 속도에 엄청난 영향을 끼치는 거죠. 닫힌 마음도 일종의 단견이라고 할 수 있습니다. 원래는 상견(常見), 단견(斷見)이라고 해서 벗어나야 하는 두 가지로 이야기를 하는데, 그 중에 이런 부정적인 마음도 단견이라고 할 수가 있다는 거죠. 그러니까 자세가 열려야 돼요. 내가 부처가 될 수 있다는 강렬한 자신감을 가져야 합니다. 그 자신감을 바탕으로, 들어도 알 수 없을 것이라고 지레 짐작하고 물러나는 마음을 벗어나야 한다는 말이지요.

쉽게 여기는 병

그리고 그 반대로, '혹작관문상, 생용이심'(或作慣聞想, 生容易心)이 나옵니다. '관문상'은 '늘 듣던 것이라는 생각'이죠. 요즘은 늘 듣던 얘기 아닌 게 없죠. 인터넷이고 어디고 너무 지식이 넘쳐나서 사람들이 모르는 이야기가 없습니다. 그래서 요즘은 교수 노릇 하기도 힘들어요. 예전에는 저만 알고 있는 얘기가 꽤 많았거든요. 그런데 요즘은 무슨 이야기를 하면 학생들이 금방 인터넷에서 확인을 합니다. 조그만한 꼬투리라도 잡히면 그걸 찾아가지고 "그거 어디 나오는 이야기인데요"라고 한단 말이죠. 참 그럴 때면 조금 짜증이 나기도 합니다. 정말 구석진 얘기들, 재미있는 이야기들이 많아서 가르치면서 이야기해 주고 그랬는데, 요즘에는 인터넷이 얼마나 무서운지 어지간한 건 다 있습니다.

그런 것 중에 하나가 화봉유엽(華峰柳葉) 스님 시조 하나를 제가 적어 두었던 것이 있었어요. 화봉유엽 스님이 백봉 선생님하고 아주 친하셨는데, 대전 심광사에 계실 때 제가 들었던 시조 하나를 들어서 적어 두었었거든요. '발가숭이'라는 시조인데 저밖에 몰랐을 것 같아요. 화봉유엽 스님 작품을 다 모은 비구니 스님이 있어 그분을 만났는데 그 시조를 모르시더라고요.

그 까마득한 옛날이라 하늘땅이 열리던 날
룸비니 동산에는 하늘꽃비 내리는데
갓 나신 발가숭이 나만 높다 하더라

높다고 하오시니 하늘 위에 또 하늘가
나라고 하오시니 발가숭이 나란 말가
외칠 새 가뭇없을 새 물을 곳도 없어라

물을 곳 없댔더니 곳곳마다 발가숭이
놀라서 돌쳐 보니 나도 또한 발가숭이
오호라! 나 날 때 한 소리로세 기억 다시 새롭네!

이 시조를 듣고 참 의미가 깊고 새로워서 제가 한 10년
을 밖에서 풀어먹었어요. 초파일 법어나 그럴 때 여러 곳에
서 불러 주셔서 주제넘게 법어를 하고 했는데, 그럴 때마다
부처님 탄생의 의미를 참 잘 읊은 시조가 있다고 하면서 화
봉유엽 스님 시조를 소개하곤 했었죠. 그 시가 요즘엔 인터
넷에 나와요. 물론 제가 퍼뜨리긴 한 건데, 그전에 볼 수 없

었던 시였죠. 제가 한 말이 이렇게 버젓하게 인터넷에 올라온 것을 보니 신기하더라구요. 이렇게 인터넷에 거의 모든 법문들이 다 올라와 있고 하니까, 어지간한 건 다 들은 것 같다는 마음이 드는 거죠. 그래서 용이심을 낸단 말입니다. 아까 퇴굴심을 냈던 것과 마찬가지로 이렇게 쉽게 여기는 것도 병입니다.

이런 병은 훌륭한 스승 문하에 있던 사람들이 걸리기가 딱 좋습니다. 훌륭한 스승 밑에서 귀 버린 사람이 너무 많아요. 다른 설법을 들으면 시원찮은 거죠. 저도 백봉 선생님 설법 들으면서 그 병에 걸렸었죠. 선생님 설법을 들으면 눈앞에 벼락이 떨어져요. 말 한 마디 한 마디에 긴장을 안 할 수가 없죠. 잘못하면 그 자리에서 두드려맞기도 합니다. 그렇게 불꽃이 튀는 법문을 듣다가 어지간한 선 법문을 들으면 싱거운 거죠. 그래서 선사들이 뭘 한다고 해서 가보면 뭐 저런 것을 설법이라고 하는가 하는 용이심, 우습게 여기는 마음이 실제로 나고 그랬습니다. 이거 정말 조심해야 합니다. 그러면 안 돼요. 한 마디 한 마디를 소중하게 여기고 그분들의 지혜와 경험이 우러난 것을 잘 들어야 됩니다. 그렇다고 해서 또 밝은 눈을 포기해서도 안 되겠지요. 분별할 건 분별하되 가볍게 여기지 않는 마음이 중요합니다. 그분들이 하시는 말씀 중에 정말 좋은 말씀 있는 거를 귀를 바짝 기울이고 들어야 되는데, 용이심이 생겨 버리면 좋은 말도 다 놓쳐 버리는 경우가 많죠. 이럼 병이 됩니다.

올바른 판단력의 필요성

이렇게 용이심을 버리고 열심히 듣다 보면 속지 않게 됩니다. 한국 불교에 얼마나 속이는 분들이 많은지 몰라요. 부처님 법 아닌 걸 부처님 법이라고 우기는 사람들 너무 많습니다. 그래서 그런 불교의 모습에 어느 정도 애정과 안목을 가지고 비판하는 분들이 좀 있죠. 제가 그런 불교학자 중에선 꽤 괜찮은 학자라고 인정하는 사람으로 고대 조성택 교수라는 분이 있습니다. 선객이 아니라 불교학자로서 서양에 유학도 다녀오시고 해서, 굉장히 온당하고 건전한 관점을 가지고 있는 분인데요. 이분이 유학 갔다가 돌아와서 한국 불교를 보니까 너무 참을 수가 없었던 거죠. 그래서 글을 한번 호되게 써 버렸습니다. 부처님의 설법은 달을 가리키는 손가락이라 방편은 다를 수 있다고 하는데, 달을 가리키지 않는 손가락이 너무 많다고, 그러니까 달을 가리키지 않는 손가락은 잘라 버리자고 써 버렸어요. 한국 불교에서 불교라고 사기 치는 가짜 불교가 너무 많다는 걸 절감을 한 거죠. 그래서 호된 글을 썼다가 구설수에 올라서 고생을 참 많이 했습니다. 이분이 또 한 번 고생했던 건 황우석 사건 있었을 때였을 거예요. 스님들이 요지부동으로 이상한 소리 하면서 남의 말 안 듣고 뻔뻔하게 버티는 데에는 이런 마음이 깔려 있다는 겁니다. '니들은 떠들어라. 그러건 말건 나에겐 나를 추종하는 수많은 보살들이 있다', 스님들이 이런 마음을 먹고 있어서 아무리 옳은 얘기를 떠들어도 안 듣는다는 글을 써 버렸어요. 이 글을 쓰고 나서도 정말 고생을 많이 했습니다. 저는 조성택 교수의 뜻에 반대하는 건 아니지만, 다른 각도에서 한번 트집을 잡습니다. 보살 불교가 얼마나 대단한 건데 그렇게 말씀을 하시나? 당할 만한 말씀을 하셨군! 하하. 농담으로 들어 주세요.

아무튼 용이심은 참 무서워요. 용이심을 내면 건질 것을 못 건집니다. 굉장히 겸허하게 아직 깨닫지 못했고, 아직 가고 있는 중이라는 마음을 먹고, 귀중한 것을 얻어 낼 수 있도록 귀를 쫑긋하는 마음을 가져야 한다는 겁니다. 아까 현애상을 만들고 퇴굴심을 내는 것을 단견이라고 했었는데, 용이심을 내는 것은 상견이라고 할 수 있습니다. 간단히 말해서, 단견과 상견은 불교에서 늘 배격해야 하는 것입니다. 원래 단견은 우주를 두고 이야기할 때 '에이 사람이 죽으면 그뿐이지 영혼이니 그런 게 어딨어, 죽으면 끝이야', 이렇게 생각하는 것입니다. 상견은 반대로 '영원불변한 자아, 영혼이 있다'라고 생각하는 것이고요. 불교는 둘 다 아닙니다. 이 상견과 단견을 벗어나는 연기적인 관점이 불교의 관점입니다. 그런데, 아주 긍적적인 쪽으로만 치우친 걸 상견, 부정적이고 짧게 보는 것을 단견으로 볼 수 있다는 거죠. 그걸 설법을 듣는 태도로 연결하면 자기를 부정하고 '내가 어떻게 알겠어, 어려워, 모르겠어'라는 마음을 내는 것이 단견, '늘 듣던 얘기, 나도 저 정도는 알아', 이렇게 생각하는 것이 상견인 거죠. 불자가 설법을 들을 때는 이 두 가지 방향에서 벗어나야 한다는 겁니다. 늘 자기를 비우되 올바른 판단력은 늘 깨어 있게 하는 것이 무엇보다 중요합니다.

빈 마음으로 펄쩍 뛰어오르기

그다음에 나오는 것이 이 두 가지에서 벗어난 중도를 말하고 있지요. '당수허회문지'(當須處懷聞之)에서 '당수'는 '모름지기 ~해야 한다'라는 뜻이고요. '허회문지'에서 '허회'는 '텅 빈 가슴'이라는 뜻이죠. 회 자는 '품을 회' 자인데 생각이라는 뜻도 있습니다. 그러니까 텅빈 마음, 텅빈 생각으로 그것을 들어야 한다[聞之]는 겁니다. 듣기 위해서는 비워야 한다는 거죠. 내가 가진 생각만이 옳다는 생각, 자만심, 자기를 깔보는 마음, 이런 생각들을 버리고 텅 비워서 언제나 다른 것을 받아들일 수 있는 마음을 가져야 한다는 겁니다. 그럼 어떻게 되는가, 그렇게 마음을 비우고 들으면 어떤 효과가 있는가. '필유기발지시'(必有機發之時). 반드시 '기'(機)가 발한다고 말하고 있습니다. '기'라는 건 원래 베틀을 말하는데, 베틀 중에서도 발동이 일어나는 기관을 말합니다. 그래서 기발이라고 하면 무언가가 저절로 탁 튄다는 말이에요. 덫 같은 것도 '기'라고 하는데, 뭔가가 덫을 건드리면 탁 닫히죠. 그것이 바로 '기발'입니다.

내가 막 무언가를 배우고 있는데 우연한 한마디 말이 탁 건드려서 마음에서 확 움직이는 것, 그것이 기발입니다. 텅 빈 마음으로 들으면 우연히 '기발'되는 때가 있다는 거예요. 그래서 인연을 굉장히 소중히 여겨야 합니다. 특히 불교 공부하는 분들은 허심으로 있을 때 탁 터지듯 마음이 열리는 경우가 있거든요. 그럼 거기서부터 자기 공부 살림이 생기고, 자기 지견이 납니다. 이건 굉장히 소중한 거예요. 그런데 간절한 마음도 없고 경만지심, 즉 자기를 깔보는 마음으로 경전을 수없이 읽고 설법을 아무리 들어도, 기발은 일어나지 않습니다.

이렇게 탁 튀기는 것, 기발이 정말 소중한 겁니다. 제가 자주 이야기하지만 사람은 정비례 직선처럼 발전하지 않아요. 노력해서 책을 열 권 읽었다고, 읽은 만큼 차츰차츰 쌓여 가는 게 아니라는 말입니다. 마찬가지로 법회를 듣고 참선하는 일을 매일 한다고 해도, 하루를 하면 하루만치 공덕이 쌓이는 게 아니에요. 내공이 한동안 쌓이는 듯 마는 듯하다가 이게 누적이 되면 어느 날 탁 튀는 겁니다. 펄쩍 뛰어서 올라가는 거죠. 그리고 그다음부터는 거기에서 공부를 하는 겁니다. 교육학에는 이런 식의 이론이 있다고 하네요. 고원이론(高原理論)이라고, 사람의 발전이 계단처럼 올라간다는 거죠. 그런데 그런 기발은 그냥 가만히 있어서 오는 것이 아니고 평소에 누적된 게 있어야 생겨나는 것입니다. 물론 불꽃을 댕기듯이 기발의 작용을 일으켜 주는 촉매가 있어야 하죠. 그게 바로 훌륭한 스승의 설법이에요. 책을 읽다가 올 수도 있겠죠. 평상시의 꾸준한 노력과 촉매, 이게 참 중요합니다.

말만 배운 사람들

그다음 구절은 '부득수학어자, 단취구변'(不得隨學語者 但取口辦)입니다. 부득은 계속 '~해서는 안 된다'라는 뜻으로 쓰이고 있죠. 바로 '수학어자, 단취구변'해서는 안 된다는 말입니다. '학어자'는 말 배우는 사람이죠. 세상에 말 배우는 사람이 참 많거든요. 말 잘하는 사람도 많고 말만 배우는 사람도 참 많습니다. 진리를 진정으로 자기 것으로 삼지 않고 입에서만 가지고 노는 사람을 '학어자'(學語者)라고 하는 겁니다. 이런 학어자를 따라서 배우면 안 되겠지요. 진정으로 따라 배워야 하는 사람들은 그 길을 걷고 있는 사람들인데, 말만 배우는 사람을 따라서, '구변', 입으로만 분별하는 것을 취해서는 안 된다는 말입니다. 학어자를 따르면 입으로 떠들고 따지는 것만 배우게 된다는 것을 경계하고 있습니다. 학인이나 스님들은 수행하는 사람이지 말 배우는 사람이 아니거든요.

유학자인 순자(荀子)도 그런 말을 합니다. '소인지학야, 입호이, 출호구'(小人之學也, 入乎耳, 出乎口), 즉 '소인의 배움이라는 것은 귀로 들어오면 입으로 나간다'라는 뜻입니다. 그러면서 입과 귀의 거리가 사촌(四寸)인데 칠척(七尺)의 몸뚱이를 아름답게 할 수 있겠냐고 말하죠. 그럼, 군자의 학은 어떨까요. 군자의 학은 귀로 들어오면 마음에 자리잡고 사지로 펼쳐진다고 합니다. 그래야 몸이 아름다워질 수 있다는 거죠. 순자의 이 말은 공자의 말을 따른 건데요. 공자는 '도청이도설, 덕지기야'(道聽而塗說, 德之棄也)라고, 길에서 듣고 길에서 지껄이는 것은 덕을 버리는 짓이라고 했습니다. '학어자'는 공자나 순자의 말처럼 말 배우고 바로 자랑하기 바쁜 사람들이겠지요.

유학에서 또 다른 분류로 '위기지학'(爲己之學)과 '위인지학'(爲人之學)이 있어요. '위기지학'을 자기를 위한 학문이라고 해석을 하면, 사람들이 참 재밌게 받아들이더라고요. 위기지학은 자기만을 위한 학문이라 이기적인 학문이고, 위인지학은 남을 위한 학문이니까 이타적인 학문이라고 생각들을 하는데, 그런 뜻이 전혀 아닙니다. 위기지학은 자기의 덕을 발전시키는 학문이고, 위인지학은 남의 칭찬을 바라고 하는 학문입니다. 공자가 말했거든요 옛적의 배우는 사람은 '위기'였는데, 지금의 배우는 자들은 '위인'이라고. 위기지학, 위인지학은 여기서 나온 말입니다. 이런 말들이 말 배우는 자들을 따르지 말라는 이야기와 통하는 거죠.

뜻을 세우고 자기를 발전시키려는 마음을 먹은 사람은

그렇게 말만 배우는 사람이 될 수 없습니다. 일단 자세부터가 달라요. 처음에 간절한 마음으로 선지식의 설법이나 종사의 설법을 들으면 기발이 일어나서 자기가 변해요. 그리고 또 들은 것을 말에 그치지 않고 꾸준히 자기 몸에 붙이는 과정이 있어야 된다는 거죠. 연습을 하는 거죠. 그래야 자기 것이 됩니다. 그런데 말 배운 이들은 자기 몸에 붙일 새가 없는 거죠.

귀한 가르침이 불발탄으로

이게 참 불교계에서도 문제죠. 언제나 자기를 반성해야 합니다. 저도 아는 거 이상으로 떠들고 다니는 죄가 있지만, 나름대로는 부처님 은혜 갚고 조금이라도 현실의 불교 바꾸고, 나 자신도 바꾸겠다는 의지가 있습니다. 이렇게 떠들고 다니는 것도 스스로를 견책하면 도움이 돼요. 이만큼 떠들었으면 그 반의 반의 반이라도 실천을 해야 하지 않겠나, 이렇게 생각하면 가치가 없는 건 아니라고 생각하고 있어요. 그러면서도 계속 반성을 해야겠죠. 하지만 정말 반성 없이 앞에서 이야기한 기복 병이나 깨달음 병에 빠져 있거나, 달이 아닌 곳을 가리키는 손가락들, 비불교적인 거 가지고 아는 척하는 사람들, 이런 사람들이 불교에 넘쳐나고 있다는 것은 생각해 봐야 합니다. 불자들도 자신들이 어디에 서 있는지를 돌아봐야 합니다. 부처님께서 말씀하신 수많은 귀한 가르침은 자기를 바꾸는 것이 되어야 하고 세상을 바꾸는 것이 되어야 합니다. 그런데 그 소중한 것들을 불자들이 전부 사장시키고 불발탄으로 만들고 있다는 거죠.

불경 읽다 보면 현대의 학자들도 놀랄 만큼 시대를 앞서 나가는 발언들, 지금의 세상과 사람들을 바꿀 만한 소중한 얘기들이 많습니다. 그것들을 불자들이 전부 사장하고 있고, 요즘 와서는 오히려 서양 학자들이 이 의미를 드러내는 분들이 꽤 많아요. 부처님 말씀에 숨어 있던 깊은 의미들을 드러내서 지금 시대에 큰 영향을 끼친 학자들이 많더라구요. 요즘 베스트셀러인 『사피엔스』 같은 책들도, 읽어 본 사람들은 거의 부처님 말씀이라는 거예요. 그 책 말고도 요즘에 국내외에서 잘 팔리고 있는 책들 중에, 부처님 말씀의 작은 조각 하나 얻어서 책 한 권을 채워 내는 경우도 많다는 거죠. 그리고 그런 책들이 현대 사회에 영향을 끼칩니다. 스님들이 자기도 모르는 소리 주장자 들고 꽝꽝 해 봐야 아무도 못 알아듣죠. 그런데 그런 서양의 학자들이 부처님 말씀 중에 작은 조각을 뻥튀기해서 책을 내는데, 참 잘 써서 냅니다.

그런데 어떤 면에서 저는 그 학자들이 더 위대하다고 봐요. 이게 원액 함량이 더 많다고 외쳐 봐야 아무도 안 먹으면 무슨 소용이냐는 거죠. 그래서 정말 그런 학자들이 조금이라도 이 현대 사회 속에 부처님 말씀을 펼쳐 내고, 사람과 세상이 변해 나가는 계기를 만드는 것이 부처님에 대한 큰 보은이고 불교의 복이라고 생각합니다. 괜히 시샘할 필요 없어요. 그런 책들이 담고 있는 부처님 말씀을 통해 개인들이 변하고, 그래서 이 세상이 조금이라도 빛나고 깨끗하게 되면 그 가운데 삼보의 공동체가 살아나고 불국토가 건설된다고 생각합니다.

공부하는 자는 사소한 앎에 얽매이지 않는다

그다음 '소위, 사음수성독, 우음수성유. 지학성보리, 우학성생사'(所謂, 蛇飮水成毒, 牛飮水成乳. 智學成菩提, 愚學成生死). 유명한 구절이지요. 살펴보겠습니다. '소위'는 '이른바'라는 뜻이고요. '뱀이 물을 마시면 독을 이루고, 소가 물을 마시면 젖을 만든다'라는 뜻이겠죠. 그다음 말은 이 말을 풀어 주는 말입니다. 똑같은 물을 먹어도 뱀은 독을 만들고, 소는 젖을 만드는 것처럼, '지학', 즉 지혜롭게 배우는 사람은 '보리'

를 이루고, 어리석은 배움은 '생사'를 이룬다는 거죠. 여기서 '보리'는 깨달음을 뜻하는 범어 '보디'를 말합니다. 이게 참 어렵죠. 똑같은 방편을 쓰는데 지혜롭지 않으면 방편이 장애가 됩니다. 눈을 뜨고 제대로 써야 하는데 정말 잘못 걸리면 보리를 이룰 방편이 독이 되는 경우가 굉장히 많아요. 이런 사례에 대해서는 수도 없이 말씀드렸죠.

걸림이 없어야 된다는 말에 걸리면 그거보다 더 큰 병이 없어요. 걸림 없다(무애)는 말에 걸려서 망나니처럼 되는 사람이 있거든요. 특히 선 하는 사람들 중에 그런 병에 걸린 사람들이 많습니다. 굉장히 조심해야 하는 것이, 선 하는 사람들이 작은 데 걸림이 없다는 것은 공부가 바쁘기 때문이에요. 공부에 바빠서 자잘한 데에 신경 안 쓰고 가볍게 넘어가기도 하고 그러는 거지, 진짜 모든 일을 가볍게 여겨도 된다는 것은 천만의 말씀입니다. 털끝만큼도 어길 수 없는 것이 있습니다.

물론 바쁘다는 건 이해를 해야 돼요. '일숙각'(一宿覺)이라는 별명을 가진 당나라 때 영가현각 선사가 있죠. 육조 혜능 스님 곁에 하루 묵으면서 깨달음을 얻었다고 '일숙각'이라고 하는데요. 그 스님이 혜능 스님을 보러 왔죠. 보통은 혜능 스님한테 예를 다해야 하는데 많이 생략을 해버린 겁니다. 혜능 스님을 세 번인가 돌고는 마주 선 것인데, 그러니 혜능 스님이 뭐라고 하죠. 승려는 삼천 위의와 팔만 세행을 갖추어야 하는데 어찌 예를 갖추지 않냐고 뭐라고 한 거죠. 그러니까 영가 스님이 "무상이 너무 빨라서 그렇습니다"라고 대답을 합니다. '아, 무상한 세월이 이렇게 빠른데, 언제 당신한테 예를 다 갖추겠습니까. 정말 급합니다.' 이런 말을 전한 거예요. 그러니까 혜능 스님이 머무르게 했는데, 하룻밤 자고 깨달음을 이루었다고 해서 '일숙각'입니다.

공부하는 사람들은 그렇게 바쁩니다. 자잘한 데 일일이 신경 쓰면 공부를 못합니다. 그런데 참 사람마다 장단점이 있어요. 세심한 사람은 어떤 때는 세심해서 좋기도 한데 그게 걸려서 공부를 못하는 사람이 있고, 무심한 사람은 같이 살기 갑갑하고 복장이 터져 죽을 판인데, 큰 길을 쭉 나갈 때는 굉장히 빨리 나갈 수도 있거든요. 그런데 공부하는 사람들은 대체적으로 좀 무심한 체질이 많습니다. 너무 세심하고 일일이 다 챙기는 사람이 오히려 공부 못 하는 수도 있습니다. 그러나 또 그게 잘난 게 아니에요. 정말 공부하는 사람은 하나하나 또 세심하게 챙기거든요. 그래서 걸림 없다는 말을 잘못 쓰면 정말 독이에요. 선 공부한다는 사람들이 정말 공부에 바빠서 소홀히하는 게 아니라, 그냥 무시하는 경우도 많죠. 공부한다는 것이 잘난 것인 줄 알고, 소홀하게 사는 것이 잘 사는 것인 줄 알고 날뛰는 사람들이 있어요. 참 큰 병입니다.

아상을 줄이고 연기를 깨닫기

그러니까 똑같은 배움, 똑같은 방편이라도 독이 되고 약이 되기도 하는 거죠. 정말 눈을 똑바로 뜨고 이게 무엇 때문인가를 봐야 합니다. 개는 돌을 던지면 돌을 쫓아가지만 사자는 돌을 던진 사람에게 가서 문다고 합니다. 우리는 사자처럼 돌이 날아 온 이유를 알아야 하는 거죠. 말이 던져졌으면 말이 왜 나왔는가, 그 출처를 봐야 합니다. 그 출처를 안 보고 돌 쫓아가는 개처럼 행동하면 방편이 전부 다 독이 되어 버려요. 참 무서운 거예요. 똑같은 물이라도 어떤 때는 독이 되고 어떤 때는 깨달음을 이룬다, 참 무서운 말이죠. 그래서 공부하는 사람은 언제나 근본을 봐야 합니다. 이 근본이 어딘가, 왜 그런가, 따져야지요.

　사람의 배움이 깨달음이 되느냐 생사로 빠지느냐 하는 그 핵심에는 '아상'이 있습니다. 앞에서 공부가 되었는지를 어떻게 판단하는지를 말씀드렸었죠. 내가 반성해서 마음이 평화롭고 편안한 때가 많은지, 아니면 불안하고 괴로운 때가 많은지를 보면 된다고 했었죠. 그게 바로 척도입니다. 불안하고 괴로운 때가 많으면 수행이 안 된 겁니다. 그런데 또 공부가 되었는지를 판단할 수 있는 것이, 아상을 점검하는 겁니다. 정말 자기 아상은 체크가 잘 안 되기는 하는데, 어쨌든 아상이 줄어야 공부하는 사람입니다. 아상을 조금씩 줄이는 사람이 공부를 하는 사람이에요. 아상을 바득바득 세우는 사람은 아무리 말을 잘 해도 공부 안 된 거죠. 다른 사람을 볼 때도 이렇게 아상을 기준으로 보면 됩니다. 아상이 견고하면 모든 가르침이 소용없습니다. 그 아상이라는 틀을 통과하는 순간 독성을 띠고 나오게 되니까요.

그래서 선지식이 필요합니다. 누구나 책 보고서 공부 잘할 수 있으면 선지식이며 스승이 왜 필요하겠어요. 말씀드렸듯이, 인터넷에 다 있어서 너무 읽을 게 많고 공부할 게 많은데 오히려 그게 병이 되는 거죠. 이런 세상에서 특히 중요한 게 도반입니다. 선지식과 도반이 같은 말이라는 말씀은 앞에서도 드렸죠. 좋은 벗, 같은 길을 가면서 서로를 견책해 주고 염려해 주는 벗이 바로 선지식이에요. 그런 벗도 중요하고, 그다음에 더 중요한 것이 스승입니다. 눈 밝은 스승이 꼭 필요합니다. 그렇지 않다고, 그렇게 하면 안 된다고 이야기해 주는 스승의 한 마디가 필요한 겁니다. 그 한 마디 말이 사람의 관점을 확 바꿔요.

저에게도 참 고마운 분들이 많습니다. 제가 자주 욕망만 버리라고 해서는 안 되고 서원을 세워야 한다는 주장을 하곤 했었는데, 한 어른이 딱 한마디를 하시더라고요. "거기서 한 걸음 더 나가야지. 욕망과 서원이 본래 둘이 아니고 뿌리가 같아. 욕망을 버리고 서원을 세우는 게 아니고 지혜가 열리면 욕망이 서원이 되지"라고! 한마디로 불을 댕겨 주시더라고요. 저도 어렴풋이 알고 있던 것이 그 한마디 딱 튕겨 주는 불꽃에 펑 트이는 거예요. '그렇구나 내가 거기까지 생각을 못 했구나'라고 확 깨닫게 되었죠. 이렇게 눈 밝은 사람의 한마디, "거기서 한 걸음 더 나가야지", 그 한마디가 새로운 지혜를 열게 할 수 있는 거거든요. 그동안 욕망과 서원을 둘로 보는 병이 있었던 것을 깨달은 거죠. 지금 제가 자주 떠드는 이야기들에 그분의 가르침이 깃들어 있다는 것 다들 아시겠지요?

우리의 아상이 줄고 연기를 깨닫게 되면 자연스럽게 예전에는 욕망이던 것이 서원으로 전환하게 됩니다. 욕망과 서원을 둘로 보면서, 욕망을 열심히 버리고 서원은 열심히 세워야 된다고 생각하면 그게 독을 이루는 길이 되는 겁니다. 『유마경』에 '불이법문'(不二法門) 품이 있잖아요. 이 '둘이 아닌 법문'이 『유마경』의 핵심이거든요. 욕망과 서원을 둘로 보고, 중생과 부처를 둘로 보고, 번뇌와 보리를 둘로 보고 하는 그 견해를 한 방망이로 탁 깨뜨리는 것이 바로 지혜의 눈이거든요. 이런 눈이 없으면 불법을 배워도 그 불법이 독이 될 수 있다는 겁니다. 불법 문중에 들어와서도 비불법적인 행위를 하는 사람이 얼마나 많은데요. 하지만 그래도 부처님 방편이 가장 안전하다는 거예요. 팔만사천 법문을 열어놔서 중생이 자신의 근기에 맞게 선택하도록 하셨거든요. 그래서 병통이 덜하다는 것이죠. 부처님도 경계했잖아요. 내 가르침은 뗏목과 같다고. 격류를 건너게 해준 뗏목이 고맙다고 해서 그 놈을 등에 짊어지고 다니면 그게 올바른 일이겠냐고 하셨잖아요. 어떤 경전인지 확인은 못했지만 부처님이 그런 말씀도 하셨답니다. 불법도 붙들고 늘어져서 집착을 하면 외도가 된다고. 불법이라는 외도가 하나 더 늘어난다고 말씀하셨답니다.

그러니, 우리가 스승과 선지식의 말씀을 귀하게 여기고 그것을 통해서 독이 아닌 올바른 배움을 이루어나가는 것이 참으로 중요합니다. 이런 인연을 만나는 것, 곧 불교 문중에 들어오는 것은 큰 복이 아닐 수 없습니다. 『천수경』에서는 이런 인연을 '백천만겁난조우'(百千萬劫難遭遇)라고 하죠. 백천만 겁이라는 엄청난 시간이 지나도 만나기 힘든 인연이라는 겁니다. 이런 인연을 소중하게 여기고, 또 마찬가지로 자기가 주변 사람들에게 선지식이 되려고 노력해야 합니다. 이런 마음으로 늘 자신을 경책해 나가면 올바르고 지혜로운 배움을 이뤄 나갈 수 있다고 생각합니다.

11장

법을 배우는 자세(2)

又不得於主法人, 生輕薄想. 因之於道, 有障,
우 부 득 어 주 법 인　생 경 박 상　인 지 어 도　유 장

不能進修, 切須愼之.
불 능 진 수　절 수 신 지

論云, 如人夜行, 罪人執炬當路, 若以人惡故,
논 운　여 인 야 행　죄 인 집 거 당 로　약 이 인 악 고

不受光明, 墮坑落塹去矣.
불 수 광 명　타 갱 락 참 거 의

聞法之次, 如履薄氷, 必須側耳目而聽玄音,
문 법 지 차　여 리 박 빙　필 수 측 이 목 이 청 현 음

肅情塵而賞幽致, 下堂後, 墨坐觀之.
숙 정 진 이 상 유 치　하 당 후　묵 좌 관 지

如有所疑, 博問先覺, 夕惕朝詢, 不濫絲髮.
여 유 소 의　박 문 선 각　석 척 조 순　불 람 사 발

如是, 乃可能生正信, 以道爲懷者歟.
여 시　내 가 능 생 정 신　이 도 위 회 자 여

또한 법사에 대해 업신여기는 생각을 내지 말라. 그런 생각으로 말미암아 도에 장애
가 생겨 닦아 나아가지 못하게 될 것이니 정말 삼가야 한다.

『논』에 이르기를 "만일 밤길을 가는데 죄인이 횃불을 들고 길에 있다 하자. 그 사람이
악하다 하여 (횃불의) 빛을 거부한다면 구렁텅이에 빠지고 말 것이다"라 하였다.

설법을 들을 때는 마치 살얼음을 밟듯이 간절히 눈과 귀를 기울여 깊은 진리의 소리
를 듣고, 마음의 번뇌를 단속하고 그윽한 뜻을 맛봐야 한다. 법당에서 내려오면 묵묵
히 앉아서 (설법 들은 것을) 관(觀)하여 의심나는 것이 있으면 먼저 깨달은 이들에게
널리 묻는다. 아침저녁으로 조심하고 가르침을 구하여 의심 나는 것을 털끝만큼도 남
기지 말아야 한다. 이와 같아야 바른 믿음으로 도를 구하는 마음을 지닌 자가 될 수 있
다.

가벼이 여기는 마음과 꺼리는 마음

그다음 문장을 볼까요. '우부득어주법인, 생경박상. 인지어도, 유장, 불능진수, 절수신지'(又不得於主法人, 生輕薄想. 因之於道, 有障, 不能進修, 切須愼之). 해석을 좀 보겠습니다. '부득'은 보조 스님이 '해서는 안 된다'라는 의미로 쓰고 있는 것은 많이 익숙해지셨죠. 무엇을 해서는 안 된다고 하죠? '주법인'을 '생경박상'하지 말라는 말입니다. '주법인'은 법을 주지하는 분이니 방장이나 주지 같은 스님들을 이야기하는 거겠지요. 스승을 의미하기도 하고요. 이런 분들에게 '생경박상', 즉 경박하게 여기는 마음을 내지 말라는 겁니다. 주법인이라고 할 수 있는 분들을 가볍게 여기고 평가하는 마음을 내면 안 되겠지요. 그다음 문장 '인지어도, 유장'은 그런 마음으로 인해서 도에 막힘이 생긴다는 뜻이고요. 그렇게 되면 '불능진수, 절수신지', 도를 닦아 나갈 수가 없으니, 정말 삼가야 한다는 거고요.

어떤 책임을 지고 있는 분들이나 스승이나 이런 사람들을 늘 존중하고 그 가르침을 무겁게 여겨야 합니다. 조금 공부를 했을 때 장애가 생기는데요. 뭐냐 하면 스스로 잘난 맛에 취합니다. 잘난 맛이 들어서 스승이고 뭐고 별건가 하는 생각이 들기 쉬워요. 조금 지견이 날 때의 병입니다. 알 만하고 알 것 같거든요. 그러면 가르침을 받던 분들이 별 볼 일 없다고 느끼는 거죠. 이것도 정말 무서운 병입니다. 정말 겸손이야말로 천하의 보배라고 할 수 있어요.

물론 겸손함을 유지하면서도 더 나아지겠다는 향상심을 잃어서는 안 되겠지요. 언제나 향상심이 첫째가는 보배라는 것을 잊지 않으셔야 합니다. 그 향상심에 버금가는 보배가 겸허한 마음, 겸손한 마음이라고 생각합니다. 자기가 꽉 차 있는 사람은 배울 수가 없어요. 늘 겸허하게 주변 사람들을 존중하고 배우려는 자세를 갖추지 않는 사람은 더 이상 진보하기가 어렵습니다. 그래서 향상심과 겸허는 둘이 아니에요. 겸허한 마음이 바로 향상심의 원동력이거든요. 표리관계예요.

그런데 또 조심해야 할 것이, '경박심'하고 비판적인 눈을 갖는 거하고는 또 달라요. 겸손함과 함께 날선 비판의 눈도 가져야 해요. 내가 꽉 차서 다른 사람을 가볍게 여기는 거하고 엄정한 판단의 눈을 가진 거하곤 달라요. 윗사람이라고 무조건 존중하고 무조건 따른다. 이건 또 큰 병이에요. 권위에 굴복하면 공부하는 이가 아니에요. 누군가에 대해 '권위 있는 분이니까 옳겠지'라고 대충 넘기고 그러면 안 되는 겁니다. 마음을 비웠기 때문에 오히려 정말 털끝만큼의 잘못도 용납하지 않는 것이 공부하는 승려여야 합니다. 이건 가볍게 여기는 거와는 다른 문제예요. 치열한 구도의 자세로 권위에 복종하지 않아야 하는 겁니다. 아무리 평소에 옳고 권위가 있는 분이더라도 내가 판단해서 아니다 싶으면 아니라고 말하는 것이 가볍게 여기는 마음하고 같을 수는 없겠지요. 이게 수행하는 사람의 자세예요.

그래서 언제나 중요한 것이 균형 잡힌 마음인 듯해요. 균형을 잃으면 앞에 얘기한 대로 어떤 가르침이든 독이 될 수 있어요. 균형감각을 가지고 법문이든 스승의 가르침이든 올바르게 문맥을 읽어 내야 하는 겁니다. 공부하는 사람의 자세는 참 어렵지요. 어쨌든, 향상심과 겸손한 마음은 늘 둘이 아니다. 이걸 새기고 다음으로 넘어가 보도록 하죠.

'논운, 여인야행, 죄인집거당로, 약이인악고, 불수광명, 타갱락참거의'(論云, 如人夜行, 罪人執炬當路, 若以人惡故, 不受光明, 墮坑落壍去矣). '논에 말하기를'이라고 시작을 합니다. 이때 '논'(論)은 정확하게 어떤 문헌인지 밝혀지지가 않았습니다. 찾아내기도 힘든 모양이고요. 보조 스님 때는 이 문헌이 있었던 모양인데 지금은 보조 스님이 읽은 '논'이라는 것이 어떤 것인지 알 수 없다고 합니다. 여하튼 이 '논'이라는 문

헌에 이런 말이 있다는 겁니다. '여'는 '비유하자면' 정도의 뜻이고요. 어떤 사람이 밤길을 가는데[人夜行] '죄인집거당로', 죄를 지은 사람이 햇불을 들고 있더란 말이죠. '거'(炬)는 햇불이란 뜻이고요. '집거당로'는 거(햇불)를 들고 길에 마주하고 서 있다[當路]라는 뜻입니다. 이 사람이 죄인이라는 거죠. 그런데 죄인이 햇불을 들고 있으니까, 그 사람이 악하다는 이유로[若以人惡故] '불수광명'(不受光明), 죄인이 비치는 그 햇불의 빛과 밝음을 받아들이지 않는다는 뜻입니다. 그럼 어떻게 되겠죠? '타갱락참거의'(墮坑落塹去矣), 구덩이에 빠진다는 겁니다. '갱'과 '참' 모두 구덩이라는 뜻이고요. '타'와 '낙'은 모두 '떨어진다'라는 뜻입니다. 요는 죄인이 들었다고 해도 빛은 빛이라는 거죠. 그 빛이 죄인하고 무슨 상관이 있냐는 말입니다. 무슨 말일까요? 사람에 따라서 차별해서 평가하지 말라는 거죠. 정말 도를 구하는 사람은 삼척동자가 하는 말도 소중히 여기고, 배울 게 있다면 악인이 한 말이라도 소중히 여기는 겁니다. 배울 것이 있다면 그 출처가 어떤가를 가리지 말고 소중히 여겨서 자기양식으로 삼으라는 말입니다.

고정불변의 악은 없다

그러니까 두 가지를 이야기하고 있죠. 윗사람을 가볍게 여기는 마음을 내서 배워야 할 것도 받아들이지 않는 그런 마음을 가져서는 안 되고, 또 반대로 형편없는 사람이 하는 말이라고 자신에게 도움이 되는 가르침까지도 팽개치지 말라는 말이지요. 『논어』에 '군자는 불이언거인(不以言擧人)하고 불이인폐언(不以人廢言)한다'는 말이 있어요. 말을 기준으로 해서 사람을 등용하지도 않고, 사람 때문에 말을 버리지도 않는다. 말 잘하고 훌륭한 말을 한다고 그 말만 듣고 사람을 평가하지 않는다는 거죠. '좋은 말 하니까 저 사람 훌륭한 사람이다', 이렇게 판단하지 않는다는 거예요. 좋은 말을 해도 훌륭한 사람이 아닐 수 있어요. 늘 행동을 봐야 하는 겁니다. 사람이 말과 행동이 일치하기가 참 힘들거든요. 그래서 공자의 다른 말도 새겨 두시는 것이 좋습니다. '민어사이신어언'(敏於事而愼於言). 실천(일)에는 민첩하고 말에는 신중해야 된다고 했어요. 말이 실천보다 뻥튀기가 되어서는 안 되는 겁니다. 그래서 말로 사람을 평가할 수는 없어요. 그 사람이 말하는 것의 몇 퍼센트를 실천하는지는 우리가 보장할 수 없는 거니까요. 또 반대로 사람이 어떻다고 하여 그 사람의 말을 버리지는 않아야 한다는 거죠. 바로 보조 스님이 '논'을 인용하여 한 말과 같은 뜻입니다. 말과 사람, 이 두 가지를 제대로 평가하고 다루는 것은 참으로 어려운 일입니다.

요즘 우리 사회에서 제일 큰 문제가 바로 이런 균형 잡힌 태도를 견지하지 못해서 생기는 것 같아요. 사람들의 의견이 극단적으로 양극화되는 것이 참 걱정입니다. 불이(不二)로 가기는커녕, 둘로 가르는 걸 점점 극단화하고 있는 거죠. 옳고 그른 걸 따지지 않게 되었어요. 그저 "누구 편이야?", "좌야 우야?", 이런 것만 묻고 있죠. 서로를 '좌빨' 아니면 '꼴통보수'라고 욕하기 바쁘죠. 어떤 사람이 하는 말이 좋은 말이냐 나쁜 말이냐가 전혀 상관이 없습니다. 이게 참 큰 일입니다. 우리 사회가 이런 식으로 계속 나가면 저는 망하는 길밖에 없다고 봐요. 미래학자들이 지구가 어떻게 하면 망한다는 이야기를 많이 했는데, 저는 이런 양극화로 망할 거라고 이야기를 합니다.

지금 많은 사람들이 그 병에 휩싸여 있는데요. 여러분도 잘 생각해 보세요. 누구 이야기를 들을 때, 저 말이 과연 옳은 말이냐를 따지기 전에 먼저 "보수야 진보야?" 아니면 "좌야 우야?" 이렇게 따지는 마음이 자기 의식에 혹시 없나 잘 반성해 보아야 합니다. 정말 조심해야 합니다. 세상이라는 건 좌우로 나눠지는 게 아니거든요. 나와 반대 입장에 있다고 나쁜 게 아닙니다. 반대 입장에 있을 뿐인 거지 그게 악이 아니라는 거예요. 제가 『어른의 서유기』(정신세계사, 2019)라는 책을 썼는데요. 그 책에서도 가장 강조했던 것 중에 하나가 양극화의 시각을 극복하는 것이었습니다. 『유마경』으로 이야기하면 '불이'가 되겠지요. 앞에서도 『서유기』 이야기를 하면서 '요괴와 부처가 둘이 아니다'라는 말씀을 드렸었지요. 손오공이 금단으로 변신하고, 관세음보살님이 요괴로 변신을 해서 요괴를 잡으러 가는 이야기였는데요. 관세음보살이 요괴로 변신을 하자 손오공이 '요괴가 보살인지, 보살이 요괴인지' 모르겠다고 말하지요. 이에 대해서 관세음보살께서 '요괴와 부처가 본래 둘이 아니다'라는 말씀을 하십니다.

이게 바로 불교에서 제시하는 우리의 세계예요. 선악이 그렇게 딱 고정된 게 아니라는 관점이죠. 세상에 고정불변으로 온전히 악인 것은 없어요. 비슷한 이야기로, 어떤 선사가 제자한테 "화롯불이 식은 거 같으니까 어떤가 좀 살펴봐라"라고 하니까 제자가 뒤적뒤적 해보고는 "불씨가 없는데요. 다 죽었습니다"라고 대답을 했죠. 그러자 선사가 화로를 뒤집다시피 살펴서 불씨 하나를 찾아내고는 "이놈아, 이건 불씨 아니냐"라고 호통을 치는 겁니다. 거기서 제자가 확 깨닫게 되었다는 말이죠. 마찬가지로 정말 '어쩌면 저런 인간이 다 있을까' 하는 존재 속에도 부처가 될 씨가 남아 있는 거죠. 꺼진 게 아니에요. 그 씨앗에서 불을 살리면 얼마든지 큰 불길로 솟아오르는 게 우리 중생이란 말이죠. 이런 마음으로 그런 불씨들을 찾아내고 키워 나갈 수 있도록 하는 것, 그것이 바로 좋은 세상을 만드는 것이고 불세계를 건설하는 것이 되는 겁니다. 자, 다음으로 넘어가 보지요.

살얼음을 밟듯이 온 마음을 다해서

그다음으로 이런 자세를 가지고 어떻게 해야 한다는 거죠? '문법지차, 여리박빙'(聞法之次, 如履薄氷)이라고 합니다. '문법지차'는 '법을 들을 때'라는 뜻이고요. '여리박빙'은 '박빙', 곧 얇은 얼음을 밟는 듯이 한다는 겁니다. 살얼음 위를 걷듯이 한다는 말이죠. 그다음 '측이목이청현음'(側耳目而聽玄音)에서 '측'은 '기울일 측'이죠. '이목', 귀와 눈을 기울여서 '현음'을 듣는다는 말입니다. '현음'에서 현자는 '가물 현'(玄) 자인데, 검다는 뜻이 아니고 '오묘하다'라는 뜻입니다. 그러니까 '오묘한 소리를 듣는다'라는 뜻이죠. '숙정진이상유치'(肅情

塵而賞幽致)에서 '숙'은 엄숙하게 한다는 뜻이죠. '정진'은 '감정의 티끌'이라는 말인데, 번뇌를 뜻합니다. 그러니까 번뇌를 조용하게 만들고, '상유치' 그윽한 마음을 유지해야 한다는 거죠. 여기서 상(賞)은 완상한다는 뜻인데 여기서는 '유지한다'라는 뜻으로 썼습니다.

우선 여기까지 살펴보도록 하죠. '법을 들을 때는 살얼음 밟는 듯이 한다'라고 했죠. 깊은 물 위의 살얼음을 걸을 때 빠질까 두려워하는 듯이 법을 들어야 한다는 말이겠죠. 이 말은 원래 『시경』에 나오는 말입니다. '전전긍긍 여림심연 여리박빙'(戰戰兢兢 如臨深淵 如履薄氷)이라는 구절이 있습니다. '전전긍긍'은 부들부들 떨고 조심한다는 말입니다. '싸울 전(戰)' 자에 떤다는 뜻도 있거든요. 이렇게 '떨면서 조심하기'를 깊은 연못가에 서 있는 듯이 하고[如臨深淵], 살얼음을 밟는 듯[如履薄氷]이 한다는 말이죠. 이 구절은 보통 행동거지를 조심해야 된다는 뜻으로 쓰입니다.

『논어』에서 그렇게 쓰였는데요. 공자의 제자 중에 효(孝)로 유명한 증자(曾子)가 죽을 무렵이 되어서 제자들을 부릅니다. 불러서는 "이불을 들추고 내 손을 보고 내 발을 봐라"라고 합니다. 무슨 말인고 하면, 내가 손발이 온전한 채로 죽게 되었다는 말입니다. 이때 『시경』 구절을 인용하면서 부모님이 주신 육체를 손상시킬까봐 평생 '전전긍긍 여림심연 여리박빙'했다고 이야기를 하거든요. 늘 그렇게 두려워하고 조심하면서 살았는데 죽을 때가 되어서 그 근심에서 벗어났다는 이야기를 합니다. '신체발부 수지부모 불감훼상 효지시야'(身體髮膚 受之父母 不敢毀傷 孝之始也)라고 했지요. '신체는 터럭까지도 부모로부터 받은 것이니, 그것을 손상시키지 않는 것이 효도의 시작이다'라는 뜻이지요. 이래서 증자가 평생을 전전긍긍했다는 이야기입니다. 이때 『시경』의 인용문은 행동을 조심한다는 뜻으로 쓰였지요.

그런데, '신체발부 수지부모 불감훼상 효지시야', 이런 구절이 어떤 측면에서는 맞을 수도 있지만, 저는 참 싫어하는 말입니다. 유학이 증자 계통으로 자꾸 강조가 되다 보니까 유학의 진면모가 많이 사라진 거 같아요. 유학에는 이런 효의 측면 말고도 살신성인의 측면이 있습니다. 물론 부모에게서 받은 몸을 소중히 여기고 손상시키지 않는 게 자식된 기본 도리이겠지요. 그러나 또 어떤 때는 몸을 바쳐서라도 의로운 일에 나서야 한다는 것이 유학의 한 측면이거든요. 그런데 유학에서 이 측면이 강조되기보다 몸 소중히 여기는 것만 강조되면 유학의 진면모가 안 드러난다고 봅니다. 유학이 너무 증자 쪽으로 흘러온 거 같아요.

그리고, '싸울 전' 자를 떤다는 의미로 썼다는 이야기를 하다 보니, 다른 재미있는 이야기가 떠오르네요. 기발한 시를 쓴 것으로 유명한 김삿갓 이야기인데요. 김삿갓이 방랑을 하다 어떤 마을에 들렀는데 그 동네에서 행세를 좀 하던 사람이 죽은 겁니다. 그래서 유명한 김삿갓이 왔다고 만장을 써달라고 하는 거예요. 옛날 장례에 드는 깃발 있잖아요. 그 만장을 써달라고 하는데, 동네 사람들이 그 사람을 추켜세우고, 영 마뜩찮게 설쳤나 봐요. 그래서 김삿갓이 여섯 글자를 써주었는데요. '류류전화화사'(柳柳戰花花死)라고 써주었답니다. 한국 사람 아니면 해석이 어렵겠죠. '버들버들(柳柳) 떨다가(戰) 꼿꼿(꽃꽃)하게 죽었다'라고 써준 거죠. 이때 확실히 '싸울 전' 자가 아니라 '떨 전' 자로 쓴 걸 알 수 있죠.

여하튼 '여리박빙'은 증자가 말한 뜻으로 해석하는 게 일반적인데, 보조 스님은 증자가 쓴 뜻과는 좀 다르게 '여리박빙'이라는 말을 인용하고 있습니다. 두렵다는 측면보다 신경을 바짝 곤두세우는 측면을 강조한 건데요. 법을 들을 때 신경을 곤두세워서 하나도 놓치지 않는 바짝 날이 선 마음으로 들어야 한다는 뜻이 되는 겁니다. 이런 마음으로 '측이목', 즉 '귀와 눈을 기울여서' 오묘한 소리(현음)를 들어야 한다는 거죠.

똑같은 말이라도 이렇게 '여리박빙'하는 마음으로 온 신경을 기울여서 듣는 사람과 가볍게 스치듯 듣는 사람에게 완전히 다르게 들립니다. 똑같은 설법을 듣고도 어떤 사람은 깨닫고 어떤 사람은 못 깨닫죠? 공부가 익은 정도가 달라서 톡 건드리면 터질 경지에 와 있는 사람도 있고 아직 한참 더 가야 될 사람도 있고 하는 차이도 있겠지만, 온갖 정성을 기울여 듣는 것과 가볍게 듣는 차이도 엄청납니다. 열 배 백 배의 차이를 낼 수 있다는 거죠. 그래서 법을 구하는 사람은 세심하게 하나도 놓치지 않는 그런 마음으로 귀를 기울여야 합니다.

그다음 '숙정진이상유치'로 가보겠습니다. '숙정진', 늘 마음을 고요하게 해야 하고요. '유치'는 그윽함[幽]이 지극하다[致]라는 말로, '그윽한 마음의 극치'라는 뜻입니다. 이런 마음을 '상'(賞)한다는 건데요. 아까 말씀드렸듯이 '완상'한다는 것보다는 '유지한다'라는 뜻으로 해석하는 것이 좋고요. 이렇게 한 후에 오묘한 소리가 오묘한 소리로 들린다는 거죠. 그러고는 '하당후'(下堂後), 곧 '당에서 내려온 다음에' '묵좌관지'(墨坐觀之) 해야 합니다. 묵묵하게 앉아서 그 뜻을 헤아린다는 것인데, 여기서 '관'(觀) 자는 눈으로 보는 게 아니라 마음으로 보는 걸 말합니다. 우리가 보통 '본다'고 할 때

'볼 관(觀)' 자, '볼 견(見)' 자, '볼 시(視)' 자를 쓰는데, 이 중에서 '볼 관' 자는 단지 눈으로 보는 것이 아니라 마음을 기울여서 보는 것을 말합니다. 통찰하는 것이죠.

믿음, 끝까지 가는 힘

'여유소의'(如有所疑), 만약 의심스러운 바가 있으면, '박문선각'(博問先覺), 먼저 깨달은 이에게 널리 물어야 한다는 말입니다. 의심스러운 것을 대강 넘기면 안 된다는 거죠. 의심스러우면 반드시 물어서 해결하는 마음을 가져야 합니다. 의심스러운데 대충 넘기면 발전이 없습니다. 주변에 자기보다 훌륭한 사람들이 있으면 언제나 가서 물어야 한다는 말이죠. 그다음 '석척조순'(夕惕朝詢)이라는 말이 나오죠. 여기서도 보조 스님이 굉장히 박식하신 분이라는 것을 알 수 있는데요. '석척'이라는 말은 『주역』에 나오는 말입니다. 『주역』의 첫번째 괘로 건위천(乾爲天)괘가 있는데 그 괘의 세번째 효의 점사에 '군자종일건건, 석척약, 려무구'(君子終日乾乾, 夕惕若, 厲无咎)라는 말이 있습니다. '군자는 하루 종일 부지런히 노력하고 힘쓰며, 저녁 때는 두려운 듯이 반성을 한다. 그러면 위태로우나 허물이 없다'라는 뜻입니다. 종일토록 부지런히 애를 썼는데도, 저녁이라고 자만하면 안 됩니다. 저녁이 되면 잘못이 없는가 두려워하면서 반성해야 한다는 겁니다. 그렇게 하면 위태로우나 허물이 없다는 거고요.

보조 스님이 여기서 '석척'이라는 말을 끌고 오는 겁니다. 그러니까 저녁에는 아주 조심스럽게 자기를 반성[夕惕]하고, 아침에는 순(詢)하라는 겁니다. 여기서 '순'은 묻는다는 뜻입니다. 묻는 마음을 낸다는 거죠. 그런데, 이 구절을 '저녁에만 반성을 하고 아침에는 묻기만 한다'라는 뜻으로 해석하면 안 됩니다. '석척조순'에서 '석'과 '조', '척'과 '순'은 말을 나누어서 쓴 겁니다. 그러니까 '아침저녁 모두 반성하고 물어라'라는 뜻으로 풀어야 합니다. 저녁에 '순' 하면 안 되고 아침에 '척' 하면 안 된다는 말이 아니라는 거죠. 조금 더 무게가 가는 쪽으로 나눠 쓴 것뿐이에요. '불람사발'(不濫絲髮)에서 '람'은 '넘치다', '범람하다'라는 뜻입니다. '사발'은 두 글자 다 실이나 털을 뜻하고요. 마음이 털끝만큼도 넘치면 안 된다, 흐트러지면 안 된다는 뜻입니다. 늘 조심스럽게 단속을 해야 한다는 말이고요. 그런 상태를 유지하는 것이 수행자의 근본이라는 이야기입니다.

'여시'(如是)는 '이와 같이'라는 뜻이죠. 앞에서 '법문을 들을 때는 살얼음을 밟듯이 하고'부터 이 바로 앞까지 걸리는 겁니다. 이와 같이 하면, '내가능생정신'(乃可能生正信), 올바른 믿음을 낼 수가 있다는 겁니다. 올바른 믿음 내는 것이 첫 번째입니다. 우리가 공부하는 순서를 '신해행증'(信解行證)이라고 하죠. 올바른 믿음[信]이 먼저입니다. 올바른 믿음 없이는 끝까지 갈 수 없습니다. 『서유기』 이야기를 한 번 더 하자면, 『서유기』의 주인공이 다섯입니다. 우선 삼장법사가 있죠. 실존인물인 당나라의 현장법사를 모델로 한 인물이고, 이 인물의 세 가지 정신적인 측면을 대변하는 것이 손오공, 저팔계, 사오정입니다. 손오공은 지혜와 어리석음, 저팔계는 탐욕과 절제, 사오정은 흔들리는 마음과 정심을 대변하는 거죠. 그리고 등장인물이 하나 더 있습니다. 용마가 있죠. 이 용마는 말인데, 비범한 말이죠. 사실 용(龍)이고요. 이 용마는 정진심을 얘기합니다. 이렇게 등장하는 인물이 다섯인데, 삼장법사는 이 중에서도 가장 갑갑하고 재주도 없는 걸로 그려집니다.

그런데 이 삼장법사의 가장 뿌리가 되는 것이 바로 정신(正信), 곧 믿음입니다. 처음부터 끝까지 삼장법사는 한 번도 올바른 믿음에서 흔들린 적이 없습니다. 온갖 장애가 있고 온갖 유혹이 있었지만 결코 올바른 믿음이 무너진 적이 없어요. 그러니까 삼장법사가 『서유기』의 일관된 흐름을 믿음으로 끌고 가는 존재인 거죠. 정말 『서유기』를 읽다 보면 갑갑할 때가 많죠. 삼장법사는 요괴가 나와도 분별을 못해요. 이런 걸 손오공이 너무 갑갑해하죠. 손오공은 지혜는 밝은데 회까닥할 때가 있거든요. 그래서 삼장법사가 손오공을 쫓아내기도 하고 하는데, 어쨌든 끝까지 여행과 구도를 계속하도록 끌고 가는 건 믿음입니다.

그렇게 올바른 믿음이 나와야 되는데 지금 세상은 너무도 힘들고 급합니다. 그런 세상을 살아가는 우리의 처지는 근본적으로 허무의 바다 위에 떠 있는 것 같습니다. 무엇도 확실한 건 없는 것 같고 진리가 있는지 없는지도 모르는 것이 우리의 삶입니다. 우리가 부처님 말씀을 믿는다 하더라도 그것이 정말 진리인지는 누구도 알 수 없습니다. 그렇다면 마냥 허무의 바다 위에서 허우적거려야 할까요? 그것이 우리들의 운명인가요? 그럴 수는 또 없는 노릇이지요. 아무튼 살아가야 하는 이상, 어떤 믿음이나 원칙에 따라 삶의 방향을 정하지 않을 수 없습니다. 그럼 어떤 태도를 가져야 하느냐? 우리가 지금까지 공부해 온 모든 지식과 경험을 다 동원해서 가장 믿음직한 걸 믿는 겁니다. 그리고 그렇게 올바르다는 믿음을 내면 그 결정이 틀렸다는 것을 발견하기 전까지는 그 믿음을 통해서 살아가야 하는 겁니다. 꾸준히 어떤 믿음을 가지고 세상을 헤쳐나가는 과정이 있어야만, 그 믿음이 조금 잘못됐더라도 고쳐나갈 수 있습니다. 불교에서는 억지로 믿으면 절대 안 됩니다. 억지로 믿는 건 맹신이지요. 부처님은 의심하라고 했어요. 의심을 거쳐서 믿는 겁니다. 부처님 말씀이라고 무조건 믿는 게 아니라 자기가 아주 심사숙고해서 '이것이 올바른 길이다'라고 믿어야 하는 거죠. 그런데 그렇게 심사숙고한 믿음을 자꾸 중간에 의심을 하면 또 안 됩니다. 그건 '의심암귀'(疑心暗鬼)라고 합니다. 가던 길을 자꾸 후회하고 돌아보고 하면 안 돼요. 나아가다가 잘못되면 고치고 고쳐서 좀더 나은 믿음으로 업그레이드가 되어야 하는 겁니다.

이렇게 하지 못하고, '나는 100퍼센트 알기 전에는 움직이지 않을 거다'라는 사람들이 있는데, 정말 바보예요. 우리에게 100퍼센트라는 것은 없어요. 그런데 그 불가능한 100퍼센트를 바란다면 언제 움직일 수 있겠어요. 영원히~ 움직이지 못하는 거죠. 불교 문중에서도 마찬가지죠. "깨닫지도 못했는데 무엇이 옳은 길인지 내가 어떻게 알겠어", 이런 소리를 하는 사람들이 있습니다. 그러면서 아무것도 하지 않으려는 거죠. 그런 식으로 하면 절대 깨닫지 못합니다. 깨달음과 깨닫지 않은 것을 딱 두 쪽으로 나눠 놓은 사람은 깨달을 수가 없어요. 여러 번 말씀드리지만 이렇게 둘로 쪼개는 생각은 연기를 벗어난 겁니다. 스스로를 중생이라고 못 박아 둔 사람이죠. 그렇게 해서는 그 지경을 못 벗어납니다. 부처가 되겠다는 마음, 부처가 될 수 있다는 마음이 무엇보다 중요합니다.

믿을 만한 것을 믿기

그런데 또 아무거나 믿고 아무렇게나 행동해서도 안 되겠지요. 제가 한문 가르치면서 한자의 재밌는 점을 이야기할 때 늘 들곤 하는 예가 있습니다. '信信信也', 학생들에게 이 글을 해석해 보라고 합니다. 못 읽는 분은 없겠죠. '믿을 신' 자를 세 개 나란히 썼습니다. 해석이 어떻게 될까요? 이렇게 해석할 수 있습니다. '믿을 만한 것[信]을 믿는 것[信]이 믿음[信]이다.' '信信, 信也' 이렇게 구두점을 찍으면 맨 앞의 신이 동사, 두번째가 목적어가 되는 거죠. 이것이 주어절이 되고, 마지막 신이 서술어가 됩니다. 전 이 문장이 믿음이 무엇인지 잘 보여 준다고 생각합니다. 믿을 만할 것을 믿는 것이 믿음이지 믿을 만하지 않은 것을 믿는 것은 믿음이 아니에요. 그건 '맹신'이나 '광신'이라고 하겠죠. 이 구절은 『순자』(荀子)

에 나오는 구절입니다. '신신신야, 의의역신야'(信信信也, 疑疑亦信也). '믿을 만한 것을 믿는 것이 믿음이요. 의심할 만한 것을 의심하는 것 역시 믿음이다.' 굉장히 좋은 말입니다. 의심스러운 거 의심하는 게 믿음입니다. 절대 의심스러운 거 믿지 마세요. 그건 절대 믿음 아닙니다.

이렇게 조심을 해야겠지만, 앞에서 말씀드렸듯이 먼저 내가 살아온 모든 경험을 총동원해서 '이것이 가장 옳다고 믿는다'라는 징검다리를 놓는 것이 중요합니다. 그렇게 징검다리를 놓으면서 가는 거죠. 내가 세운 믿음이 틀렸다는 사실이 발견되기 전까진 가야 합니다. 이게 세상 살아가는 데 굉장히 중요한 태도라고 생각을 합니다. 우리 인생에 정답이 있을까요? 정답이 없지요. 모범답안이 있으면 그대로 살면 참 편하겠지만, 그런 건 없거든요. 내가 어떤 것이 정답이라고 올바른 믿음을 가지고 선택을 하는 겁니다. 그다음에 내가 선택한 것이 옳은 답이었다는 것을 자기에게도 납득시키고 남에게도 납득시키기 위해서 실천을 해야 하는 겁니다. 내가 선택한 것을 정답으로 만들어 가는 거예요.

제가 가끔 주례를 설 때도 이런 이야기를 자주 써먹습니다. "당신을 위해서 마련된 남편이나 아내는 없다. 신중하게 내 짝이라고 선택을 했다면 그 선택이 올바른 선택이었다는 것을 결혼생활을 통해서 증명하는 거다"라고 이야기를 합니다. 처음에 신중하게 고려를 해야 하겠지요. 애초에 잘못된 길을 선택하면 그 뒤에 엄청 고생합니다. 그때는 빨리 깨닫고 이혼하는 게 좋을 수도 있어요. 그런데 신중하게 잘 선택을 하고도 자꾸 의심암귀에 휘둘리는 경우도 많거든요. 결혼하고 나면 여러 가지가 다릅니다. 결혼생활은 그런 어려움을 이기고 자기가 선택한 것이 옳았다고 증명해 나가는 겁니다. 그래도 참 어려운 일이죠. 그래서 우스개로 '결혼은 판단력 부족으로 하고, 이혼은 인내력 부족으로 하고, 재혼은 기억력 부족으로 한다'고 합니다.

그다음 구절은 간단하게 해석하고 지나가겠습니다. '이도위회자여'(以道爲懷者歟)라고 나오지요. '이도'는 보통 '도로써'라고 풀이하는데, 여기서는 그냥 '도를'이라고 읽어야 합니다. '위회자여'는 가슴에 품은 자라는 뜻입니다. 마지막 '여'(歟)가 감탄을 표현하는 어사이니, 이어서 읽으면 '도를 가슴에 품은 사람이로다!' 정도의 뜻이 되겠군요. 앞에서 말한 대로 한다면 이렇게 올바른 도리를 가슴에 품은 사람이 된다는 말이죠.

12장

탐진치를 딛고 정진하기

⑫

無始習熟, 愛欲恚痴, 纏綿意地. 暫伏還起,
무 시 습 숙   애 욕 에 치   전 면 의 지   잠 복 환 기

如隔日瘧.
여 격 일 학

一切時中, 直須用加行方便智慧之力,
일 체 시 중   직 수 용 가 행 방 편 지 혜 지 력

痛自遮護, 豈可間慢, 遊談無根, 虛喪天日,
통 자 차 호   기 가 한 만   유 담 무 근   허 상 천 일

欲冀心宗而求出路哉.
욕 기 심 종 이 구 출 로 재

但堅志節, 責躬匪懈, 知非遷善, 改悔調柔.
단 견 지 절   책 궁 비 해   지 비 천 선   개 회 조 유

勤修而觀力, 轉深, 鍊磨而行門, 益淨.
근 수 이 관 력   전 심   연 마 이 행 문   익 정

아득한 예부터 익혀 온 애욕과 성냄과 어리석음이 마음에 얽히고설켜 있어, 잠시 숨
었다가도 다시 일어나는 것이 마치 하루걸러 앓는 학질과 같다. 어느 때라도 곧바로
수행을 돕는 방편과 지혜의 힘으로써 통절하게 막고 지켜야 한다. 어찌 한가롭고 게
으르게 근본 없는 잡담을 즐겨 세월을 헛되이 보내면서 마음 깨치는 가르침으로 삼계
를 벗어나는 것을 바랄 수 있겠는가?
다만 발심한 뜻과 절개를 굳게 하고 자신을 꾸짖어 게으르지 않게 하며, 잘못을 알면
옳은 방향으로 나아가고, 고치고 뉘우쳐 조화롭게 이끌어야 한다. 부지런히 닦으면 관
(觀)하는 힘이 더욱 깊어지고 연마하면 수행이 더욱 청정해질 것이다.

탐진치, 우리를 가로막는 것

그다음에는 '무시습숙, 애욕에치, 전면의지, 잠복환기, 여격일학'(無始習熟, 愛欲恚癡, 纏綿意地, 暫伏還起, 如隔日瘧)이라는 구절이 이어집니다. 우리가 정신만 올바로 낸다고 잘 되면 무슨 걱정을 하겠어요. 그렇게 하지 못하도록 가로막는 것이 있겠지요. '무시습숙'에서 '무시'는 시작이 없다는 겁니다. '습숙'은 '아주 오랫동안 익숙하게 몸에 젖은 것'을 말하죠. 그것이 다음에 나오는 '애욕에치'입니다. 애욕은 우리가 '탐진치'라고 할 때 '탐'에 들어가는 거고요. '에'는 성내는 마음, '치'는 어리석음을 말합니다. 그러니까 결국 '탐진치'를 바꿔 말한 거죠. 탐진치 삼독심(三毒心)이 우리를 얽매고 있는 '무시습숙'이라는 말입니다. 그리고 그 탐진치는 어디에서 시작된 것인지 알 수 없다는 거고요. 불교적인 사고는 이렇게 시작과 끝이 분명하지 않습니다. 끊임없는 순환이에요.

그다음 '전면의지'는 '의지(意地)를 얽어맨다'라는 뜻이에요. 앞의 '무시습숙' 즉 탐진치가 '의지'를 얽어맨다는 것이죠. 여기서 '전면'은 '얽을 전(纏)' 자에 '솜 면(綿)' 자인데, 한 단어로 '얽어맨다'라는 뜻으로 이해하면 됩니다. '의지'(意地)는 유식사상에서 사용하는 특수한 용어예요. 유식사상에서 말하는 '의근'(意根)을 의지(意地)라고 합니다. 유식은 좀 어렵죠. 한번은 어떤 유식 전공자를 불러서 불교를 잘 모르는 대학생들에게 강의를 하라고 했어요. 강의를 잘하는 사람인데, 한 십 분 강의를 하다가 갑자기 좀 쉬겠다고 하더니 밖으로 나가서 한숨을 푹푹 내쉬며 담배를 피우더라구요. 그래서 왜 그러냐고 했더니 이 학생들에게 어떻게 유식을 얘기해야 될지 갑자기 속이 꽉 막혀서 말이 안 나온다는 거예요. 답답해 죽겠다고 진땀을 흘리고 있더라고요. 그렇게 유식이 좀 어렵습니다.

유식은 '삼계유심, 만법유식'(三界唯心, 萬法唯識)이라고 할 수 있습니다. '일체유심조'(一切唯心造)라는 말은 잘 알려져 있죠. '삼계유심'은 그와 비슷한 말이고, '만법유식'은 가령 '내가 저것을 본다'라고 했을 때, '나'와 '저것'과 '본다'라는 행위 전부가 '식'(識)이라는 것이에요. 이걸 자세히 파고들면 굉장히 복잡한데, '의지'(意地)와 관련해서 먼저 살펴보겠습니다. 유식에서 이야기하는 것으로 전오식(前五識)이 있어요. 안식(眼識)·이식(耳識)·비식(鼻識)·설식(舌識)·신식(身識). 이렇게 다섯 가지 신체적인 감각과 관련된 '식'을 말합니다. 그 다음 제육식(第六識)으로 의식(意識)이 있고, 이후에 제칠식인 말나식(末那識), 제팔식인 아뢰야식(阿賴耶識)으로 이어집니다. 이렇게 여덟 종류의 식[八識]을 이야기하는데요. 이 중 제육식인 '의식'을 '의지'(意地)라고도 부르는 겁니다.

'나'를 버리고 만나는 활발발한 세계

유식 이야기가 나온 김에, '변계소집성'(遍計所執性)에 대해서도 잠깐 이야기를 해보죠. 유식에서는 모든 존재가 세 가지 상태를 갖는다고 하는데요. '변계소집성', '의타기성'(依他起性), '원성실성'(圓成實性), 이렇게 세 가지입니다. 세 가지 다 설명하기는 어려울 듯하고, 변계소집성만 이야기를 해보죠. 변계소집성은 잘못된 사고방식에서 출발하여 없는 것을 있다고 착각하는 것을 말하는데요. 밤길을 가다가 새끼줄이 길에 놓인 걸 보고 뱀이라고 착각을 하는 걸로 많이 예를 듭니다. 이럴 때 뱀이 있는 건가요? 없죠. 새끼줄을 보고 뱀이라고 놀란 건데, 또 어떤 면에서는 뭔가가 있기는 있는 것 같죠. 펄쩍 뛰고, 식은땀도 나고 했으니까요. 그 놀람이 마음에서 느껴졌으니 뭔가가 있는 것 같은데, 실제로는 없는 거라는 말이에요.

이렇게 실제로 없는데도 있다고 믿는 가장 대표적인 게 무엇일까요? 우리를 번뇌에 빠트리는 가장 궁극적인 것, 바로 '나'라는 것이 그것이죠. 그냥 단순하게 '나'라고 하면 느낌이 잘 오지 않습니다. 제대로 말하자면 변하지 않는 자아라 해야 되겠지요. 그러한 '나'가 있다고 믿는 마음이 새끼줄을 보고 뱀이 있다고 믿는 거랑 똑같은 겁니다. '나'는 존재하지 않습니다. '나'라는 걸 체험해 본 사람이 있을까요? 또 '나'라는 것이 있다고 논리적으로 증명한 철학자가 있을까요? 없습니다. 제가 철학을 하는 사람이지만 불변의 자아가 있다는 건 어느 누구도 논리적으로 증명을 못했습니다. 서양철학에서는 데카르트가 '코기토 에르고 숨', 즉 '나는 생각한다 고로 나는 존재한다'라고 한 것을 '나'를 증명한 것으로 이해하는 분들이 있는데, 그건 증명이 아닙니다. 데카르트의 말을 불교식으로 바꾸면 '생각한다 고로 생각이 있다'라고 해야죠. 그런데 '나'를 가져다 붙인 겁니다. 이렇게 '나'라는 존재는 증명할 길이 없는데, 우리는 끊임없이 '나'가 있다고 생각하고 거기다 모든 것을 끌어다 붙이고 소유하려고 하면서 살고 있잖아요.

그런데 이렇게 이야기를 하면 꼭 '나'를 도둑맞은 느낌을 갖는 분들이 있습니다. 이거 도둑맞은 거 아니에요. 그렇게 생각하지 마세요. 이 말은 불변의 알맹이로서의 나를 믿지 말라는 거예요. 부처님도 '내가 생각한다', '내가 간다' 이런 식으로 불변하는 자기를 중앙에 두지 말고, '이렇게 말하는 나', '이렇게 행위하는 나' 이런 식으로 그대로의 나를 받아들여야 한다고 이야기하시거든요. 그런데 우리는 잘못된 사고를 하고 있다는 거죠. 내 몸과 마음속에 어떤 불변의 알맹이가 있어서 그것이 모든 걸 다 가지고 있고 또 모든 행위의 주체가 된다고 생각하기 때문에 병통이 되는 거예요.

한번 다르게 생각해 볼 필요가 있어요. 지금까지 생각하던 내 몸을 중심으로 한 좁은 나의 범위에서 벗어나서, 지금 활동하고 있는 이 세계 전체가 나라는 생각을 하면 굉장히 자유로워집니다. '나', '내 거', 이러고 있다가 전체를 나라고 생각하는 순간에 내가 탁 열려 버립니다. 불교에서는 '활발발'이라는 말을 쓰는데요. 정말 활발발한 무언가를 느끼시게 됩니다. 지금까지 모든 걸 '나'에게로 가져다가 붙이던 것에서 거꾸로 내가 세상에 다 붙어 버리는 겁니다. 이렇게 하지 않고 나와 남을 나누고 분별하고 자기를 고집하면 그것이 자기를 엄청나게 구속하고 불편하게 만듭니다.

이렇게 말씀을 드리면, 그것이 바로 '대아'가 아닌가 하는 분들이 있습니다. 그러면 안 됩니다. '대아'라는 또 다른 이름의 존재에 의지하려는 그 마음이 바로 '나'에 집착하려는 아주 뿌리 깊은 '무시습숙'인 거죠. 그런 무시습숙을 버려

야 합니다. 탁 놓아 버리시면 돼요. 탁 놓고 나서 정말 활발
발하게 움직이는 나를 전부 나로 인정해야 하는 겁니다. '불
변의 내가 무얼 한다', 이런 생각 하지 마세요. 이런 생각을
버리고 정말 불교의 무아를 이해할 때 굉장히 활발발하고
자유로워집니다. 그걸 느끼셔야 합니다.

탐진치가 성불을 돕는다

앞에서 무시습숙이 '탐진치'라고 말씀을 드렸는데, 제가 늘
강조하는 것이 탐진치가 나쁘다고 해서 그 놈 버리고 다른
걸 다시 세우는 게 아니라는 겁니다. 탐진치를 돌이키는 것
이지요. 불교는 언제나 절대적인 악이나 번뇌가 분리돼서
존재하는 것이 아니고, 번뇌가 즉 보리라는 말씀을 드렸습
니다. 여기서도 탐진치가 바로 성불을 돕는 겁니다.

　기왕 유식을 얘기했으니까 조금 더 이야기를 해보죠. 앞
에서 유식에 전오식(안이비설신)이 있고, 그다음 제육식이 의
식, 제칠식이 말나식, 제팔식이 아뢰야식이라고 말씀드렸습
니다. 이 식들이 '식'일 때에는 우리를 윤회에 들게 하는 작
용을 해요. 그 식들에 얽매여서 윤회로 끌려들어가는 거죠.
전오식에 끄달리고, 의식은 분별하고 헤아리게 하고, 말나

식은 아집을 낳고, 아뢰야식에는 우리가 지은 모든 업이 저장됩니다. 아뢰야식은 창고예요. 이렇게 우리를 번뇌에 들게 할 때 이것들을 '식'이라고 합니다. 그럼 유식에서 깨달음은 어떻게 이루어진다고 이야기를 할까요? 유식에서 우리가 완성된 경지로 가는 것은 식을 버리는 게 아니라 '전식성지'(轉識成智)입니다. '식을 돌이켜서 지혜를 이룬다'라는 뜻입니다. '식'을 버리는 것이 아니라 '돌이킨다'[轉]고 하고 있죠. 이렇게 불교에서는 나쁜 것을 버려서 이루는 게 없어요.

전오식은 육체적 감각으로, 우리가 이 전오식 때문에 많은 번뇌에 들게 되죠. 하지만 전오식을 깨달은 입장에서는 '성소작지'(成所作智)라고 합니다. '우리가 하고자 하는 일을 이루는 것'이라는 뜻이지요. 사실 우리가 하는 모든 일들은 전오식을 통해서 이루는 것이거든요. 그래서 전오식이 성소작지, 내가 바라는 것을 성취시키는 것이 되는 겁니다. 마찬가지로 제육식인 의식은 '묘관찰지'(妙觀察智)가 됩니다. 제육식은 분별하고 헤아리게 해서 번뇌에 드는 뿌리가 되지만, 이게 깨달음으로 가면 묘관찰지, '묘하게 관찰하는 지혜'가 되는 거죠. 그리고 제칠식 말나식은 우리 아집의 뿌리예요. 자기보다 더 깊은 곳, 제팔식인 아뢰야식에 업이 저장되어 흐르고 있는데요. 말나식은 아뢰야식을 보고, '아 이것이 자아구나, 불변의 자아구나'라고 착각을 하게 하는 겁니다. 이 말나식이 아상(我相)의 뿌리가 됩니다. 이렇게 나와 남을 가르는 뿌리가 말나식인데 깨닫고 나면 '평등성지'(平等性智)가 됩니다. 평등성지는 너와 나를 함께 보는 평등성이죠. 그다음 아뢰야식은 창고입니다. 모든 세계의 근원이고 뿌리라고 할 수 있습니다. 인간의 업장이 다 거기 담겨 있으니까요. 이것이 깨달음의 차원으로 가면 '대원경지'(大圓鏡智)가 됩니다. 대원경지는 '크게 둥근 거울과 같은 지혜'라는 뜻이고요.

　여기서 나온 말로 '평등성중무피차, 대원경상절친소'(平等性中無彼此, 大圓鏡上絶親疎)라는 말이 있어요. 해석하면 "평등성 가운데는 이것과 저것이 없고, 대원경 위에는 친하고 먼 것이 끊어졌다"는 말입니다. 아집의 뿌리였던 말나식이 평등성지가 되면서 너와 나의 구분이 없어지고, 번뇌의 근원이고 윤회의 뿌리가 되는 아뢰야식이 대원경지가 되면 친하고 소원한 것의 구분이 끊어지면서 모든 것을 원만하게 아우르는 큰 지혜가 된다는 거지요. 마찬가지로 탐진치 삼독심도 그걸 무조건 악으로 보고 끊는 게 아니고 돌이켜서 계정혜를 이루어야 하는 겁니다. 계정혜의 뿌리가 탐진치라는 점을 가슴에 새겨야 합니다. 탐욕을 제어하는 것이 계율이에요. 올바른 삶의 원칙을 세우고 탐욕이 거기에 정착하도록 해야 하는 겁니다. 또 성내는 마음을 가라앉혀서 정심을 이뤄야 하고, 어리석은 마음을 돌이켜서 지혜를 이뤄야 하는 거죠. 두 측면이 동전의 앞뒤와 같아요. 번뇌와 보리가 둘이 아니듯 탐진치와 계정혜가 또 둘이 아니에요.

불쑥불쑥 튀어나오는 탐진치

계속 본문을 읽어 볼까요. 앞에서 탐진치가 우리의 삶을 얽어맨다고 했죠. 그다음 어떻게 되는지가 나옵니다. '잠복환기, 여격일학'(暫伏還起, 如隔日瘧). '잠복환기'는 엎드려 있다가 잠잠한가 싶으면 또 불쑥 일어난다는 말이죠. 탐진치가 그렇다는 말인데, 그것이 마치 '격일학'처럼 일어난다는 거예요. '격일학'은 학질, 말라리아를 말합니다. 요즘은 말라리아, 즉 학질이 거의 없는데, 예전에는 많았습니다. 말라리아 균은 혈구 속에 잠복을 하고 있다가 하루쯤 되면 분열 번식을 해서 혈구를 깨고 나옵니다. 그러고는 또 하루 잠잠해요. 그러다 또 시간이 지나면 혈구를 부수고 나오는 식이어서, 주기적으로 열이 오르는 병입니다. 참 무서운 병이에요. 모기가 전염하는 병인데 많이 없어졌죠.

병 이야기가 나오니 의학 이야기를 좀 하고 넘어가겠습

니다. 말라리아도 많이 없어졌고, 뇌염도 참 무서운 병인데 뇌염 앓았다는 사람도 요즘 없고, 장티푸스도 없어지고, 천연두도 다 없어졌죠. 그런 병들을 잡은 것이 다 양의학의 공입니다. 한의학은 그 병들을 잡지 못했습니다. 그런데 제가 아는 분 중에 양의들은 전부 도둑놈이라고 욕을 하시는 분이 있었어요. 그래서 양의학을 전혀 안 믿는 분이었는데, 저하고 한바탕 되게 싸웠어요. 제가 그런 소리 하지 말라고 했습니다. 그렇게 한의학이 잘났으면 왜 말라리아를 못 잡고 홍역을 못 잡아서 애들을 막 죽어 나가게 했냐는 거죠. 그런데 사람이 어떤 편협한 사고에 빠지게 되면 그런 게 잘 안 보이나 봐요. 사람이 살아가면서 굉장히 중요한 것 하나가 내가 어떤 믿음으로 살고 있을 때 그 반대의 예는 없나를 생각해 보는 거예요. 한의학만 최고고 양의학은 전부 엉터리라고 주장하려면 한의학에 문제가 되는 건 없는지 살펴봐야 한다는 거죠.

그런데 제가 이렇게 이야기하는 것이 한의학을 무시하는 소리는 아니에요. 양의학이 들어와서 사회 전반의 기초를 잡았어요. 엄청난 공이고 인정해야 합니다. 그런데 양의학이 사회 전반을 지배하고 나니까 오히려 양의학적 사고의 한계가 드러나요. 양의학의 사고는 어디에 병이 나면 거기를 치료하는 거죠. 그런데 한의학적인 사고는 좀 더디기는 하지만 어딘가에 문제가 생기면, 균형이 깨져서 그렇다고 생각을 하고 균형을 회복해서 병이 물러가도록 하는 길을 찾는다는 거죠. 양의학의 사고가 증상을 말단적으로 치료하는 데 정말 빠르고 효과적이라면 한의학적인 사고는 전체의 조화를 중시하는 겁니다. 그래서 양의학이 자리를 잡고 나서 양의학의 단점이 드러날 때 한의학이 그걸 메워 줄 아주 중요한 역할을 할 수가 있는 겁니다. 그래서 저는 한의학을 굉장히 중시합니다. 오히려 이런 팬데믹 같은 세상이 왔을 때 한의학이 더 빛을 볼 수가 있을 거라고 생각을 해요.

그래서 다시 한 번 말하지만, 무언가를 판단할 때는 균형을 중요시하세요. 누가 풍수가 모든 걸 결정하니 묏자리 잘 쓰고 그래야 한다고 하기에 제가 웃기는 소리 하지 말라고, 막 뭐라고 했습니다. 그럼 서양은 다 공동묘지 쓰는데, 서양 사람들이 우리보다 잘사는 건 서양 공동묘지가 천하명당인 거냐고. 그러니 풍수가 모든 걸 좌우한다는 것은 말이 안 되죠. 저도 함부로 묘 쓰는 건 반대해요. 그런데 그것이 모든 걸 결정한다? 그런 거짓말이 어디 있어요. 그런데도 사람들이 빠져듭니다. 맹신의 특징이 그거예요. 어떤 한 가지에 마음이 빠지면 다른 것을 안 봅니다. 거기에 폭 빠져 버리는 것인데, 이거 굉장히 위험합니다. 언제나 균형잡힌 사고를 가져야 하고, 자기가 생각하는 것과 반대의 의견이 도전하는 것을 받아 줘야 합니다. 그렇게 생각을 해보고도 믿음이 흔들리지 않을 때 이것이 올바른 믿음이 되는 거지, 그렇지 않고 아무렇게나 믿어서 인생을 망치는 경우가 많거든요. 불교도 마찬가지입니다. 그렇게 믿으면 불교도 맹신이 됩니다. 부처님 가르침이 얼마나 많은데 구석에 있는 가르침 하나 붙잡고 '요게 최고다'라고 그거 믿으면요, 잘못하면 망합니다. 그렇다고 부처님이 책임 안 집니다.

나에게 맞는 방편

'일체시중, 직수용가행방편지혜지력'(一切時中, 直須用加行方便智慧之力)에서 '일체시중'은 '모든 시간 가운데'라는 뜻입니다. '가행방편'과 '지혜지력'을 곧바로[直] 사용[用]하는 것을 끊임없이 해나가야 된다는 거예요. '가행'은 힘써서 행한다는 뜻으로 '가행방편'이라고 하면 힘써서 행할 만한 '올바른 방편'이라는 뜻이 됩니다. 그리고 '지혜지력'은 '지혜의 힘'이라는 뜻이겠지요. 이런 것들을 총동원해야 된다는 말이죠. 정말 부지런히 노력하는 것과 방편은 모두 중요합니다. 『천수경』을 보면 '원아조득선방편'(願我早得善方便)이란 말이 나옵니다. 내가 빨리 좋은 방편을 얻게 되기를 바라는 서원이지요. 먼저 방편을 얻지 못하면 절대 깨달음을 이룰 수가 없습니다. 방편이란 것이 사람마다 다르다는 것도 굉장히 중요합니다. 사람의 근기가 다르기 때문에 자기에게 맞는 방편을 택해 얻어야 합니다. 그런데 그건 어떻게 얻느냐고 물으시는 분들이 있는데, 여러 가지를 직접 해보셔야 됩니다. 수행법도 한두 가지가 아니잖아요. 계속 해보셔야 돼요. 그러다 보면 자기에게 맞는 수행법이 있어요. 그것을 택한다는 건 굉장히 중요합니다.

저 같은 경우는 잔 생각이 많은 타입이어서요. 무언가 한 가지만 의심하라고 하면 잘 안 돼요. 그래서 이 잔 생각을 제압하기 위해서 『천수경』에 나오는 '신묘장구대다라니' 암송하는 수행을 많이 했어요. 저에게는 다라니 수행이 맞더라고요. '신묘장구대다라니'는 무척 길고 복잡해서 한눈을 팔면 놓치게 되니까요. 그 수행에서 도움을 많이 받았어요. 저같이 복잡한 사람은 화두를 들라고 하면 자꾸 놓치거든요. 여러분도 마찬가지예요. 자신에게 맞는 방편을 잘 택해서 써보세요. 그런데 우리 일상적인 삶 속에서 늘 할 수 있는 것이 굉장히 중요해요. '일체시중'이라고 했죠. 언제나 할 수 있는 방편이 가장 뛰어난 방편이에요. 그래서 백봉 선생님이 제창하신 새말귀 수행은 일체시중에 가능한 방편으로서 아주 훌륭한 방편이라고 할 만합니다.

그런데 우리가 방편을 택할 때 삼매 쪽으로 너무 치우치지 않는 것이 좋습니다. 삼매를 수행하는 방편은 특별한 때 아니면 수행이 안 됩니다. 운전하면서 삼매에 들 수 있어요? 삼매는 차단이 근본입니다. 방해받는 것을 차단하고 자기 속에 몰입하는 게 삼매의 특징이거든요. 그래서 운전하면서 삼매에 들면 사고가 나죠. 부처님의 방편이 위대한 것도 여기에 있다고 생각해요. 우리가 살아가면서 할 수 있는 수행은 부처님 수행밖에 없거든요. 부처님 수행은 정혜쌍수(定慧雙修), 지관겸수(止觀兼修)거든요. 제가 계속 강조하지만 언제나 고요함과 깨어 있음이 함께 있는 것이 불교의 수행의 특징이라는 걸 놓치시면 안 됩니다. 그래서 부처님의 수행은 운전하면서도 할 수가 있습니다. 운전하는데 가라앉지 않는 마음으로 운전하면 사고 나요. 그러나 또 깨어 있음이 없으면 사고가 나죠. 이렇게 운전을 제대로 해도 정혜쌍수가 되는 겁니다. 강의도 마찬가지고 일상의 모든 것이 마찬가지입니다. 고요함과 깨어 있음이 함께하지 않으면 일상이 모두 망가집니다. 부처님이 가르친 가장 위대한 점이 바로 여기에 있어요. 그다음에 '통자차호'(痛自遮護)는 '통렬하게 스스로 가로막다'라는 뜻입니다. 앞에서 이야기했던 것들, 하루걸러 앓는 학질과도 같은 무시습숙의 탐진치를 '통렬하게 스스로 가로막아야 된다'는 뜻입니다.

간절한 마음으로 정진하기

그러고는 '기가한만, 유담무근, 허상천일, 욕기심종이구출로재'(豈可閒晚, 遊談無根, 虛喪天日, 欲冀心宗而求出路哉)라고 나옵니다. '기가한만, 유담무근'은, 앞에서 이야기했던 것처럼 그렇게 통렬하게 가로막아야 하는데, 어찌[豈] 한가하고 태만한 마음[閒晚]을 가지고서 '유담무근', 즉 '근거도 뿌리도 없는 쓸데없는 이야기를 하겠는가'라고 하는 것이죠. '허상천일'은 헛되이 세월을 보낸다는 것이고요. 그러면서 '욕기심종이구출로재', 즉 '심종'을 깨닫기를 바라고 나아가는 길[出路]을 찾을 수 있기를 기대한다는 말입니다. 여기서 '심종'은 '마음의 마루'라는 뜻인데, 여기서는 선종을 가리키는 말로 보아야 합니다. 교종은 부처님의 말씀이 전해진 것이고, 선종은 부처님의 마음이 전해진 것이라고 해서 선종을 심종이라고 하는 거죠. 그러니까 선종에 올바로 들어서 가행정진하지 않고, 쓸데없이 객담이나 하고 유담이나 하면서 하루라도 헛되게 보낸다면 어떻게 선종의 종지를 바르게 얻어 삼계의 윤회를 벗어나는 출로를 찾겠냐고, 그래서는 절대 안 된다고 경계의 이야기를 보조 스님이 하고 있는 겁니다.

보조 스님의 이 이야기들은 무엇보다 간절한 마음이 중요하다는 이야기입니다. 간절한 마음이 중요한데, 불교 수행도 하다 보면 타성에 젖어 간절한 마음이 사라져요. 앞에서 이야기한 대로 중생심의 탐진치가 학질처럼 눌러놨나 싶으면 또 터져 나오고 또 터져 나오고 하는 거죠. 이런 자기의 본 모습에 대해 철저히 반성해야 됩니다. 중생상에 자기를 못 박으면 안 된다고 했지만, 다른 한편으로는 내가 참 못났고 얼마나 오랜 세월을 이렇게 못난 윤회 속에 빠져 있는가를 철저히 반성하는 과정 또한 있어야 한다는 거죠. 보조 스님의 경계는 바로 그런 내용입니다. 철저하게 자기의 현재를 돌아보고 분발해서, 가행정진하고 용맹정진하고 그래야 한다는 것을 이야기하고 있습니다.

용맹정진 이야기가 나왔는데, 보통 정진에는 세 가지가 있다고 합니다. 용맹정진, 가행정진, 보통정진이 그것인데, 평일에는 보통정진을 합니다. 하루에 8시간 정도 정진을 하는 것이고, 가행정진은 12시간 정진하는 것, 용맹정진은 잠

자지 않고 정진하는 것을 말합니다. 그런데 저는 용맹정진 반대파입니다. 재가자들에게는 용맹정진 방편이 자칫하면 안 맞습니다. 앞서도 말씀드렸듯이 방편이라는 건 자기 환경에 따라야 합니다. 그런데 재가자가 용맹정진을 하면, 한 이틀 사흘은 고생을 합니다. 그렇게 되면 그건 방편이 안 됩니다. 늘 우리가 일상적인 삶을 살아가는 속에서의 방편을 선택해야 하는 것이거든요. 물론 스님들에게는 좋은 방편일 수가 있습니다. 스님들은 온 에너지와 전 생애를 수행에 투여하는 분들이니 용맹정진을 해도 됩니다. 그런데 일상적인 삶을 유지하는 사람들이나 나이가 많은 사람들이 용맹정진을 하면 병 나기 딱 좋습니다. 그래서 저는 어지간하면 용맹정진하지 말고 가행정진 정도가 좋다고 이야기를 합니다. 그러면 무리 없이 우리 삶 속에서 수용될 수가 있거든요. 언제나 방편은 목적이 아니라는 것을 생각하셔야 합니다.

부지런히 잘못을 고쳐 나가는 그 길뿐

그다음 구절은 '단견지절, 책궁비해, 지비천선, 개회조유'(但堅志節, 責躬匪懈, 知非遷善, 改悔調柔)입니다. 이제 보조 스님의 이야기가 거의 마무리 단계인데, 여기에서 보조 스님이 간

곡하게 부탁하는 말씀이 나오네요. '게으르지 말고 부지런하라!' 그리고 '잘못을 깨닫고 고쳐나가라!' 그러면 그 효과가 나날이 드러나리라. 이런 말씀이죠. 이것만 잘 하면 된다는 말씀을 하시려 한 것인지 첫 글자가 '단'(但)입니다. 영어로 하면 'only'죠! '단견지절'의 '단'(但)이 '개회조유'(改悔調柔)까지 걸리는 것으로 보는 것이 좋을 것 같습니다. '오로지 뜻과 절개를 굳건히 하여[但堅志節] 자기 몸을 채찍질하여 게으르지 않게 하고[責躬匪懈], 잘못을 알면 올바르게 바꾸어 가고[知非遷善], 행실을 고치고 돌아보며 성정을 화순하게 하라[改悔調柔]'. 이것이 모든 것의 근본이기에 오로지 이것에 집중하라는 말씀을 하시는 것이겠지요. 그러니 우리가 그만큼 무겁게 들어야 하겠고요.

우선 '책궁'(責躬)이란 말부터 살펴볼까요? 이 말은 자기에게 책임을 지운다, 자기를 채찍질한다는 뜻입니다. 논어에는 '궁자후이박책어인'(躬自厚而薄責於人)이란 말이 있습니다. 자기에게 무겁게 책임을 지우고 남에게는 가볍게 요구한다는 뜻이지요. 요즘 하는 말 '내로남불'의 반대 뜻입니다. '책궁'이란 말에는 그런 의미가 담겨 있다고 보면 되겠습니다. 그렇게 자신을 면려하여 게으르지 않게 한다는 것은 모든 일의 근본입니다. 팔정도(八正道)의 정진(精進)에 해당하는 말일 수도 있겠네요. 정진이란 부지런한 노력을 뜻하는 거니까요. 이것이 없으면 앞으로 나갈 수가 없습니다.

그다음 '잘못된 것을 알아[知非] 좋은 곳으로 나아간다 [遷善]', 이것 또한 우리가 보다 나은 존재가 되어 나가는 데 있어서 가장 핵심적이고 근본적인 일입니다. 우리는 완전한 존재가 아니고, 그러니까 당연히 잘못을 범합니다. 그건 당연한 일인데, 중요한 것은 그 잘못된 것을 알아 고쳐 나가는 것이지요. 또 『논어』 이야기를 들어 보겠습니다. 자꾸 『논어』를 인용하는데, 뭐 '외전'이라고 꺼릴 것이 있겠어요? 좋은 말은 다 부처님 말씀이라는 넉넉한 마음을 가지면 다 불교의 품으로 들어오는 거겠지요? 『논어』의 두 구절을 들어 보죠. '허물을 범하면 고치는 것을 꺼리지 말라!'[過則勿憚改], '허물을 범하고 고치지 않으면, 바로 이것을 허물이라 한다[過而不改是謂過矣]. 허물을 고쳐 나가는 것이 중요하며, 허물을 고치지 않는 것이야말로 가장 큰 허물이라는 말입니다. 가치를 자기 존재의 향상에 두는 사람은 고치는 것에 인색하지 않습니다. 반대로 남의 평판을 의식하고 외면을 꾸미기를 좋아하는 사람은 고치기보다 변명에 급급합니다. 계속 『논어』 이야기를 들어 볼까요? '군자의 허물은 일식 월식과 같아서 허물을 범하면 남들이 다 본다. 허물을 고치면 사람들이 다시 모두 우러러본다'[君子之過也, 如日月之食焉. 過也, 人皆見之. 更也, 人皆仰之]. '소인이 허물을 범하면 반드시 변명을 한다'[小人之過也必文]. 어떤 차이가 나는지 금방 알 수가 있지요? 고치기보다 변명에 힘쓰는 사람, 그런 사람은 절대 그 자신의 향상을 이룰 수 없습니다. 그리고 자기 향상, 궁극적으로는 부처되는 길에 뜻을 낸 사람은 변명하지 않습니다. 그저 묵묵히 고쳐 나갈 뿐이지요.

이렇게 해서 그 노력이 축적되면 질적인 변화가 오게 됩니다. 지혜롭게 살피는 힘이 점점 늘어 가고, 실천의 문이 점차 깨끗해지게 됩니다. '근수이관력'(勤修而觀力)에서 '관력'은 지혜의 눈이라 볼 수도 있고, 지관(止觀)의 실천수행을 뜻할 수도 있습니다. 여기서는 다음의 '행'과 대비하여 '지혜로 살핌'이라는 의미가 좋을 것 같네요. 그에 상응하는 '연마이행문'(鍊磨而行門)의 '행문'은 바로 실천의 길이라 보면 될 것 같고요. 그러니까 이런 두 가지 영역의 향상이 자연스럽게 따라온다는 것입니다. 앞에 붙은 조건 '부지런히 닦으면'[勤修], '갈고 닦으면'[鍊磨]은 지금까지 우리가 해온 내용들을 부지런히 한다는 것이겠고요. 그렇게 하면 자연스럽게 더 깊어지고[轉深], 더 청정해지면서[益淨] 향상의 길로 나아간다!, 이런 말씀입니다.

13장

만나기 어려운 불법 만났으니

⑬

長起難遭之想, 道業, 恒新, 常懷慶幸之心,
장 기 난 조 지 상   도 업   항 신   상 회 경 행 지 심

終不退轉.
종 불 퇴 전

如是久久, 自然定慧圓明, 見自心性,
여 시 구 구   자 연 정 혜 원 명   견 자 심 성

用如幻悲智, 還度衆生, 作人天大福田,
용 여 환 비 지   환 도 중 생   작 인 천 대 복 전

切須勉之.
절 수 면 지

만나기 어려운 불법을 만나게 되었다는 생각을 꾸준히 가지고 도업(道業)을 항상 새
롭게 하며, 이런 불법 만난 것이 참으로 기쁘고 다행이라는 마음을 품어 끝까지 물러
서지 말아야 한다.
이와 같이 오래오래 닦아 나아가면 저절로 선정과 지혜가 원만하게 밝아져 스스로 마
음 성품을 보게 될 것이며, 집착 없는 자비와 지혜로 중생을 돌이켜 제도하고, 모든 중
생들의 복밭이 될 것이니, 부디 힘쓰고 힘쓸지어다.

나날이 새로워지는 기쁨

'불법 만나기 어렵다'는 말 자주 들으셨죠? 『천수경』에는 '위없는 깊고도 오묘한 진리, 백 겁 천 겁 만 겁 동안에도 만나기 힘드니'(無上甚深微妙法, 百千萬劫難遭遇)라고 표현하고 있죠? 그러한 부처님의 가르침을 만났으니 정말 행복하다는 마음, 느껴 보셨나요? 이 마음이 바로 '난조지상'(難遭之想)입니다. 맨 앞의 '장기'(長起)는 '꾸준히 일으킨다'는 말이고요. 이렇게 할 때 '도업'(道業)이 항상 새로워질[恒新] 수 있습니다. 여기서 한번 깊이 자신을 돌아보아야 합니다. 부처님의 가르침을 만난 행복을 진정으로 느껴야 참된 불자가 된다고 말씀드리고 싶습니다. 부처님께 기도 드렸더니 참으로 영험하게 응보가 있더라, 이런 데서 불법 만난 것을 행운으로 여긴다면? 그건 바로 기복불교라고 하는 것이지요.

불자들이 어떤 지점에서 불교를 만난 것을 행복으로 여기느냐가 바로 오늘의 불교를 보여 준다고 할까요? 기도빨이 잘 받는 데서 행복을 느끼는 불자가 많으면 바로 오늘의 불교는 바로 기복불교라고 말할 수 있다는 것입니다. 그건 별로 바람직하지 않은 모습이겠지요? 그리고 불교의 기도는 부처님께 "이것 주세요", "저것 주세요" 하며 졸라대는 식으로 하는 기도가 아니라는 말씀도 앞에서 드렸구요. 정말 온통 다 주신 부처님의 크낙한 은혜를 다시 확인하는 것이 기도여야 하고, 기도를 올리는 대상의 위신력이 나한테 옮겨 오는 그러한 기도여야 한다는 말씀…. 기억하시는지 모르겠네요. 기복도 그렇게 한다면 참으로 바람직할 텐데 현실의 기도는 그렇지 않다는 것이 문제겠지요.

저는 불자들이 좀 다른 지점에서 불교를 만난 행복을 느꼈으면 좋겠다고 생각합니다. '부처님의 가르침을 만났기에, 그래도 내가 못난 모습을 벗었구나!', '내가 그나마 이런 정도의 삶을 사는 것도 다 부처님 가르침 만난 덕분이구나!' 하는 그런 감사의 마음을 느끼기 시작하는 데서 참된 불자의 길이 열리지 않나 생각합니다. 불법을 통해 나날이 향상되어 가는 자신의 모습에서 부처님에 대한 감사의 마음이 우러나와야 된다는 거지요. 그렇게 될 때 비로소 불법이 나를 바꾸어 나가고 세상을 바꾸어 나가는 원동력이 되는 것입니다. 그것이 바로 보조 스님이 말씀하신 '도를 닦는 일이 항상 새로워진다'는 의미일 것입니다. 그리고 '상회경행지심'(常懷慶幸之心), 즉 그런 '감사의 마음'[慶幸之心]을 항상 품고 있다면 물러남이 없게 되지요[終不退轉]. 내 자신이 나날이 새롭게 바뀌고 향상되는 데서 오는 기쁨이야말로 물러나지 않고 앞으로 나가게 하는 추진력이 되는 것입니다.

견성, 꾸준한 수행에서 드러나는 참된 모습

향상심(向上心)을 지니고 나날이 보다 나은 자기가 되어 가는 과정, 그것이 처음이고 끝입니다. 이 과정을 오래 닦아 나아가면[如是久久] 그 가운데 정(定)과 혜(慧)가 원만하게 밝아집니다[定慧圓明]. 억지로 하루아침에 이루어지는 것이 아니지요. 차분하게 나가는 과정 속에 자신도 모르게 나의 삶이 정과 혜를 함께 닦아 가는 삶이 되어 가는 것입니다. 불교 수행의 길은 정과 혜를 함께 닦는 것, 그것 외에는 없다는 말씀을 여러 번 드렸으니 여기서 다시 강조하지는 않겠습니다.

정과 혜가 뚜렷이 밝아 가는 삶 속에서, 자신의 참된 모습을 알아 가게 됩니다. 참된 모습을 알아 가는 것은 바로 참된 생명을 실현하는 것으로 이어집니다. 이것이 바로 '성품을 본다'[見自心性]는 것이라 생각합니다. 본다고 해서 그것이 대상화해서 보는 것이라 생각해서는 안 됩니다. 자신의 참된 모습이 어느 순간 확연하게 드러나고, 그 순간 주관과 객관이 일치되어, 보는 것을 넘어서서 보는 것이 바로 '견성'이겠지요. 그러기에 '견'(見) 자를 단지 '본다'는 말보다는 온전하게 '드러낸다'고 풀어 주는 것이 맞을지도 모르겠습니다. 그렇게 되면 참으로 나의 존재에 대한 확실한 인식을 바탕으로 의심없이 실천해 나가는 큰 길이 열리게 됩니다. '견성'이라는 것은 그런 큰 길을 걸어가는 온전한 바탕을 말하는 것이기도 합니다.

그런데 저는 견성이라는 것에 대해 조심스럽게 경계하는 말을 던지고 싶습니다. 한국 불교가 선불교를 바탕으로 해서 그런지, 견성이라는 것을 치우치게 이해하여, 그거 한 구멍 뚫으면 모든 것을 한 번에 해결하는 것으로 이해하는 경향이 있습니다. 일상적인 삶을 건전하게 살아가는 가운데 자연스럽게 괴로움을 벗어나는 길을 무시하고, 견성이라는 것을 통해 한 번에 다 해결하겠다는 조급하고도 치우친 생각을 갖는 수행자들이 많다는 것이지요. 그렇게 되면 도덕적인 삶도 필요 없고, 일상적인 건전한 삶도 필요없다는 식이 됩니다. 그저 이 한 구멍 뚫으면 된다? 그건 사행성에 가깝지 않습니까? 계정혜 삼학을 꾸준히 닦아 가는 과정 속에서 어느 순간 확고한 증득이 있게 되고, 의심 없이 불퇴전의 삶을 살아가게 하는 원동력이 견성이어야 할 것입니다.

그렇게 견성을 하게 되면 '함이 없는 함'이라는 역설적 표현을 할 수밖에 없는 보살행이 나오게 되겠지요. '중생이 아프기에 보살이 아프다'는 『유마경』의 표현처럼, 작위적인 자비와 지혜가 아니라 '얽매임(집착) 없는 큰 자비와 지혜'[用如幻悲智]가 자연스럽게 펼쳐집니다. 자비심이라는 이름조차 붙을 수 없는 자비이기에 '거짓 모습'[幻]과 같은 자비이며 지혜입니다.

서원이 이끄는 삶을 살자!

이렇게 이야기하니까 너무 아득하고 먼 이야기 같은데요, 전혀 그렇게 아득한 것이 아닙니다. 여러분이 나날이 향상하는 가운데 자연스럽게 일어나는 일입니다. 부처님 가르침을 접하면서 연기법을 알게 되지요. 내가 있다는 아상에 매달려 모든 것을 내 소유로 만들어 가려는, 아집을 바탕으로 하는 욕망의 삶이 이 지점에서 바뀌게 됩니다. 연기의 눈을 뜨면 아상이 줄게 되지요. 자연스럽게 나에게만 매달리던 삶이 나와 남과 이웃과 사회, 국가를 아우르는 건강한 목표를 가진 삶으로 전환됩니다. 그것이 '환도중생'(還度衆生), 즉 '중생을 돌이켜 제도하는 것'이죠. 그 건강한 목표를 서원이라 하는 것이고요. 이제 욕망이 이끄는 삶이 아니라 서원이 이끄는 삶으로 전환되는 것입니다. 자연스럽게, 억지로 일으키지 않아도 일어나는 자비와 지혜가 따라오게 되지요. 그런데, 사실 '중생을 제도한다'라는 표현도 맞지 않습니다. 중생이라는 대상이 따로 없어요. 원래 나 하나를 따로 떼어서 닦을 길도 없구요. 나를 닦는다는 것은 바로 남을 편안케 하는 것, 이웃과 사회를 보다 좋게 만들어 나가는 과정, 그 속에 있는 것이지요. 본디 나 혼자 똑 떨어져 있는 것이 아니고, 이미 누구의 자식이며, 누구의 부모이며, 어떤 집단의 구성원이며……. 그렇기에 그것을 함께 잘 이룩하여 가는 과정이 자기를 닦아 나가는 과정인 것이지요. 그것을 투철하게 알아서 물러서지 않고 실천해 가는 과정이 바로 보살행인 것입니다.

그리고 그렇게 하여 이루어지는 위대한 인격, 그 궁극이 부처님입니다. 그 길을 꾸준히 걷고 있는 존재가 바로 보살이구요. 부처라는 것은 먼 곳에 있는 것이 아니라, 오늘보다 더 나은 나를 이루어 나가는 길의 궁극에 있는 것입니다. 그런 의미에서 이렇게 일요일에도 놀러가지 않고 나와서, 별볼 것 없는 제 강의에도 눈을 반짝이며 무언가의 실마리를 찾아 나가시는 여러분들, 이것이 바로 부처 되어 가는 모습이라고 생각합니다. 그렇게 나날이 부처 되어 가는 분들과 함께하는 것이야말로 가장 복된 일이겠지요. 그러니 여러분들이 저의 복전(福田)입니다. 혹시 제 부족한 강의가 여러분에게 조그만 시사라도 된다면, 제가 또 여러분의 복전이 되겠네요.

보살도라는 것이 바로 이런 길을 걷는 것을 말하는 것이라 생각합니다. 나날이 보다 나은 존재가 되어 가는 길, 그 속에 모든 존재의 행복을 함께 이루어 나가는 길, 서로서로에게 복전이 되어 가는 길, 이것이 모든 중생들의 복전을 만드는 것이겠지요[作人天大福田]. 우리는 그러한 길을 걷고자 하는 것이고요. 비록 아직 중생상을 두텁게 쓰고 있지만, 그 속에 그래도 조금씩 드러나는 부처의 모습을 소중하게 보듬고 실현하려는 뜻을 품고 있다고 할까요? 서로가 서로의 등불이 되고 울타리가 되어서 그 길을 함께 나가 보자! 이것이 우리들의 서원이라고 생각합니다.

보조 스님이 마지막으로 당부하셨지요? '부지런히 힘써야 한다!'[切須勉之]고요. 우리는 이 말씀을 바꿔 우리 자신을, 또 서로서로를 격려합시다. "이 길을 부지런히 가 봅시다. 저도 부족하지만 힘내서 가 보렵니다", "좋은 인연 그늘 아래 동업보살 되고지고!" 하는 백봉 선생님의 말씀이 새롭게 가슴을 울리는 듯하지요? 부족한 제 강의를 이렇게 우리 스스로에 대한 격려로 마무리합니다.

「계초심학인문」 낭송용 원문

海東沙門 牧牛子 述
해동사문 목우자 술

夫初心之人, 須遠離惡友, 親近賢善.
부초심지인 수원리악우 친근현선

受五戒十戒等, 善知持犯開遮.
수오계십계등 선지지범개차

但依金口聖言, 莫順庸流妄說.
단의금구성언 막순용류망설

旣已出家, 參陪清衆, 常念柔和善順,
기이출가 참배청중 상념유화선순

不得我慢貢高.
부득아만공고

大者爲兄, 小者爲弟.
대자위형 소자위제

儻有諍者, 兩說和合, 但以慈心相向,
당유쟁자 양설화합 단이자심상향

不得惡語傷人.
부득악어상인

若也欺凌同伴, 論說是非, 如此出家, 全無利益.
약야기릉동반 논설시비 여차출가 전무이익

財色之禍, 甚於毒蛇, 省己知非, 常須遠離.
재색지화 심어독사 성기지비 상수원리

無緣事則, 不得入他房院.
무연사즉 부득입타방원

當屏處, 不得强知他事.
당 병 처 부 득 강 지 타 사

非六日, 不得洗浣內衣. 臨盥漱, 不得高聲涕唾.
비 육 일 부 득 세 완 내 의 임 관 수 부 득 고 성 체 타

行益次, 不得搪揆越序. 經行次, 不得開襟掉臂.
행 익 차 부 득 당 돌 월 서 경 행 차 부 득 개 금 도 비

言談次, 不得高聲戲笑. 非要事, 不得出於門外.
언 담 차 부 득 고 성 희 소 비 요 사 부 득 출 어 문 외

有病人, 須慈心守護. 見賓客, 須欣然迎接.
유 병 인 수 자 심 수 호 견 빈 객 수 흔 연 영 접

逢尊長, 須肅恭廻避. 辦道具, 須儉約知足.
봉 존 장 수 숙 공 회 피 판 도 구 수 검 약 지 족

齋食時, 飲啜, 不得作聲, 執放, 要須安詳,
재 식 시 음 철 부 득 작 성 집 방 요 수 안 상

不得擧顔顧視, 不得欣厭精麤.
부 득 거 안 고 시 부 득 흔 염 정 추

須黙無言設, 須防護雜念.
수 묵 무 언 설 수 방 호 잡 념

須知受食但療形枯, 爲成道業.
수 지 수 식 단 료 형 고 위 성 도 업

須念般若心經, 觀三輪淸淨, 不違道用.
수 념 반 야 심 경 관 삼 륜 청 정 불 위 도 용

赴焚修, 須早暮勤行, 自責懈怠.
부 분 수 수 조 모 근 행 자 책 해 태

知衆行次, 不得雜亂.
지 중 행 차 부 득 잡 란

讚唄祝願, 須誦文觀義, 不得但隨音聲,
찬 패 축 원 수 송 문 관 의 부 득 단 수 음 성

不得韻曲不調.
부 득 운 곡 부 조

瞻敬尊顔, 不得攀緣異境.
첨 경 존 안 부 득 반 연 이 경

須知自身罪障, 猶如山海.
수 지 자 신 죄 장 유 여 산 해

須知理懺事懺, 可以消除.
수 지 이 참 사 참 가 이 소 제

深觀能禮所禮, 皆從眞性緣起, 深信感應不虛,
심 관 능 례 소 례 개 종 진 성 연 기 심 신 감 응 불 허

影響相從.
영 향 상 종

居眾寮, 須相讓不爭, 須互相扶護, 愼諍論勝負,
거 중 료 수 상 양 부 쟁 수 호 상 부 호 신 쟁 론 승 부

愼聚頭閒話, 愼誤着他鞋, 愼坐臥越次.
신 취 두 한 화 신 오 착 타 혜 신 좌 와 월 차

對客言談, 不得揚於家醜, 但讚院門佛事.
대 객 언 담 부 득 양 어 가 추 단 찬 원 문 불 사

不得詣庫房, 見聞雜事, 自生疑惑.
부 득 예 고 방 견 문 잡 사 자 생 의 혹

非要事, 不得遊州獵縣, 與俗交通, 令他憎嫉,
비 요 사 부 득 유 주 렵 현 여 속 교 통 영 타 증 질

失自道情.
실 자 도 정

儻有要事出行, 告住持人及管眾者, 令知去處.
당 유 요 사 출 행 고 주 지 인 급 관 중 자 영 지 거 처

若入俗家, 切須堅持正念, 愼勿見色聞聲,
약 입 속 가 절 수 견 지 정 념 신 물 견 색 문 성

流蕩邪心. 又況披襟戲笑, 亂說雜事, 非時酒食,
유 탕 사 심 우 황 피 금 희 소 난 설 잡 사 비 시 주 식

妄作無碍之行, 深乖佛戒.
망 작 무 애 지 행 심 괴 불 계

又處賢善人嫌疑之間, 豈爲有智慧人也.
우 처 현 선 인 혐 의 지 간 기 위 유 지 혜 인 야

住社堂, 愼沙彌同行, 愼人事往還, 愼見他好惡,
주 사 당 신 사 미 동 행 신 인 사 왕 환 신 견 타 호 오

愼貪求文字, 愼睡眠過度, 愼散亂攀緣.
신 탐 구 문 자 신 수 면 과 도 신 산 란 반 연

若遇宗師陞座說法, 切不得於法,
약 우 종 사 승 좌 설 법 절 부 득 어 법

作縣崖想, 生退屈心, 或作慣聞想, 生容易心.
작 현 애 상 생 퇴 굴 심 혹 작 관 문 상 생 용 이 심

當須虛懷聞之, 必有機發之時, 不得隨學語者,
당 수 허 회 문 지 필 유 기 발 지 시 부 득 수 학 어 자

但取口辦.
단 취 구 판

所謂, 蛇飲水成毒, 牛飲水成乳. 智學成菩提,
소 위 사 음 수 성 독 우 음 수 성 유 지 학 성 보 리

愚學成生死, 是也.
우 학 성 생 사 시 야

又不得於主法人, 生輕薄想.
우 부 득 어 주 법 인 생 경 박 상

因之於道, 有障, 不能進修, 切須愼之.
인 지 어 도 유 장 불 능 진 수 절 수 신 지

論云, 如人夜行, 罪人執炬當路, 若以人惡故,
논 운 여 인 야 행 죄 인 집 거 당 로 약 이 인 악 고

不受光明, 墮坑落塹去矣.
불 수 광 명 타 갱 락 참 거 의

聞法之次, 如履薄氷, 必須側耳目而聽玄音,
문 법 지 차 여 리 박 빙 필 수 측 이 목 이 청 현 음

肅情塵而賞幽致, 下堂後, 墨坐觀之.
숙 정 진 이 상 유 치 하 당 후 묵 좌 관 지

如有所疑, 博問先覺, 夕惕朝詢, 不濫絲髮.
여 유 소 의 박 문 선 각 석 척 조 순 불 람 사 발

如是, 乃可能生正信, 以道爲懷者歟.
여 시 내 가 능 생 정 신 이 도 위 회 자 여

無始習熟, 愛欲恚癡, 纏綿意地.
무 시 습 숙 애 욕 에 치 전 면 의 지

暫伏還起, 如隔日瘧.
잠 복 환 기 여 격 일 학

一切時中, 直須用加行方便智慧之力,
일 체 시 중 직 수 용 가 행 방 편 지 혜 지 력

痛自遮護, 豈可閒譚, 遊談無根, 虛喪天日,
통 자 차 호 기 가 한 만 유 담 무 근 허 상 천 일

欲冀心宗而求出路哉.
욕 기 심 종 이 구 출 로 재

但堅志節, 責躬匪懈, 知非遷善, 改悔調柔.
단 견 지 절 책 궁 비 해 지 비 천 선 개 회 조 유

勤修而觀力, 轉深, 鍊磨而行門, 益淨.
근 수 이 관 력 전 심 연 마 이 행 문 익 정

長起難遭之想, 道業, 恒新, 常懷慶幸之心,
장 기 난 조 지 상 도 업 항 신 상 회 경 행 지 심

終不退轉.
종 불 퇴 전

如是久久, 自然定慧圓明, 見自心性,
여 시 구 구 자 연 정 혜 원 명 견 자 심 성

用如幻悲智, 還度眾生, 作人天大福田,
용 여 환 비 지 환 도 중 생 작 인 천 대 복 전

切須勉之.
절 수 면 지